読みなおす日本史

女帝・皇后と平城京の時代

千田稔

吉川弘文館

はしがき

奈良《なら》盆地の南にあった藤原京《ふじわらきょう》から、平城京《へいじょうきょう》に遷都して、平成二十二年（二〇一〇）で千三百年の年月を経ることになる。この機会に平城京に至る歴史を考えてみたいという思いで筆をとった。

大和《やまと》におかれた最後の都が平城京であるならば、それまでの歴史をひとくくりにした時代、つまり「ヤマトの時代」について記述することによって、日本史における新しい時代認識ができないか、という模索が私をとりこにした。これまで、平城京への遷都論といえば、藤原京の時代に平城京へ都を遷《うつ》さねばならない動機を見いだして叙述されるのが、一般的な方法であった。そこでは、平城京の時代と平城京以前とを大きく分けて考える。しかし、ふりかえってみると、ヤマトという地域に長年にわたってこの国の中枢的機能があったこと、そのことの歴史的意味を問いかける思索を欠いてきたのではないだろうかという疑問をいだくようになった。磐余《いわれ》から飛鳥《あすか》そして藤原京を経て平城京という遷都の事情をぬきにしてひとつながりの「ヤマトの時代」を語ることはできないが、それらを貫く時代観を探り出すことによって、長岡京《ながおか》・平安京時代より後の時代つまり「ヤマシロの時代」と差異化してみたいという試みが本書の底流にある。これまで言い慣れてきた「大和朝廷」と、ここで言う

「ヤマトの時代」とは全く異なることを念のために確かめておきたい。

一言で「ヤマトの時代」を表現するならば地政学的な国家戦略のあった時代である。

本書では、「ヤマトの時代」のはじまりを欽明《きんめい》朝においた。それは、日本人の精神的立脚点として仏教の問題を避けることができないからである。いわゆる仏教公伝の原点をおさえ、定着していくプロセスを追いながら、平城京の時代に一つの段階に達した状況を認識することになるが、同時に仏教が国家宗教として、国家形成の機軸となった点こそ「ヤマトの時代」の構造を解く鍵《かぎ》となる。

「ヤマトの時代」は、海外の諸地域から文化をとりいれるのに多大なエネルギーを費やさねばならなかった。しかし、そのことを文化的な後進性と位置づけるのではなく、東アジア文明圏に組み込まれたこの国の文化の自然な受け取り方であったと、私は解したい。あたかも、現代の日本が否《いや》が応でも、西洋文明圏と抜き差しならない関係にあることと同じ次元の話である。むしろ、東アジア文明圏の中にあって「ヤマトの時代」の特筆すべき政治行動は、国家戦略として外交に重きをおいたことである。隋《ずい》、唐《とう》、百済《くだら》、新羅《しらぎ》、加耶《かや》（加羅《から》）、高句麗《こうくり》、渤海《ぼっかい》などと積極的な外交関係を展開し、その中で国家を形成していった。それは、内向的で国家意識が薄れつつあった平安時代と一線を画さねばならないであろう。

「ヤマトの時代」に、その後の日本の国家構造を語るときに看過できない「天皇」という称号を創案したことも、周辺国家との関係において特筆すべき出来事であった。このことは、中国という存在を意識しながらも、中華帝国を標榜《ひょうぼう》しようとした姿勢に共通する。

そして、「天皇」を最高主権者として律令《りつりょう》による中央集権国家を構築したのもこの時代で、平安時代中ごろには、律令体制はゆるみはじめた。むしろ、明治時代になって、国家体制に大宝《たいほう》律令が影響を及ぼしたことを考えると「ヤマトの時代」の律令が日本の歴史でになった重みを受け止めざるをえない。

「ヤマトの時代」が手がけた政治中枢の舞台である宮都《きゅうと》という計画都市も平城京で完成する。その後の長岡京・平安京は平城京の形をコピーとして踏襲したにすぎない。だから、平城京遷都はその意味でも「ヤマトの時代」の到達点であった。

女帝《じょてい》も「ヤマトの時代」が編み出した政治手法であった。江戸時代の二人の女帝を除いて、女帝は「ヤマトの時代」にしか即位していない。ただ、「ヤマトの時代」の前半における推古《すいこ》・斉明《さいめい》（皇極《こうぎょく》）・持統《じとう》の三女帝と、後半の元明《げんめい》・元正《げんしょう》・称徳《しょうとく》（孝謙《こうけん》）の三女帝はその位置づけが異なる。前半の三女帝は、もともと皇后の立場で、天皇の側にあって政治の情勢を知ることができた。であるから、皇后と、みずから天皇の位にあった時を含めると、かなり長期にわたって政権に直接・間接に関与したといえよう。後半の三女帝のうち、元明と元正は、聖武《しょうむ》天皇を実現するための奉仕者のような立場であり、称徳は、聖武に男子の嫡子がいなかったために、即位したという事情がある。そして女帝の地位にはつかなかったが、光明《こうみょう》皇后は聖武天皇をある点において先導し、聖武なき後は、天皇と同様の権力の座にあろうとした。これら六人の女帝と光明皇后に共通することは、自発的であるかどうかは議論があるとしても、政権の危機を回避するために即位し、あるいは積極的に天皇を輔弼《ほひつ》したといえる点である。そこにこそ、本書が「ヤマトの時代」を育《はぐく》んだ女帝と皇后たちを軸として記述する理由がある。

目　次

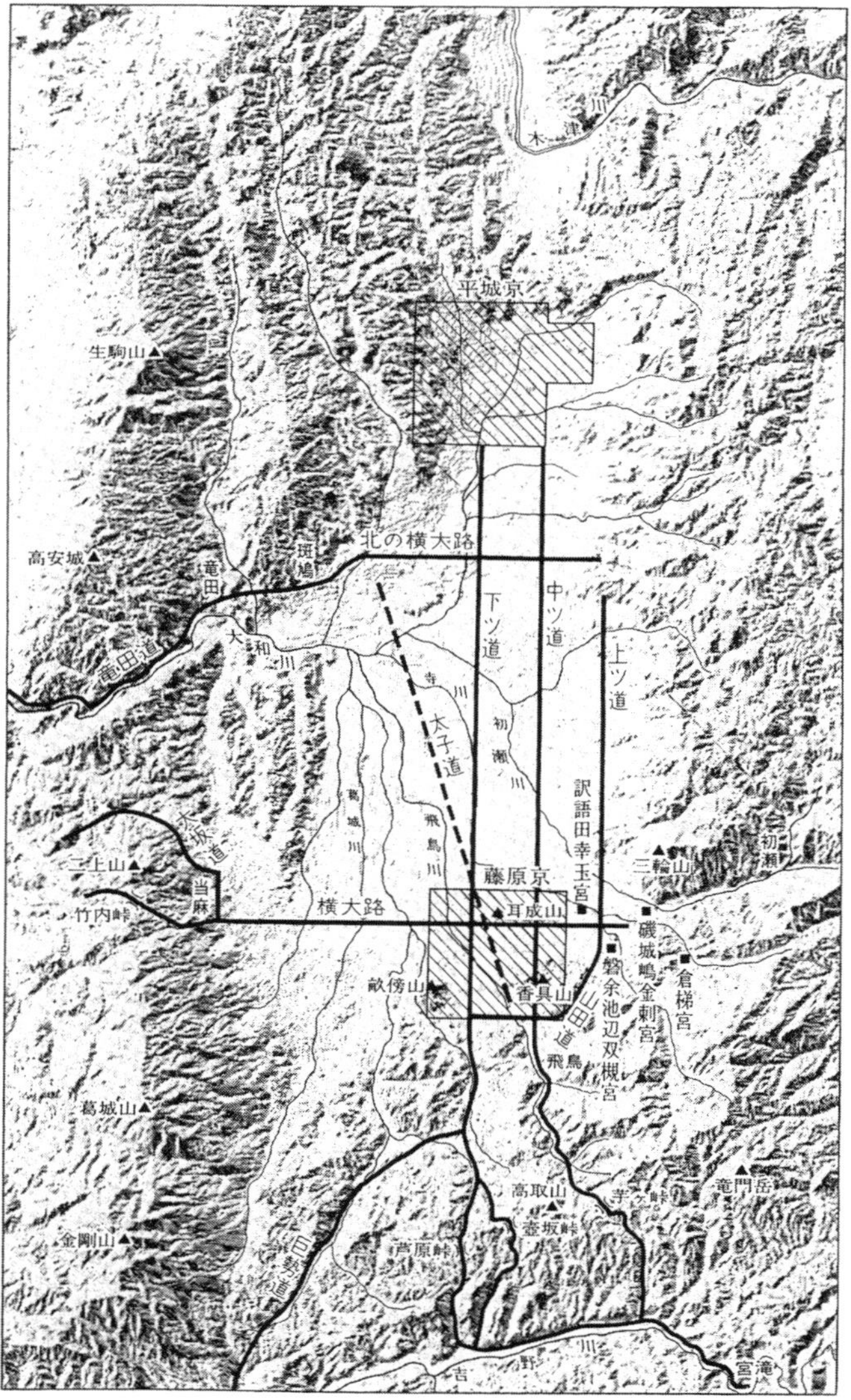

木津川
平城京
生駒山
高安城
斑鳩
竜田
竜田道
北の横大路
大和川
下ツ道
中ツ道
上ツ道
寺川
太子道
初瀬川
葛城川
飛鳥川
訳語田幸玉宮
三輪山
初瀬
藤原京
二上山
大坂道
当麻
竹内峠
横大路
耳成山
磯城嶋金刺宮
倉梯宮
磐余池辺双槻宮
畝傍山
香具山
山田道
飛鳥
葛城山
高取山
芋峠
竜門岳
壺坂峠
金剛山
芦原峠
巨勢道
吉野川
宮滝

序　磯城嶋の大和——平城《なら》への長い旅路

仏教が日本の歴史で果たしてきた役割は大きい。仏教が公伝され、国家宗教として重要な位置づけがなされるまでには、紆余曲折《うよきよくせつ》があった。当時の東アジア文明圏を見渡したとき、倭国《わこく》は仏教を受容することなく孤立していた。そのような観点からみると、崇仏派とされる蘇我《そが》氏の視野は評価されねばならない。ただ、排仏派として、伝統的なカミ信仰を主張した物部《もののべ》氏との対立は宗教論争という次元ではとらえられない。むしろ政争的次元に矮小《わいしよう》化されてしまいかねない。根底的な思想論争もないまま仏教が日本に伝わった。そうしたあいまいさがこの国の宗教事情として現代に及ぶ。

大王《おおきみ》（のちの天皇）との外戚《がいせき》関係によって政権の中枢を占めたいという権力闘争が浮かびあがる国家に、国家としての理念を見いだすことはむずかしい。外交上の国家戦略はあったが、国家観なき国家は今日のわが国にもあてはまる。「ヤマトの時代」がつくった負の遺産である。

磯城嶋

磯城嶋《しきしま》の日本《やまと》の国は言霊《ことだま》の幸《さき》はふ国ぞま幸《さき》くありこそ

（『万葉集』巻十三―三二五四）

「磯城嶋の」という枕詞《まくらことば》は、国名の「大和《やまと》」あるいは「日本《やまと》」にかかる。和歌のことを「敷島の道」というように、それほど「磯城嶋」「敷島」は、「大和」・「日本」を示す象徴的な地名であった。本書では、その「磯城嶋」の地から、平城京の時代までの、長い旅路を、「ヤマトの時代」を育《はぐ》んだ、女帝と皇后たちとともに歩むことにする。

和銅《わどう》三年（七一〇）に都は奈良盆地の南にあった藤原京《ふじわらきょう》から、盆地の北端の平城京に遷《うつ》った。その平城遷都のことを語ろうとすれば、六世紀の欽明《きんめい》天皇の時代からはじめなければならない。なぜならば、このころから権勢を強める蘇我《そが》氏によってのちの古代国家の支柱となる仏教を積極的に受容する方向づけがなされたからである。とはいえ、すんなりと仏教が入ったわけではない。

欽明朝の成立について、これまでむずかしい問題が研究者たちによって議論されてきた。簡単にいうと『古事記』や『日本書紀』のいうように順次、安閑《あんかん》、宣化《せんか》、欽明と即位したのではなく、安閑・宣化両朝と欽明朝が対立的に並列していたのではないかという説がある。ここではこの問題に深入りしないが、いずれにしても平城遷都に至る長い道筋をたどるにあたっては欽明朝のもつ意味が小さくない。

欽明天皇の宮は、磯城嶋金刺宮《しきしまのかなさしのみや》にあった。

「磯城」という地名の由来は、次の通りである。八世紀の初頭に実施された律令《りつりょう》という法体系のもとで「城上《しきのかみ》」「城下《しきのしも》」という郡が成立するが、その「シキ」は「磯城」をさす。「城上」「城下」という郡の範囲は、今日の奈良県桜井《さくらい》市から西北方一帯に広がるが、もともと「磯城」とよばれた場所は、局部的な限られた空間であったと思われる。律令制の郡の施行にあたる前から「磯城」という局部的な地名でよばれていたあたりが中心となり、より広い範囲が「磯城」という地名でよばれ、その後、郡の成立にあたって「磯城」地方が二つに分割され、「城上」「城下」という名前がつけられたのであろう。

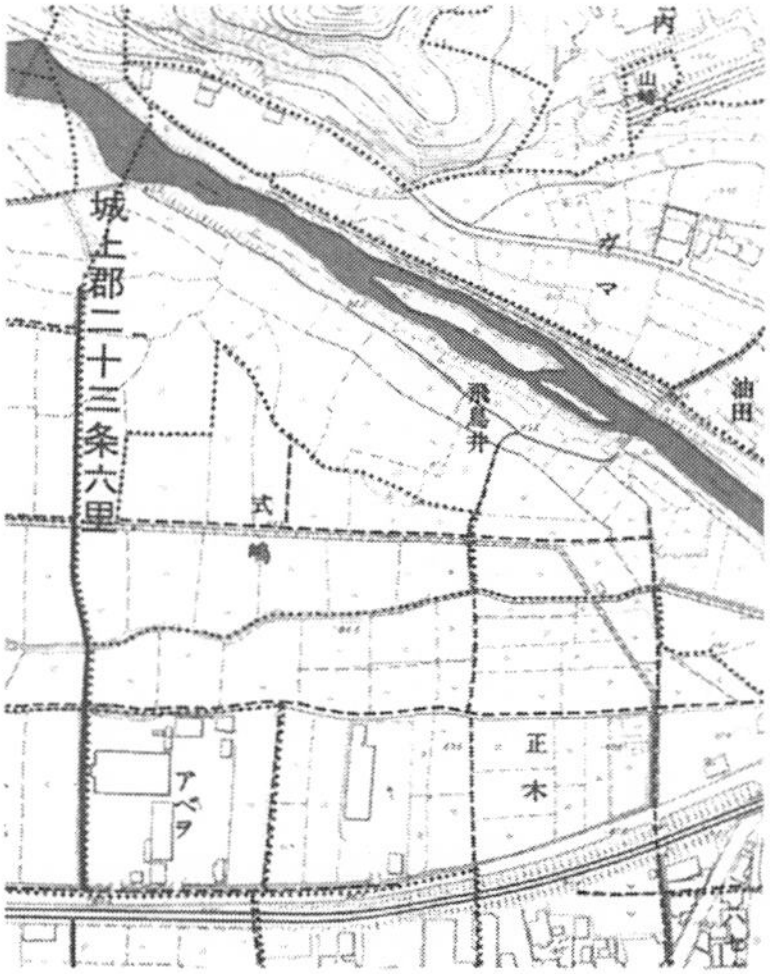

序－1　小字「式嶋」付近（『大和国条里復原図』による）

それでは、欽明天皇の「磯城嶋金刺宮」の「磯城嶋」という地名について考えねばならない。実は「磯城嶋」の名がおこった場所を思わせる小字名「式嶋」が、桜井市慈恩寺《じおんじ》にある（図序―1）。初瀬川《はせがわ》が谷筋を西に流れて、盆地に出たあたりで、初瀬川の左岸に鳥見山《とみやま》を見る。

「磯城嶋」の「嶋」はわれわれが今日、日常的に使う「アイランド」を意味するのではなく、ある一定の限られた空間のことである。であるから「磯城嶋」とは「磯城という区域」を意味している。ということは、この「磯城嶋」こそ「磯城」という地名がおこったところである。ここに欽明天皇が磯城嶋金刺宮を営んだ。

「磯城」(シキ)とはどういう意味であろうか。「シキ」は「障《しき》る」に由来するという説とともに、「シ」は「石」または「磯」で「キ」は接尾語とみなして、「岩のある場所」と解する説がある。『日本書紀』崇神《すじん》天皇六年条に、アマテラスの大神を崇神天皇の皇女のトヨスキイリヒメノミコトに託してヤマトの笠縫《かさぬい》村にまつり、そこに「磯堅城《しかたき》の神籬《ひもろぎ》」を立てたとある。「神籬」(ヒモロギ)とは、神事をとりおこなうためにしつらえられた神聖な場所のことであるが、「磯城」と「磯堅城」とは、漢字の字づらからみて、よく似た意味をあらわしているようである。「日本古典文学大系」(岩波書店)の『日本書紀』の頭注には、「堅」は衍字《えんじ》(誤って入った余計な文字)ではないかとし、『古語拾遺《こごしゅうい》』(八〇七年に斎部広成《いんべのひろなり》によって著された斎部氏のとりおこなってきた祭事の伝承を記したもの)に、「磯城神籬」とあるのが正式の表記と推考している。『日本書紀』の「磯堅城」が衍字「堅」を含んだものかどうかは判断できないが、「磯堅城」として「石のように堅い神籬」と文字通り解したとしても「磯城神籬」を「岩の神籬」とすれば、「磯城」と「磯堅城」とでは両者にさほど意味のちがいがない。

それでは「磯」という漢字がなぜ用いられたのかという疑問がわいてくる。

「磯」は音読みで「キ」あるいは「ケ(ゲ)」で、「シ」という音は辞典類にない。ところが『日本書紀』の神武《じんむ》即位前紀に「磯、此《これ》をば、志《し》と云ふ」とあるので、古くは「磯」を「シ」とも発音したようである。「シ」が「石」をさすことは、『岩波古語辞典』に「他の語の下につき複合語をつくることが多い」として「大石《おひし》」や「さざれし」の用例をあげている。いっぽう「磯」の意味は『大漢和辞典』に「激する。石が水をささへ怒らせる」あるいは「かはら。水渚《すいしょ》の石の多い所」とある。「磯」の意味をとって「水辺にある石あるいは水流に抗する石」のイメージを感じとることができる。「水流に抗する石」という意味をとれば、「シキ」の語源として「障る」とみる説も、しりぞけることができなくなる。

このように「シキ」を漢字「磯」に重きをおいて理解できるとすれば、いまここで問題にしている「磯城」は、東南から西北に流れてきた初瀬川が小字「式嶋」付近で西に流路をかえたあたりで水流に打たれる石が激しく水しぶきをあげるさまを想像することができる。「磯城」という場所のおこりは、そのような風景だったのであろう。

小字「式嶋」のあたりの空中写真（序―2）を詳しくみると、現在の初瀬川の流路から分岐するようにかつての川の流れのあとをとどめる水田の畦《あぜ》（図のA）があり、「式嶋」の南にも、旧流路の名残が水田の区画として残っている（図のB）。これらのかつての川の流路とおぼしき痕跡《こんせき》は、残念ながら地図にみる限りその年代はわからない。だから欽明朝の時代に、初瀬川がどのような流路をとっていたかを明らかにするには、考古学の発掘調査などによって年代を推定できる遺物の出土を待たね

序ー２「式嶋」付近の空中写真

ばならない。もし右にふれたようなAとBの旧流路が欽明朝のものと想定できれば、磯城嶋金刺宮は北と南を流れる河川にはさまれて立地していたことになり、宗教的な意味ととるか、あるいは防禦《ぼうぎょ》的な機能とみるかは判断できないが、倭国《わこく》からこの方、宮殿や城郭あるいは集落の周囲に水をめぐらすという建築様式の一端を指摘できることになる。おそらくそのような水による施設は「水垣《みずがき》」とよばれたと私は考えるが、それが「瑞垣《みずがき》」と美称され、神社の周囲を画する「玉垣《たまがき》」へと形の変化がもたらされたのであろう。

外交の中の仏教

欽明朝は、朝鮮半島の諸国に対する外交問題に多くのエネルギーを使わざるをえなかった。それだけ倭国は朝鮮半島とりわけ南端部の加羅《から》地方との関係に神経をとがらせていた。

欽明天皇の父にあたる継体《けいたい》天皇の時代に百済《くだら》の要請を受けて、倭国の勢力下にあった加羅地方の四県をあっさりと百済に割譲した。その責任をとって大伴金村《おおとものかなむら》が失脚し、摂津《せっつ》住吉《すみのえ》に隠遁《いんとん》するといった事態もおこった。新羅《しらぎ》は倭国が四県を百済に割譲したことに怨《うら》みをもっていたため、朝鮮半島では百済と新羅の対立が続いていた。一方、倭国は、かつて新羅に滅ぼされた南加羅一帯を奪還しなければならず、百済にそのための行動を要請した。当然のことながら朝鮮半島では百済と新羅の対立が激しさを増した。こうした倭国・百済外交がからみあう状況において、仏教が倭国に伝えられた。

『日本書紀』によれば、欽明天皇十三年（五五二）に百済の聖明《せいめい》王は使節に釈迦仏《しゃかぶつ》の金銅の像一体、幡蓋《はたきぬがさ》若干、経論《きょうろん》若干巻を託し、欽明天皇にたてまつった。使いの者が聖明王からの上表文を読みあげた。

「この教えは、いろいろな教えのなかでもっともすぐれております。わかりにくく、入りにくいもので中国の周《しゅう》代の聖人周公《しゅうこう》や孔子《こうし》にとっても理解するのがむずかしいものですが、限りがないほど、福徳果報を授かり、まことにすばらしい浄土の世界に導かれるものであります。たとえて申しますと、人の思うままになる宝珠《ほうじゅ》のようなもので、望むことはすべて意のままになる、まことに妙《たえ》なる宝でございます。祈り願うことが思うままにかなえられ、不足することはございません。遠い天竺《てんじく》（インド）から、朝鮮半島の三韓に至るまで、この教えにしたがって尊び敬わなかったということはございませんでした。このため、私百済王は、謹んで、使いの者を派遣してお国に伝えたてまつりて国全体に布教されますことを。仏が、わが教えは東方に流布すると経典に記されているように、そのことを今、ここに果たししたのでございます」

天皇はこの言葉を聞きおわって、踊らんばかりによろこんだ。天皇がよろこんだのも無理はない。願うことは、何でもかなうというのであるから、魔法の道具を手に入れた心境になったのだ。しかし、百済からの使者には「私は、以前からいまだかつて、このような妙なる教えを耳にしたこともなかった。だが、私自身でこの教えを信じてよいか決めることはできないのだ」と言い、慎重な態度をとった。そして列席していた臣下の者に一人ずつ意見を求めた。右に引用した『日本書紀』に叙述されたような上表文が百済の国王からもたらされたとしたら、仏教の教えは、あまりにも霊験あらたかである。欽明天皇は、よろこびはしたが、胸中信じてよいかどうかという迷いがなかったわけではない。臣下の者にそれぞれが考えるところを聞こうとしたと『日本書紀』は記述している。

政争の具としての仏教

天皇は言う。「百済から献上があった仏の姿は、すばらしく気高いではないか。今までに見たことはない。信仰すべきか、どうであろうか」。それを受けて大臣《おおおみ》の蘇我稲目《そがのいなめ》が発言した。

「近隣の諸国は、すべて仏を礼拝しております。どうしてわが国だけがそむくことがあってよいでしょうか」

続いて物部尾輿《もののべのおこし》と中臣鎌子《なかとみのかまこ》が二人とも同じように反論をした。

「われわれの国の、天下を治める王であるお方は、常に多くの天つ神・国つ神を春夏秋冬まつっているのでございます。今さらながらそれを改めて外国の神を礼拝いたしますと、きっと国の神の怒りをかうことになりましょう」

臣下からの意見を聞いていた天皇は、

「仏の礼拝を願っている蘇我稲目に仏を授けるから、ためしに礼拝してはどうだろうか」

と言った。天皇の言葉を聞いた蘇我稲目は、ひざまずいて仏像をよろこびながら受けとり、小墾田《おはりだ》にあった稲目の家にまつることにした。稲目は仏に帰依する気持ちで、小墾田の向原《むくはら》の家を浄《きよ》めて寺とした。

その後、仏教を国家の宗教とするについては、紆余曲折があったが、結局は、国家宗教として位置づけられることになる。結果からみて、当時の東アジア情勢を蘇我稲目はよく読んでいた。そのような国際性という観点から物部氏らは内政をみることができなかった。

磯城嶋から平城京への旅路は、仏教を道連れにしたものであった。

右にみた小墾田の向原とは、今日の奈良県高市《たかいち》郡明日香《あすか》村の豊浦《とゆら》あたりである。次の章の主人公である推古《すいこ》女帝が最初に宮を営む場所であり、甘樫丘《あまかしのおか》に登り北の方を望むと西北方に流れる飛鳥川《あすかがわ》が目に入る。甘樫丘の西北の麓《ふもと》、飛鳥川の南に向原寺《こうげんじ》がみえる。

平城遷都への道筋をたどるための起点として、欽明朝から書きはじめた動機の一つは、仏教の公伝であると、すでに述べた。とりわけ歴史の流れをさかのぼって私の関心をひくのは「磯城嶋」という、奈良盆地の東南の小さな空間に、百済から仏教が、まるで大海に一滴の水を垂らすようにもたらされ、それが飛鳥、藤原京の時代を経て平城京の時代に絢爛《けんらん》たる仏教文化の華が咲いたという文化の広がっていくさまである。

このような文化とそれが覆う空間の関係は、どのような要因によって左右されるのであろうか。文明は普遍的なもので人間が認識できる原理的なものであるのに対して、文化には文明がそれぞれの地域に根づく風土性が関与する。インドにおこった仏教は、宗教的な骨格をもった文明として東伝するが、それを受けとる地域において風土にかなった変容をとげる。それが仏教文化である。

「磯城嶋」という土地にもたらされた仏教が、日本列島という空間に伝播《でんぱ》拡散されていく過程は単純な流れではない。先にみたように蘇我氏が仏教をおしひろげようとしても、土着的な神信仰に価値を見いだそうとする物部・中臣氏らによる抵抗がある。

仏教が倭国の風土になじみ、文化となるにしても、その風土が以前からもっている文化の仕組みのようなものとせめぎあうことは、避けられない。

棄てられた仏像

百済からもたらされた仏教にとっても、不利な状況があった。間もなく疫病が流行し、人々が死ぬという事態がおこった。仏教を受容するのに反対する勢力は、一般的に排仏派とよばれるが、先に天皇の下問に仏教を容《い》れるのに異論をとなえた物部尾輿や中臣鎌子が排仏派の急先鋒《きゅうせんぽう》であった。彼らは、ここを先途《せんど》と天皇に進言した。

「あのときに、われわれの申し出た方法を御配慮いただかなかったから、このように人々が病気で亡くなったのです。いまなら、まだ遅くはございません。以前の状態にもどしたら、よいことがあるでしょう。早く仏を投げ棄《す》ててしまって、幸せを求めるべきでしょう」

天皇の心に迷いが生じた。

「その通りにするがよい」

と言ったので、官人たちは、仏像を難波《なにわ》（今の大阪市中央区・天王寺区《てんのうじ》とその周辺）の堀江《ほりえ》に棄てて、さらに寺に火をつけて焼きつくしてしまった。この寺とはおそらく蘇我稲目が家を寺としたという向原の家のことであろう。官人たちが仏像を棄て、寺を焼いたところ、天空に風も雲もないのに、天皇の宮殿から火が出たという。この出火について『日本書紀』は、どんな意味を託したのであろうか。稲目らのいわゆる崇仏派が仏の下した天罰とみたか、それとも排仏派が仏教に心を傾けた天皇が神罰を受けたとしたのだろうか。『日本書紀』の文脈からは、おそらく前者であろう。

官人たちが仏像を棄てた難波の堀江については、仁徳紀《にんとく》にその由来を記している。それによると、仁徳天皇の宮である難波高津宮《たかつのみや》の北の原を掘って、南の水を導いて西の大阪湾に注ぐようにしたという。難波高津宮がどこにあったかは、今のところ考古学的にも明らかになっていないが、記紀の記事から推測して、のちの時代の難波宮の位置、つまり大阪市中央区の法円坂《ほうえんざか》周辺と考えられる。その宮の北の原を掘った水路を書紀は「堀江」とよんでいる。当時の地形条件においては淀川《よどがわ》と北流してく

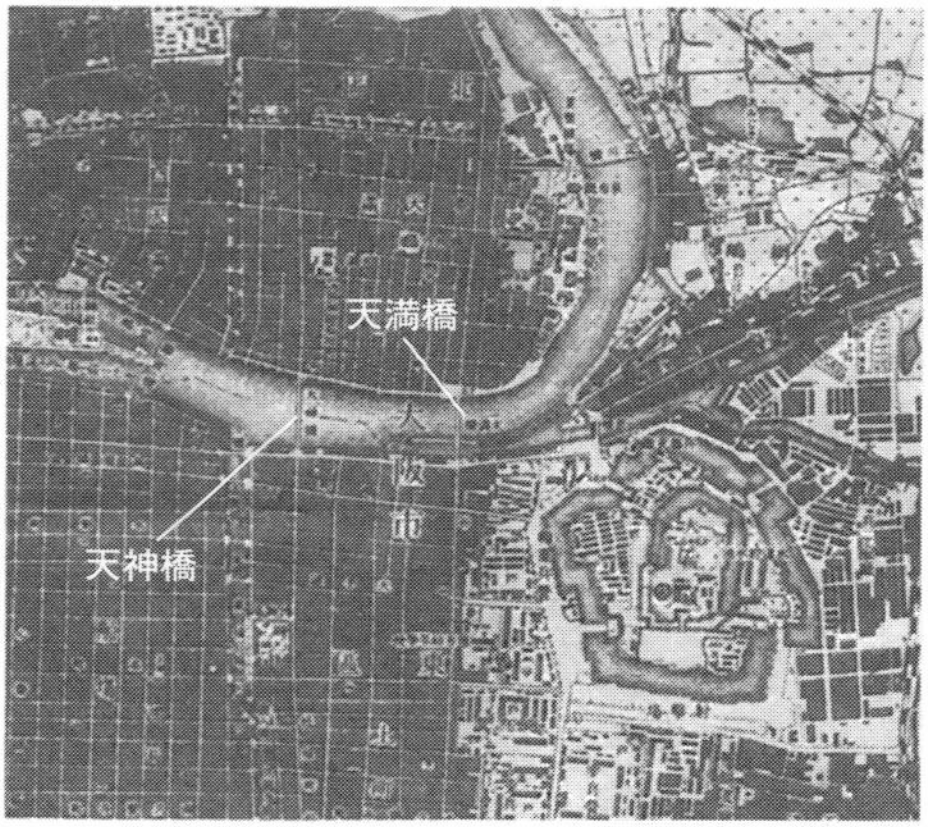

序－3　堀江付近（明治41年測図，陸測図）

る大和川《やまとがわ》の合流によって土地が湿潤であったと思われ、そのために堀川を作り、大和川・淀川の水を流すようにしたらしい。その堀江の場所は、図序―3にみるようにおおよそ天満橋《てんまばし》と天神橋《てんじんばし》の間の、いわゆる大川付近ではないかと思われる。大阪の古代史を述べる際には堀江の位置がしばしば問題になる。私もそれについて考定したことがあり（『埋もれた港』小学館、二〇〇一年）、右にふれたように大川あたりでほぼよいと考えているが、それではなぜ、仏像が難波の堀江に棄てられたのだろうか。

このころの淀川や大和川は河口部に土砂を堆積《たいせき》させて三角洲状の地形を十分につくっていなかったので、堀江の沿岸は重要な港湾であったと推定できる。推古朝のころから奈良時代つまり平城京のころとなると河川の運ぶ土砂によって河口部の水深が浅くなり、港湾は南の方、今日の三津寺《みつてら》（中央区）とよばれる奈良時代の高僧行基《ぎょうき》にゆかりの寺付近に移動する。

六世紀の欽明朝のころは、堀江のあたりが国家の要港であったとみられ、欽明紀にも「難波祝津《はふりつの》宮《みや》」という、大和の磯城嶋金刺宮とは別に難波にも宮があったことがみえる。その「祝津」という名称も津という文字をともなっていることから、港湾に由来する地名ではあるが、「祝津」という名からみて、神祇祭祀《じんぎさいし》の場であったと想定できる。具体的な場所はさがしあてられないが、一つの候補地として、堀江あたりを考えておいてよいかもしれない。

そこで、なぜ仏像が堀江に棄てられたのかという疑問であるが、それはあたかも木製や金属製の人《ひと》形《がた》を川や海に棄ててけがれをはらう儀式を想像させる。仏像も、仏教に無縁の者にとっては人間の形を模したようなものである。そこに国家のけがれが付着しているとみなして、神祇祭祀のように、祝津の海に投げこむ。排仏派は、そのようにして仏教をしりぞけようとしたにちがいない。

吉野の比蘇寺

しばらく月日がたってから河内《かわち》から報告があった。

「和泉《いずみ》地方の茅渟《ちぬ》の海の中から仏がかなでる音楽がきこえ、音のひびきは雷鳴のようで光が美しく照り輝き、日の光の色のようだという。天皇は、不思議な気持ちになったので、臣下の者を派遣して海中の様子を探らせた。その結果、樟木《くすのき》が照り輝きながら海に浮かんでいるのを目撃した。それをつかみとって天皇に献上したところ、細工ができるものに仏像二体を彫らせた。この仏像は、吉野《よしの》の寺に安置されていて、光を放っているという」

海の中から仏の音楽がきこえたというのは、いうまでもなく事実だとは思えない。いかにも仏教の教えのすばらしさを語るための奇譚《きたん》である。奈良時代に成立した仏教説話集『日本霊異記《にほんりょういき》』に、よく似た物語が収められている。ここで内容を細部にわたって比較する必要はないが、欽明紀に吉野の寺とあるのが『日本霊異記』では「吉野の比蘇寺《ひそでら》」とある。

比蘇寺という寺院は、奈良県吉野郡大淀町《おおよどちょう》比曽《ひそ》の世尊寺《せそんじ》の境内に礎石を残す。吉野川の右岸にあり、飛鳥時代から白鳳《はくほう》初期にかけて創建された伽藍《がらん》の礎石が旧境内に残っている。だが、なぜ欽明朝の仏教公伝につながる物語に、吉野の比蘇寺が登場するのであろうか。

薗田香融氏によれば、八世紀において比蘇寺は「自然智宗《じねんちしゅう》」とよばれる山林修行の場であった（「古代仏教における山林修行とその意義――特に自然智宗をめぐって」『南都仏教』四、一九五八年）。「自然智」とは、自然本来の智を意味し、人間におのずから備わっている智慧《ちえ》、人為的な努力によらないで、自然に生ずる仏のさとりの智をいう（中村元『仏教語大辞典』東京書籍、一九八一年）。このような、根源的なさとりを求める僧侶《そうりょ》たちの修行の場でこそ、仏に近づくことができた。そこでこそ仏教がわかるとされたならば、比蘇寺は、古代仏教の日本における拠点の一つであったにちがいない。だから欽明紀は吉野の寺をとりあげたのであろう。

以上が欽明紀の仏教公伝に関わるおおよその内容である。仏教受容をめぐる争いは、まだ尾を引くが、とりあえずは欽明朝に百済から仏教がもたらされたのである。『日本書紀』では欽明天皇十三年（五五二）とあるが、『上宮聖徳法王帝説《じょうぐうしょうとくほうおうていせつ》』や『元興寺縁起《がんごうじえんぎ》』の記述を史実とみて五三八年を仏教公伝とする説が有力である。しかし『日本書紀』は日本でつくられた最初の正史である。史実の問題とは別に、正史の記事は公的に重い意味をもつ。それは奈良時代の大仏開眼《かいげん》は、天平勝宝《てんぴょうしょうほう》四年（七五二）になされているが、この年は『日本書紀』の仏教公伝から二百年にあたる節目の年であることが指摘されているからである（吉村怜「東大寺大仏開眼会と仏教伝来二百年」『美術史研究』九、一九七二年）。そのように考えれば、大仏造立という奈良時代の大事業は、はるか二百年前の欽明朝の出来事を正統にひきついだという意味をもつ。

仏教公伝は日本の根幹をつくった「ヤマトの時代」の大きな出来事の一つであった。

欽明陵はどれか

このように欽明朝が奈良時代に至るまで、影をおとしている。その一つの原因は仏教であるが、いま一つは大臣蘇我稲目の二人の娘が天皇の妃《きさき》となったことである。そのうちの一人は姉の堅塩媛《きたしひめ》という。七男六女をもうけたがその中にのちの用明《ようめい》天皇となる橘豊日尊《たちばなのとよひのみこと》と、推古天皇となる豊御食炊屋姫尊《とよみけかしきやひめのみこと》がいる。妹は小姉君《おあねのきみ》とよばれたが、四男一女の子どもの中に、のちに崇峻《すしゅん》天皇となる泊瀬部皇子《はつせべのみこ》がいた。このことからもわかるように、蘇我氏の血を引く天皇が三人つづいて誕生することになる。蘇我稲目がいかに強い権力を掌握しつつあったかが想像できる。そして女帝推古に向かって大きく政治の舞台は転回する。

欽明天皇三十一年（五七〇）に蘇我稲目が没し、その後を追うように一年後に欽明天皇が死去する。欽明天皇陵は『日本書紀』によると、檜隈坂合陵《ひのくまさかいのみささぎ》とよばれている。この欽明陵について、宮内庁は、

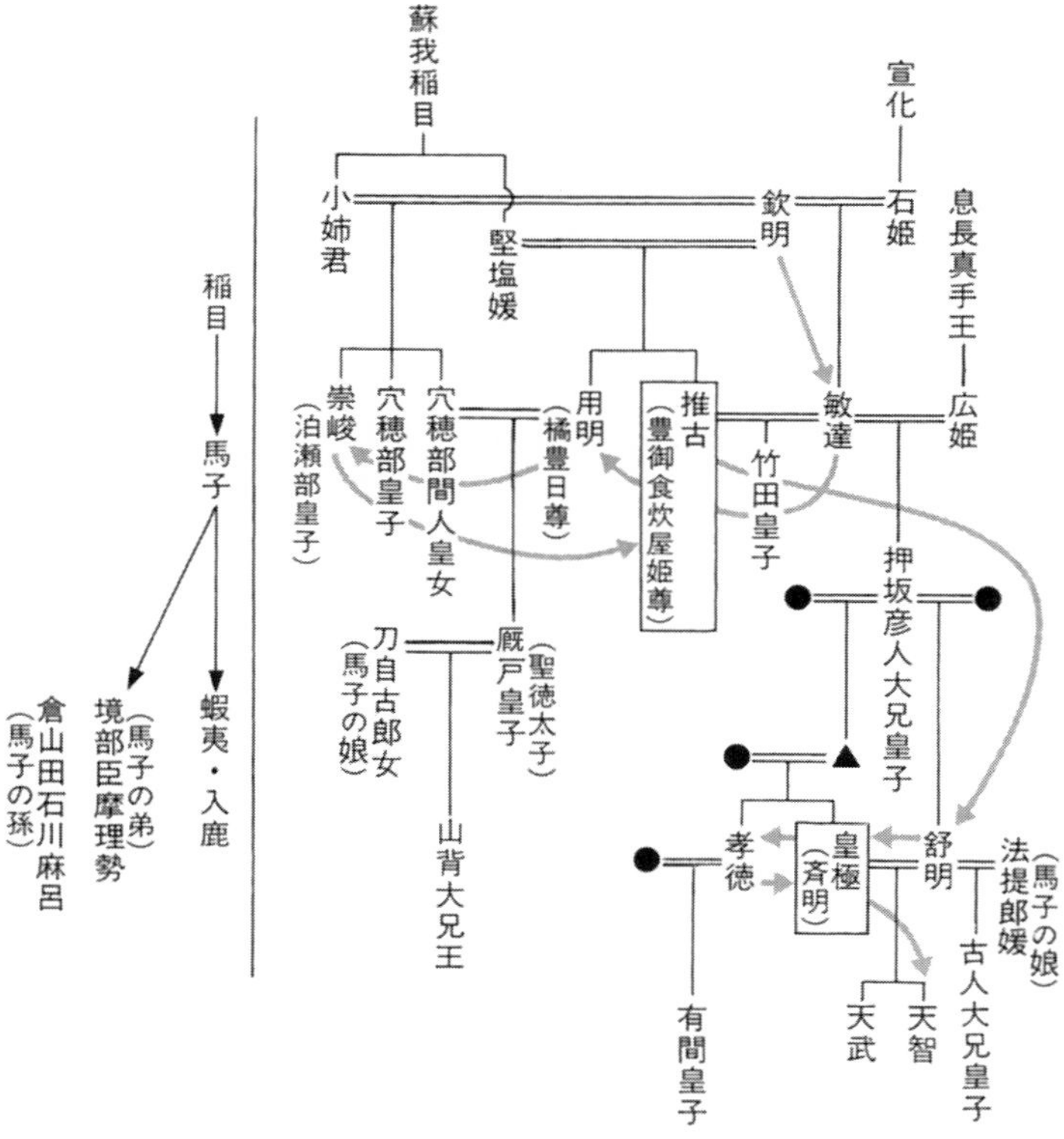

序－4　序章関連系図　矢印は即位の順序

明日香村平田《ひらた》の梅山《うめやま》古墳を治定している。全長一三八㍍《メートル》の前方後円墳で、ほぼ東西方向に軸綜《じくそう》をもっている。ところが、この梅山古墳は欽明陵でないとする見方がある。ここで、欽明陵をとりあげる理由は、欽明朝より後の時代ではあるが、推古天皇によって堅塩媛が欽明陵に改葬されていると『日本書紀』に書かれているからである。つまり推古女帝は、母親を改葬したというのである。

欽明陵である檜隈坂合陵をどれにあてるかについては、諸説がある。陵墓の発掘が不可能であるので、天皇陵の実体を知ることは容易なことではない。だから、欽明陵についても、研究者によって見解が異なるのは避けられない。ここでは、詳しく欽明陵の比定について述べるのはさしひかえ、これまでの議論をメモ風に記しておくことにとどめる。

今日の宮内庁治定の欽明陵に疑問をさしはさんだのは、森浩一氏であった（『古墳の発掘』中央公論社、一九六五年）。氏は、橿原《かしはら》市の見瀬《みせ》丸山《まるやま》古墳（所在地からみて五条野《ごじょうの》丸山古墳とよぶべきであるとする提案があるが、本書では、従来どおり見瀬丸山古墳とよんでおきたい）こそ欽明陵と考えられるとした。いくつかの理由があげられているが、そのなかでかつて石室を写生した幕末の『聖蹟図志《せいせきずし》』の絵図に家型石棺《せっかん》が二つ描かれているのに氏は注目した。そこで、それらは欽明天皇と堅塩媛の棺《ひつぎ》ではないかという推論を導くことになった。この二つの石棺は、たしかに見瀬丸山古墳の被葬者を想定させる一つの手がかりを与えた。

その後、平成三年（一九九一）に、たまたま内部に入ることができる穴があって、一市民によって

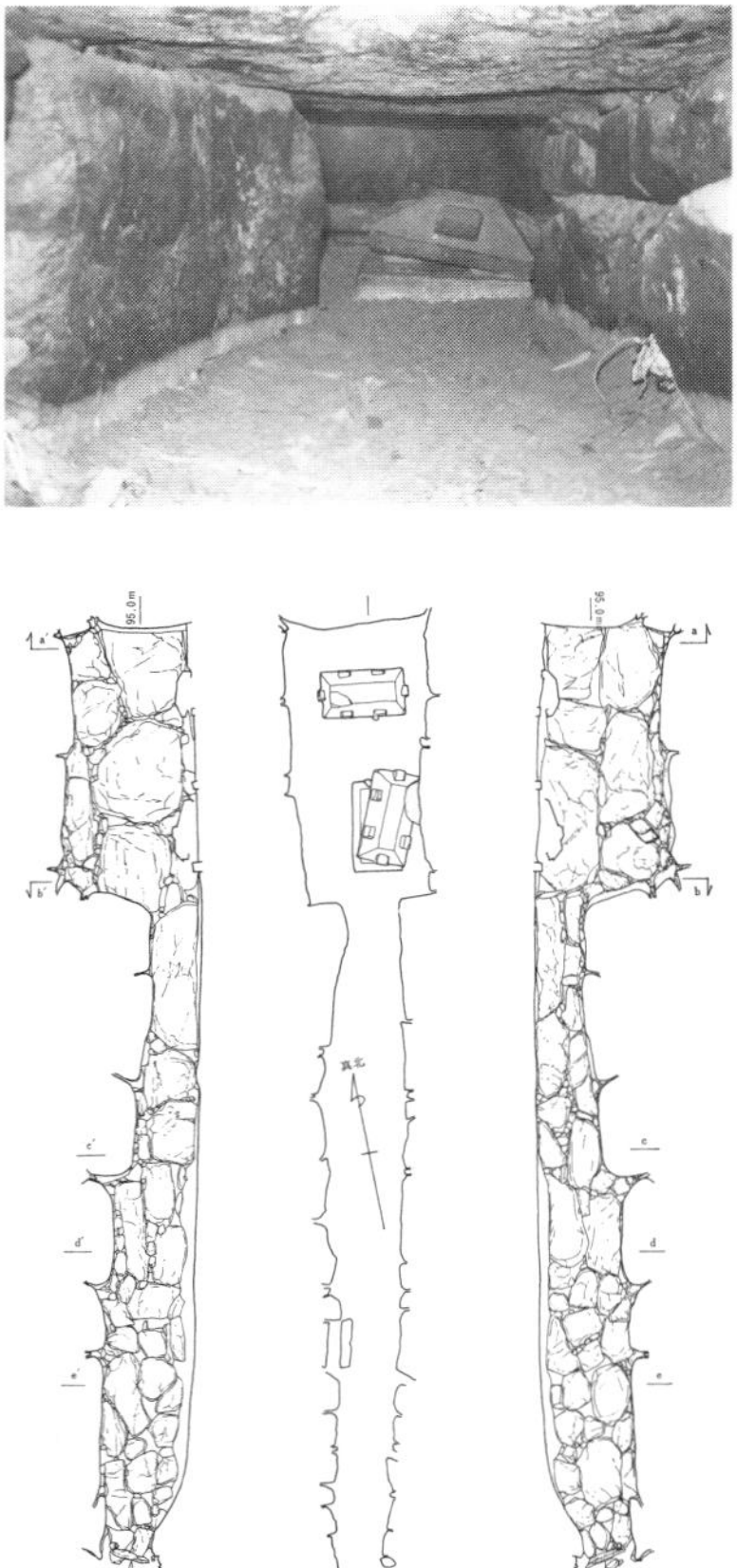

序－5　見瀬丸山古墳の内部（『書陵部紀要』第45号）

写真撮影された。宮内庁書陵部も石室内を撮影した写真を公開した（『書陵部紀要』第四五号）。その写真を解析した結果、石室の奥におかれている石棺は七世紀の前半、その前方の石棺は六世紀後半という推定がなされた。見瀬丸山古墳を天皇陵とするならば、森説にしたがって前方にある石棺を欽明天皇のものとし、奥の石棺を堅塩媛のそれとする見方は、それなりに説得的であるといえよう。だが、わかりにくい問題も出てきた。どうしても検討しておかねばならないのは、宮内庁が治定している前掲の梅山古墳が欽明陵でないとする理由である。『日本書記』の関係する記事を整理してみよう。

①欽明紀三十二年（五七一）九月条

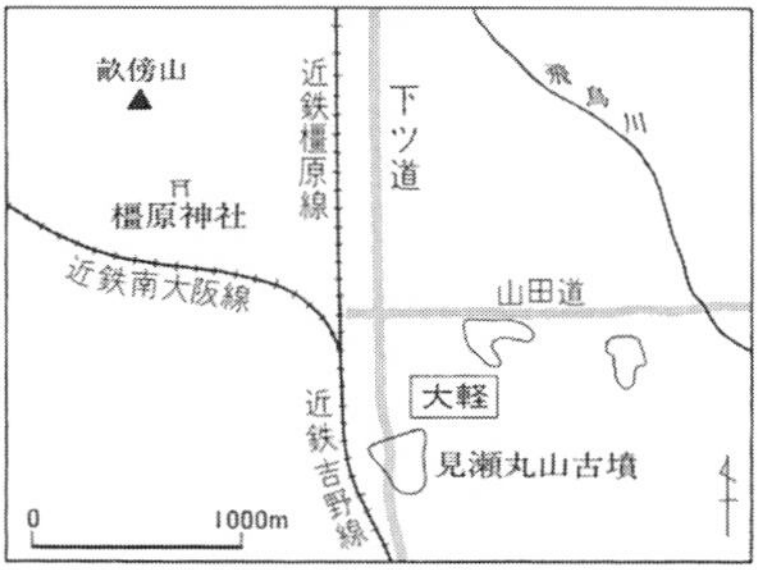

序ー6　軽のチマタ付近

欽明天皇を檜隈坂合陵に葬る。

②推古紀二十年（六一二）二月条

皇太夫人《おおきさき》堅塩媛を檜隈大陵に改めて葬る。是《こ》の日に軽《かる》の街《ちまた》で誄《しのびごと》をたてまつった。

③推古紀二十八年（六二〇）十月条

砂礫《されき》を檜隈陵の上にしいた。すなわち周囲に土を積んで山のようにした。そして氏《うじ》ごとに大柱を土の山の上に建てさせた。倭漢坂上直《やまとのあやのさかのうえのあたい》が立てた柱が一番すぐれていて高かった。それで時の人は大柱直《おおはしらのあたい》といった。

①は欽明天皇の死去にともなう埋葬であるが、陵の名前は檜隈坂合陵とある。②は欽明天皇の妃堅塩媛を檜隈大陵に改めて埋葬したというが、堅塩媛の没年を示す史料はない。堅塩媛の改葬された檜隈大陵は、欽明陵の檜隈坂合陵とおそらく同じであろう。同じであるとすれば堅塩媛は欽明陵に合葬されたことになる。改葬においても堅塩媛の生前をしのんで霊にささげるという誄の儀式をしたのだが、その場所は軽のチマタでなされた。軽のチマタは、今の橿原市大軽《おおがる》のあたりと思われ、山田道《やまだみち》と下《しも》ツ道《みち》の交叉《こうさ》する付近がチマタ（道股）にふさわしい（図序―6）。③の推古紀二十八年の記事は檜

隈陵に砂礫をしきつめて葺石《ふきいし》とし、その儀式にいくつかの氏族が大柱を立てて参列したというが、柱を立てるのには、どのような意味があったのだろうか。木の柱でもって死者の霊に神を招いたのかもしれない。だから墳墓の周囲に氏ごとに立てられた柱は、神の依《よ》り代《しろ》であったように思われる。

さて、右の①、②、③の墳墓名は「檜隈」という地名は共通するが、檜隈坂合陵、檜隈大陵、檜隈陵と異なった表記となっている。陵名が少しずつ異なってはいるが同じ墳墓であるという理解がもっとも自然である。②は欽明天皇の妃の改葬で、それが檜隈大陵とされるなら、それは「大陵」というよび名からも欽明陵、つまり檜隈坂合陵と考えるのが妥当としてよいであろう。では、③の檜隈陵は、前の二つの陵墓と同じであろうか。さほどむずかしく考えるまでもなく、推古朝以前に檜隈を冠した陵墓は史料の上で確かめる限り欽明陵しかない。だから、右の①、②および③の陵墓は、いずれも欽明陵をさすと解してよい。

それならば、③の砂礫でもって墳墓を葺《ふ》くというのが氏族の参列のもとでなされたのは、儀式をとりおこなうことであったとみられるが、その目的については、『日本書紀』は、まったく記していない。そこでそのことを検討する材料として欽明天皇の埋葬された年から砂礫を墳丘《ふんきゅう》においた年までを数えると、四十九年となる。つまり仏教の今日の慣習によれば五十回忌にあたる。おそらく五十回忌の節目に欽明陵の修復がなされたと推定しておきたい。

ところが、欽明陵を、先にみた見瀬丸山古墳に比定しない研究者たちは、この古墳には砂礫による葺石の痕跡は見あたらないという。一方、宮内庁治定陵の梅山古墳には葺石の記録が江戸時代からあり、石山《いしやま》とよばれていたという。葺石の有無に判断をゆだねるとすれば、現治定陵を欽明陵とすることは妥当であるように思われる。それでは、森浩一氏が欽明陵と指摘した見瀬丸山古墳の被葬者は誰なのかを問い直さねばならない。今日の十分な発掘調査を実施できない研究段階で、断案を下すことは、至難の業である。

女帝の世紀への序奏

小澤毅氏は次のように推論する。

氏は、見瀬丸山古墳の石室にある二つの棺のうち、前方のものは六世紀後半の年代から被葬者は蘇我稲目とし、奥の棺が七世紀はじめのころとするならば堅塩媛が被葬者であろうという。この推論は、見瀬丸山古墳が古墳時代後期における最大の前方後円墳であるという規模の点から天皇陵（正しくは大王陵というべきであろう）であるという先入観にとらわれていた今までの説の意表をつくものである（『日本古代宮都構造の研究』青木書店、二〇〇三年）。小澤氏より先に、斎藤忠氏（『古墳文化と古代国家』至文堂、一九六六年）、安本美典氏（「欽明天皇陵の再検討」『季刊邪馬台国』第四八号、梓書院、一九九二年）の稲目を被葬者とする推論がある。それらを受けて、近年の欽明陵＝見瀬丸山古墳説が再燃する傾向に対して、あらためて考古学的な視点から論じたものである。

見瀬丸山古墳の二つの石棺について、これまで研究者たちを悩ませてきたのは、奥の棺が年代的に新しく、前の棺が古いということについての解釈である。

見瀬丸山古墳＝欽明陵説では、奥の棺に堅塩媛が葬られているとするので、先に亡くなった欽明天皇の後から埋葬された堅塩媛の棺が奥に安置されるというのは、どのように説明したらよいかという問いかけがあった。それに関しては、見瀬丸山古墳＝欽明陵説を早くからとなえてきた増田一裕氏は、現在宮内庁の調査などによって確かめられた大型の横穴式石室は七世紀初頭に改葬された堅塩媛のために新たに造営されたもので、欽明朝には右のような大型の横穴式石室は存在しなかったという（「見瀬丸山古墳に眠るのは欽明天皇・堅塩媛か」『歴史と旅』秋田書店、一九九九年三月号）。とすると前方の棺、つまり欽明天皇が葬られている棺はどこからもたらされたかについて、増田氏は後円部上位の円丘部という推定をしている。だから円丘部に、未確認の、もう一つの石室が存在する可能性を示唆している。

これに対して小澤氏は、稲目より大王の妃のほうが身分的に上位であるから、先に埋葬されていた稲目の棺をわきに移動し、堅塩媛の棺を玄室の奥にすえたと説明する。

以上にみてきたように、小澤説は、堅塩媛は没後すぐに父の稲目の墓に追葬され、さらに『日本書紀』によれば推古二十年（六一二）に欽明陵に追葬されたとする。この論争が迷路に入りかけているのは、まずは第一に陵墓の発掘が不可能であることとともに、堅塩媛の没年が不明である点も無視できない。だが、いずれにしても堅塩媛の欽明陵への改葬は、女帝の世紀への序奏であることは、まちがいないであろう。

日本仏教の幕開けと尼僧たち

欽明天皇についで敏達《びだつ》天皇が即位する。欽明天皇の第二子で、母は宣化天皇の娘石姫《いしひめ》皇后である。敏達天皇は、仏の教えを信じなかったと敏達紀にいう。この記述が史実を反映しているならば、蘇我稲目が先帝に仏教受容の進言をしたにもかかわらず、仏教に対する信仰は、定着するような状況ではなかった。このような雰囲気を感じさせる記事が敏達紀にないことはない。物部守屋《もののべのもりや》と中臣勝海《なかとみのかつみ》が天皇に申し上げる。

「どうして、私どもが進言していますことをお認めいただけないのでしょうか。先帝から今上《きんじょう》陛下にいたるまで、国中に疫病が流行し、多くの人々が死んでいます。その原因は蘇我氏が仏法を広めようとしたことにあるのではないでしょうか」

それを聞いて天皇が答える。

「はっきりとした事実ならば、仏法をやめろ」

ただこの後の叙述の展開が欽明紀と似ていて、物部氏による寺院の焼却、仏像を難波の堀江に棄てることが書かれているので欽明紀の記述の反復ではないかという疑いをもつ。蘇我稲目が亡くなった後も、馬子《うまこ》が大臣となり、仏教を広める方針をひきついでいる。また仏教にゆかりのある品々が朝鮮半島から倭国にもたらされている。

敏達天皇六年（五七七）、百済に遣わされた大別王《おおわけのおおきみ》の帰国に際して、百済王は経論数巻とともに律師《りつし》（戒律に通じた僧）、禅師《ぜんじ》（迷いを断ち真理に没入できる僧）、比久尼《びくに》（尼僧）、呪禁師《じゆごんし》（仏法の呪力《じゆりよく》によって病魔を払う人）、造仏工《ぞうぶつこう》、造寺工《ぞうじこう》の六人をも渡来させた。そこで大別王は難波の寺に居住させたという。ただ大別王の難波の寺がどこにあったかは今日までわかっていない。

敏達十三年（五八四）には、百済から渡来した鹿深臣《かふかのおみ》が弥勒《みろく》の石像一体を、また佐伯連《さえきのむらじ》も仏像を一体もっていたが、その二体を馬子がゆずり受け、鞍部村主司馬達等《くらつくりすぐりのしめだちと》と池辺直氷田《いけべのあたいひた》らを各地に派遣して仏教の修行者を探し求めたとある。仏の教えに帰依する人を手がかりとして仏教を広めようとしたのであろう。この鹿深臣の子孫にあたる甲可臣真束《こうかのおみまつか》が奈良時代の大仏造立に際して寄進していることからも平城京に至る道筋がここにもよみとれる。播磨《はりま》に、かつて僧であったが還俗《げんぞく》した恵便《えべん》という人物がいた。高句麗《こうくり》からの渡来人である。馬子はこの恵便を仏教の師とした。まず最初に出家したのは、司馬達等の娘嶋《しま》で、僧名を善信尼《ぜんしんに》という。年齢わずか十一歳の少女であった。さらに善信尼の弟子二人も出家した。一人は漢人夜菩《あやひとやぼ》の娘豊女《とよめ》、僧名禅蔵尼《ぜんぞうに》、もう一人は錦織壺《にしこりのつふ》の娘石女《いしめ》、僧名恵善《えぜん》尼《に》といった。

わが国において仏教に最初に帰依したのは渡来人の娘たちであった。尼がこの国の仏教の幕を開けた。渡来人の娘たちに仏教の信仰をゆだねたというのは、いかにも海の外からもたらされた宗教に警戒感をもっていたようである。

馬子は三人の尼を敬い、仏殿を自分の家の東方につくり、弥勒の石像をまつった。この場所は不明であるが、もう一つ、石川《いしかわ》の家にも仏殿をつくった。『日本書紀』はこれを、仏法のはじめとしている。石川は橿原市石川町にその名を伝えている。また馬子は塔を大野丘《おおののおか》（比定地不詳）の北に建てて、儀式をとりおこなったが、そのときに舎利《しゃり》を塔の柱頭におさめた。

仏教を積極的にとりいれようとする蘇我氏の行動を非難したのが、先の物部守屋と中臣勝海の言動である。だが、仏教を排斥する動きとは反対に病気に苦しむ者たちの間では、「仏像を焼いてしまった罪ではなかろうか」という声が聞こえた。

馬子が天皇に申し上げた。

「私の病気が重くて、今になってもなおらないのでございます。仏法の力によらなくては、救われることはございません」

天皇は、

「おまえ独りで仏を信仰するがよい。他の人々が仏を崇拝することをやめさせよ」

と語りかけた。そして三人の尼を馬子につき添わせた。馬子はよろこび、尼たちに手を合わせた。そして新しく寺院をつくり、そこに三人の尼を迎え入れた。

敏達天皇は、息長真手王《おきながのまてのおおきみ》の娘広姫《ひろひめ》を皇后としていた。皇后は一男二女を生んだが、押坂彦人大兄皇子《おしさかのひこひとのおおえのみこ》がその中の一人であった。のちにふれるが、押坂彦人大兄皇子は舒明《じょめい》天皇の父である。このままの血統ならば蘇我氏は政治の前面に出る機会はほとんどない。息長氏の系譜で天皇の位が継承されていくことは、予想できることであった。敏達天皇の皇后に息長氏出身の広姫がなったとき、蘇我氏一族は動揺を隠せなかったと想像できる。

敏達天皇は、即位間もなく百済大井宮《くだらのおおいのみや》をつくったとあるが、所在地は今のところ特定できない。しばらくして宮は訳語田《おさだ》に営まれ幸玉宮《さきたまのみや》といった。訳語田は、かつて桜井市戒重《かいじゅう》に中世、他田《おさだ》庄という荘園があったので、その付近とみてよいであろう。近くに春日《かすが》神社があり、もしかするとかつての訳語田宮の跡地の可能性もある。

敏達の皇后

歴史にはというか、人の一生にはというか、いずれにしても、思いもかけないことがおこり、予定されていたシナリオが変更を余儀なくさせられる。よくあることではあるが、当事者にとってはやはり思いがけない出来事なのだ。そして予期しない人生を歩むことになる。

皇后広姫が死去した。官人たちは、新しい皇后を立てる必要に迫られた。『日本書紀』は詔《みことのり》として、天皇による直接の指名のように書いているが、たぶん蘇我氏の協力な主張があったにちがいない。豊《とよ》御食炊屋《みけかしきや》姫尊《ひめのみこと》が皇后となった。すでにふれたように父は欽明天皇、母は蘇我稲目の娘堅塩媛《きたしひめ》である。この豊御食炊屋姫尊が、のちに歴史上最初の女帝となろうとは、蘇我氏にあっても予想していたとは思えない。とはいえ蘇我氏にとっては、政治的に有利な布石となった。やがて敏達天皇は大殿《おおとの》で死去する。埋葬まで死体を安置する殯宮《もがりのみや》が広瀬《ひろせ》（今の奈良県北葛城《きたかつらぎ》郡広陵町《こうりょうちょう》）につくられた。蘇我馬子は刀を佩《は》いて死者の霊に誄《しのびごと》を述べた。それを見て物部守屋は「まるで大きな矢で射られた雀《すずめ》のようだ」とあざけり笑った。今度は、物部守屋が手足をふるわせながら誄をたてまつった。そして馬子が守屋の動作をみて、「鈴をかけてやれば、体のふるえるのに合わせてにぎやかな音が鳴るだろうな」とからかった。馬子と守屋の関係は、いささか幼児的な対立関係のように『日本書紀』は叙述している。所詮《しょせん》、いつの時代も権力そして名誉欲は幼児性をおびる。

磐余の池

天皇（大王）の外戚《がいせき》となる。そのことが、この時代の豪族たちの権力を掌握する手法であった。娘が天皇（大王）の妃となり、その子が天皇（大王）になれば、絶大な権力をふりかざすことができる。国家の権力を自在にあやつるための豪族たちのサクセスストーリーであった。

敏達天皇の後は用明天皇が即位する。蘇我氏はさらに権勢を強めていく。用明天皇は欽明天皇と蘇我稲目の娘堅塩媛との間に生まれた橘豊日尊《たちばなのとよひのみこと》である。敏達天皇の皇后となった豊御食炊屋姫尊の兄にあたる。

用明天皇の宮は、磐余《いわれ》（奈良県桜井市の西南方）につくられ、池辺双槻宮《いけのべのなみつきのみや》と名づけられた。「池辺」は、磐余の池のほとりの意味で、「双槻」は槻の木（今のケヤキ）が二つならんで生育しているということであるが、おそらくめでたい象徴を示す連理の木のことではないかと思う。連理の木とは一本の

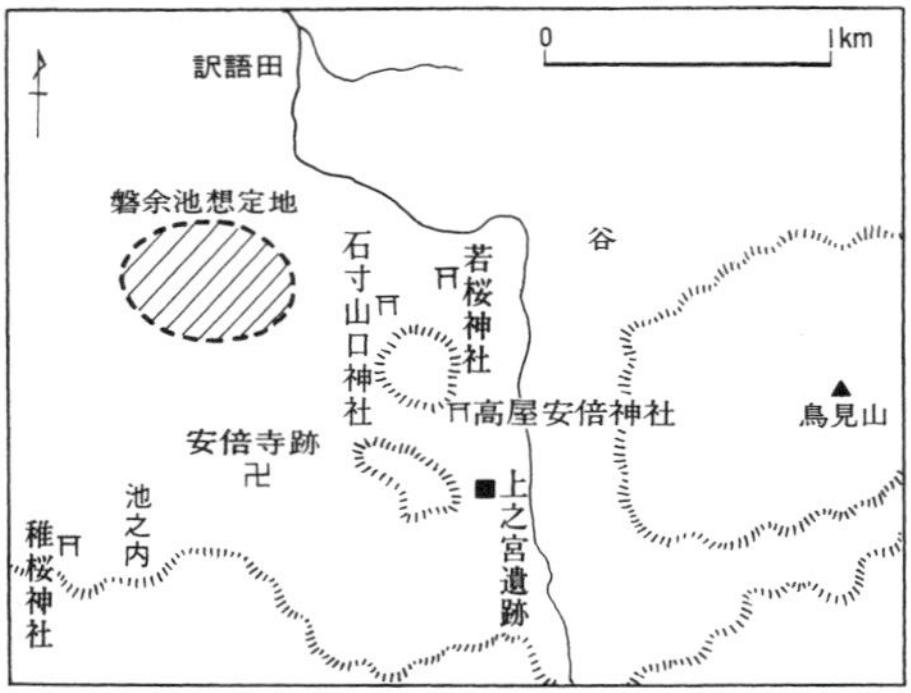

序－7　若桜神社と稚桜神社

樹の枝が長くなったのを地中に埋めてそこからもう一本の樹を生育させるものである。中国では古くから吉祥のシンボルとされてきた。

その池辺双槻宮の所在地はどこであろうか。かつて、私なりに考えたこと（『鬼神への鎮魂歌』学習研究社、一九九〇年。のちに『聖徳太子と斑鳩《いかるが》』と改題し、学研M文庫より二〇〇一年に刊行）の要点を述べると次のようである。

「池辺」の「池」は磐余池とみるのが当時の地理的な様相を考えると妥当で、それ以外には思いあたらない。『日本書紀』履中《りちゅう》天皇二年十一月条に「磐余池を作る」とある。翌三年十一月条には、磐余の市磯池《いちしのいけ》で両枝船《ふたまた》に乗っていた天皇の盃《さかずき》に、桜の花が落ちてきたので、宮の名称を磐余稚桜宮《いわれのわかさくらのみや》としたという。磐余市磯池と磐余池が同じ池であるかどうかの問題があるが、『日本書紀』によれば、履中天皇の宮づくりと磐余池の造成は一体的になされた工事と理解できる。だから履中天皇が遊んだ磐余市磯池は宮に付属していたとみれば、磐余池と同じであったと推定できる。

「磐余稚桜宮」の「稚桜宮」の場所を探る手がかりは、平安時代に編纂《へんさん》された『延喜式《えんぎしき》』（法律を施る。「大和国城上郡《しきのかみ》若桜神社」の位置にある。行する略則集）の神社名をあげたいわゆる神名帳《じんみょうちょう》に載る「大和国城上郡若桜神社」の位置にある。「若桜神社」は「ワカザクラ」と訓《よ》むが、「若桜」と表記する神社は桜井市谷《たに》にある（図序—7）。ところがもう一つ「稚桜神社」と表記する神社が桜井市池之内《いけのうち》にある。「稚桜」（ワカサクラ）つまり『日本書紀』の「磐余稚桜宮」の「稚桜」と同じ表記である。ということで、いきおい、桜井市池之内あたりに履中天皇の宮を想定する説がある。しかし、『日本書紀』の履中天皇の宮は「稚桜」と書かれているが、平安時代の公的記録である『延喜式』では、おそらく「稚桜宮」にゆかりのある神社名を「ワカサクラ」の音をとって、「若桜」と漢字表記した。したがって、「若桜」と記すのが公式であれば、今日の桜井市谷の「若桜神社」をもって履中天皇の「磐余稚桜宮」にゆかりのある神社と私は考える。それでは磐余池はどこにあったのだろうか。

江戸時代ごろからの磐余池の比定地については、先にあげた「稚桜神社」のある桜井市池之内周辺とみなされてきた。それはあたかも通説のように語りつがれてきた。だが桜井市谷の「若桜神社」寄りのところに磐余池があったらしいことは、『枕草子《まくらのそうし》』の記述でわかる。

池は、かつまたの池。いはれの池。にへのの池、初瀬《はつせ》にまうでしに、水鳥のひまなくゐてたちさわぎしが、いとをかしう見えし也。

平安時代、京の女人たちが大和長谷寺《はせでら》の観音菩薩《ぼさつ》に参詣《さんけい》した。京から大和長谷寺への道沿いにあった池から水鳥のたえず騒々しい鳴き声が耳に入るのを綴《つづ》ったのが右の引用文である。「にへのの池」

は京都府綴喜《つづき》郡井手町《いでちょう》の多賀《たか》あるいは城陽《じょうよう》市長池《ながいけ》などの説があって、かつての位置は不明である（『角川地名大辞典』）。とにかく山城《やましろ》国の南を大和に向かい「かつまたの池」のあたりに達した。「かつまたの池」は、奈良の薬師寺《やくしじ》西南の七条町《しちじょうちょう》の大池《おおいけ》にあてる説が有力である。そのあと長谷寺に向かうとすれば、どうしても盆地の東部を南北に走っている上《かみ》ツ道《みち》に出て、三輪山《みわやま》の南西麓の海石榴市《つばいち》で参拝のしたくをすることになっていた。その道中で「いはれの池」の水鳥の鳴き声が聞こえるとすれば、「いはれの池」は桜井の市街地から遠くはなれているはずはない。おそらく先にふれた若桜神社の西方あたりであろうと思われ、若桜神社が履中天皇の「稚桜宮」の故地とのつながりを思わせる。

やや話がくどくなったが、磐余池の地点をおおむね右のように想定すると、用明天皇の「池辺双槻宮」の所在地も見当がつく。若桜神社から遠く離れていないであろう。また信頼性において扱いを十分に注意しなければならないが、若桜神社の近くにある石寸山口《いわれやまぐち》神社について近世の地誌書『大和志《やまとし》』は「今双槻神社と称する」と記している。

聖徳太子誕生

用明天皇の宮がどのあたりにあったかについて、本章で詮索《せんさく》してきたのは、最初の女帝推古を支えた聖徳太子（厩戸皇子《うまやどのみこ》）の若いころの宮である上宮《かみつみや》の所在地を確かめるためであった。用明紀に、穴穂部間人皇女《あなほべのはしひとのひめみこ》を皇后とし厩戸皇子が生まれたが、皇子は若いころは上宮に居住し、のちに斑鳩に移ったとある。推古紀には、厩戸豊聡耳皇子《うまやとのとよとみみのみこ》の宮が、父親の用明天皇の宮の南にあると述べている。

そしてその宮の名をとって上宮厩戸豊聡耳太子《かみつみやのうまやとのとよとみみのひつぎのみこ》とよばれたとある。このように聖徳太子の宮は上宮と称された。

先にふれた用明天皇の宮より南に桜井市上之宮《うえのみや》という集落があり、昭和六十二年（一九八七）に土地区画整理事業にともなう発掘調査が桜井市教育委員会によって実施された。そのとき、六世紀後半の身分が高位の者が住む、四面にひさしのついた建物跡と石組からなる苑池《えんち》遺構が出土した。この遺跡について私は、上之宮という地名からみても聖徳太子の上宮であると推定した。その後付近一帯は住宅地となったが、苑池だけ石組で遺構を模したものを地上につくり、今日まで遺跡の位置を伝えている。

用明天皇は欽明天皇と蘇我稲目の娘堅塩媛との間に生まれたが、聖徳太子は父が用明天皇であり、母は欽明天皇と稲目の娘である小姉君《おあねのきみ》との間に生まれた穴穂部間人皇女である（図序―4）。そのため、聖徳太子の父方の祖母は堅塩媛で、母方の祖母は小姉君である。すでに述べたように堅塩媛と小姉君は姉妹である。堅塩媛と小姉君とをくらべると、前に述べたように堅塩媛は欽明陵に改葬されているが、小姉君については、『日本書紀』は、特筆するような記事を残していない。のちにみるように堅塩媛と小姉君の系譜が、蘇我馬子の権勢に正反対の影を落とすことになる。だから聖徳太子と蘇我氏との政治をめぐる人間的距離も微妙に変化していた。そのことは用明天皇が即位するときの事情にもあらわれている。先帝敏達天皇が死去したとき、欽明と小姉君とを父母とする穴穂部皇子が敏達

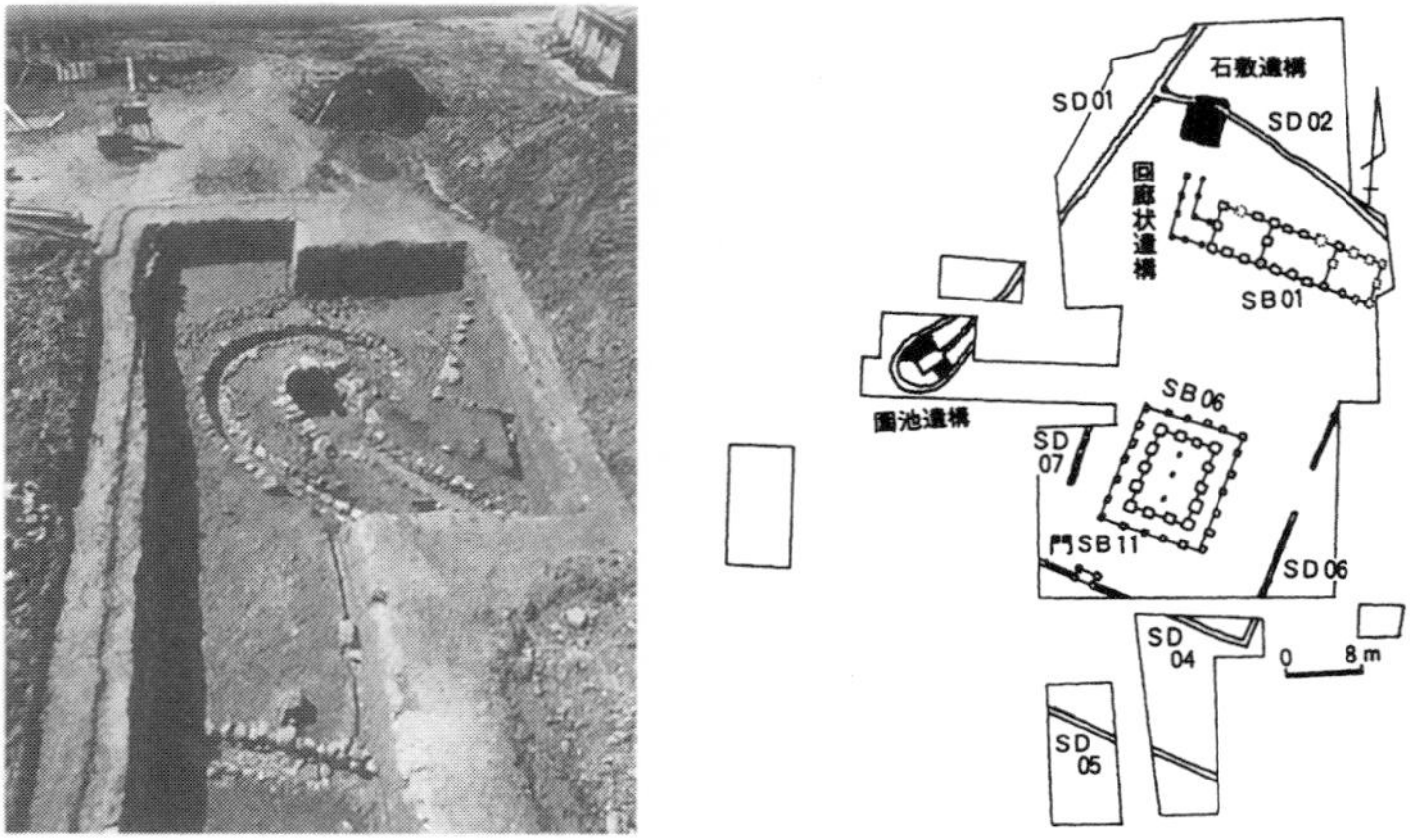

序－8　上之宮遺跡（『上之宮遺跡第５次調査概要』1990年）

天皇の殯宮《もがりのみや》で、天下をとろうとする野心をあらわにして、

「どうして死んでしまった大王のもとに集まって、生きている大王である自分のところにこないのか」

と怒った。もとより、穴穂部皇子が敏達天皇の後継者とは決まっていないときに、みずからを大王と称した行動であった。現実に敏達を継いだのは、欽明と堅塩媛との間に生まれた橘豊日尊《たちばなのとよひのみこと》すなわち用明天皇である。大王の即位に強い権力を行使できる人物は、大臣の蘇我馬子であった。おそらく馬子にとって穴穂部皇子は排除すべき人物であった。その理由は仏教受容の問題で敵対する物部氏と穴穂部皇子が通じていた点にある。馬子は橘豊日尊を即位させること以外に選択肢をもたなかった。

　小姉君の系譜につらなる穴穂部皇子は、用明即位後も大王の位への執着心を解くことはできずに、乱暴な行動に出る。

海石榴市宮

『日本書紀』によれば、用明天皇元年（五八六）五月に、穴穂部皇子は、敏達天皇の霊柩《れいきゅう》をおさめている殯宮に侵入し、敏達の皇后炊屋姫《かしきやひめ》を奸《おか》そうとする。しかし、敏達天皇の寵臣《ちょうしん》三輪君逆《みわのきみさかう》が親衛隊の武官らを召集して宮内を固め、穴穂部皇子が入るのをさまたげた。穴穂部皇子は、

「誰がそこにいるのか」

と問う。武官は、

「三輪君逆がここにいる」

と答える。穴穂部皇子は七度にわたって、

「門をひらけ」

とさけんだが、門は閉ざされたままであった。そこで穴穂部皇子は大臣の蘇我馬子と大連《おおむらじ》の物部守屋に言い渡した。

「三輪君逆は、まったく礼儀をこころえていない。殯宮で『朝廷に波瀾《はらん》をおこすことなく、鏡の面のように浄《きよ》らかにお仕えして、臣である私は、平穏に治まるように奉仕したい』と言った。このことが礼儀をこころえていないというのだ。天皇の身内のものが多くいて、なおかつ大臣と大連もはべっているのだ。それなのに、心の向くままに自分だけが奉仕するなどといってよいものではあるまい。

私が殯宮の内部を見たいと思ったのだが、許可をしない。門をあけるように七度も声をかけても、応答しなかったのだ。私は、三輪君逆を斬《き》ってしまいたいのだ」

それを聞いて、大臣と大連は、

「皇子のお気持ちのままに」

と答えた。穴穂部皇子は、ひそかに天下を治める大王の位をねらっていたが、口先では三輪君逆を殺すと言って他人の目をごまかしていた。しかし、ついに物部守屋と手を結び、兵をひきいて磐余池のあたりをとりかこんだ。それを知った三輪君逆は、三輪山に隠れた。そしてその日の夜にこっそりと山から出て、こんどは後宮に隠れた。そこは炊屋姫皇后の別業《べつぎょう》（別荘）で、海石榴《つば》市宮《いちのみや》とよばれていた。

海古榴市は『万葉集』に歌われているように、若い男女が歌をかけあって親しい相手をみつける歌《うた》垣《がき》の場（巻十二―三一〇一、三一〇二）であるが、またその名から知られるように「市」であり、初瀬《はせ》川《がわ》（大和川）の河岸にあった港でもあった。歌垣も市も毎日そこで催されるのではなく、定められた日になされた。とはいえこの地は海石榴市のチマタともよばれ、交通の要所であったので人々の往来は少なからずあったと想像できる。そのような場所に皇后、のちの推古女帝が宮を営んだのは、何か特別の理由があったのだろうか。少しそのことについて考えてみたい。

海石榴市が、現在のどのあたりかは正確に比定するのはむずかしい。通説としては桜井市金屋《かなや》であるとされている。椿市観音堂があるのがその理由である（図序—9）。

だが明応《めいおう》二年（一四九三）の古図（福智院家文書）に「三輪市」という文字が、南北道の一つ上ツ道の道筋に書かれ、そこから三輪山をとりまくように走り、東西道の横大路に合する道が描かれている。この三輪山をとりまくように走る道が、長谷寺に至る道であったとみてよい。古図に記されている「三輪市」は桜井市芝《しば》の南方あたりで、「椿井」という小字名もある。「三輪市」「椿井」の、周辺で上

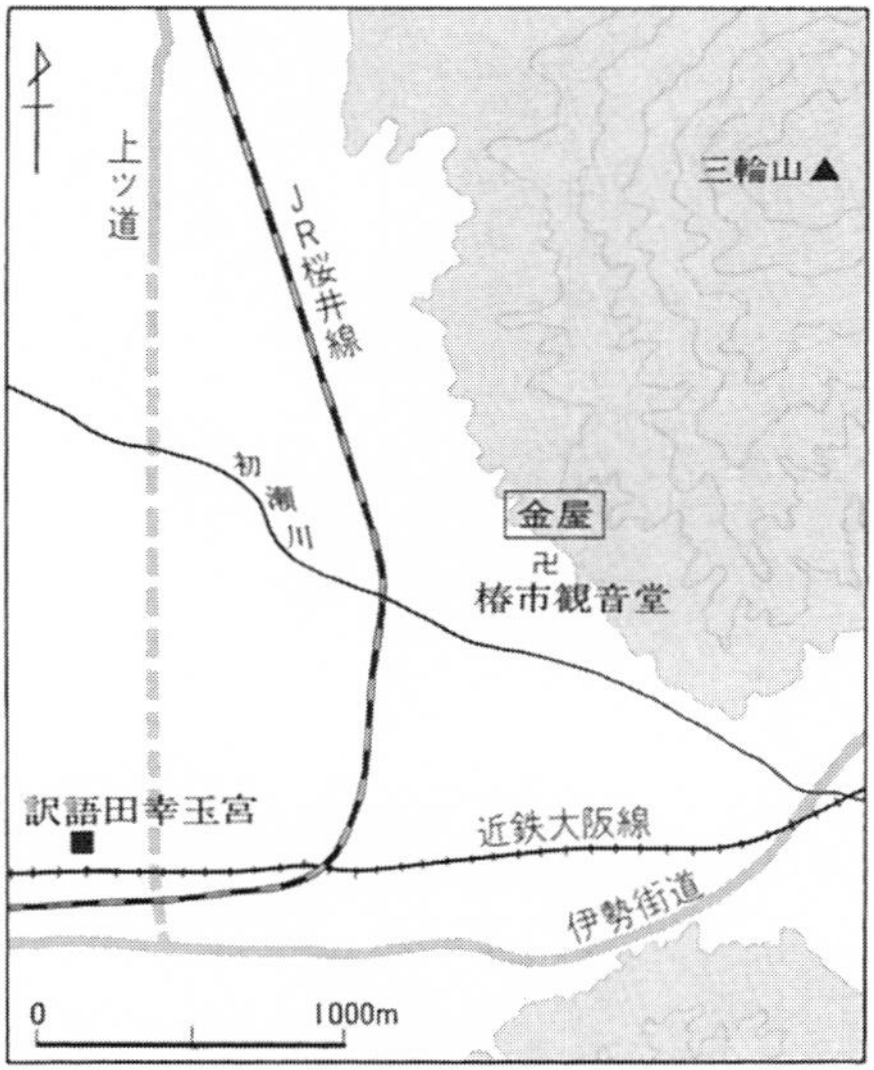

序－9　海柘榴市付近

ツ道と初瀬川、そして右にあげた長谷寺に至る道路が交わるので、そのあたりが海石榴市のチマタとよばれたと思われる。

そのような考証をしてみると、炊屋姫皇后の宮もまたその近くにあったのであろう。右のように海石榴市のおおよその場所を想定すると、図からもわかるように敏達天皇の訳語田幸玉宮《おさだのさきたまのみや》はすでにふれたように桜井市戒重にあったとすれば炊屋姫皇后の別業はほぼ北東に位置する。

皇后の宮に三輪君逆が隠れたことを知った穴穂部皇子は物部守屋に、

「三輪君逆と二人の子どもを殺してこい」

と命じた。それにしたがった物部守屋は、兵をひきいていった。このはかりごとを耳にした蘇我馬子は、穴穂部皇子のもとに出向いた。ちょうど門で物部守屋のところに行こうとしていた皇子に会った。

「王たる人物である皇子は、三輪君逆のような罪人を近づけてはならない。みずから出ていくものではない」

と、馬子は穴穂部皇子をいましめた。三輪君逆が罪人であるというのは、皇子の命にしたがわなかったからであろう。馬子は穴穂部皇子の行動をやめさせようとしたが、皇子は無視して守屋のもとに進みはじめたので、馬子は皇子にしたがって磐余まで行き、そこで再び、とどまるように説得し、皇子もそれに応じた。その場所で胡床《こしょう》にすわって守屋を待っていたら、しばらくして守屋がやってきた。

そして、

「三輪君逆を殺してきた」

と言う。馬子は嘆きくずれ、

「天下が乱れるのも遠くはあるまい」

と語った。それを聞いた守屋は、

「あなたのような小物の臣は知らないことだ」

と言った。

『日本書紀』の細注は三輪君逆は敏達天皇の寵臣で国の内外のことをまかされていたとし、このような事態となって炊屋姫皇后と蘇我馬子はともに穴穂部皇子をうらんだ、と記す。

『日本書紀』が記述する穴穂部皇子の行動の部分を抜き書きした。それは蘇我稲目の娘で欽明天皇の妃となった堅塩媛と、小姉君の系統上の対立があらわになっていく経緯を探ってみようとしたからである。右にみたように、穴穂部皇子が物部守屋に与《くみ》した行動が馬子には許せるはずがなかった。

長い年月議論されてきた仏教を受けいれるかどうかについて、用明紀は蘇我氏と物部・中臣氏の対立を叙述している。用明天皇二年（五八七）、天皇は、病をわずらい、臣下の者たちに、

「朕《われ》は、仏教に帰依しようと思う。皆で議論してほしい」

という詔を下し、いわゆる崇仏派と排仏派の意見がたたかわされた。しかし、仏教をとりいれる方向に大勢は傾きつつあった。司馬達等の子である鞍作多須奈《くらつくりのたすな》は出家して天皇のために寺と仏像をつく

った。南淵《みなぶち》（明日香村）の坂田寺《さかたでら》にこの仏像が安置されていると『日本書紀』は記している。現在、明日香村阪田《さかた》に寺跡があり、発掘調査によって礎石が確認されている。

殺された大王

用明天皇は病死し、在位はわずか二年であった。たぶん馬子にとっては堅塩媛の系統で大王位をつなぐつもりであったので、誤算であった。誤算であったとしても、蘇我氏一族の野望のためには、軌道を修正しなくてはならないと、馬子は、即断をみずからに課した。穴穂部皇子は、はっきりと物部氏と行動をともにしているので、小姉君の系統からは用明の後継を出したくはなかったが、これまで大王は男性で受けつがれていたので、蘇我氏の血をひいている人物で用明を継承することのできる者といえば欽明と小姉君との間に生まれた泊瀬部皇子《はつせべのみこ》しかいなかった。

馬子の戦略は堅塩媛系の炊屋姫尊を前面に立てて、自分の意向を示すことであった。用明亡き後、敏達の皇后であったという炊屋姫の地位は、力があったと推測できる。泊瀬部皇子すなわち崇峻大皇の即位について、『日本書紀』は、炊屋姫尊と群臣たちが、天皇位を決め、かつ今までどおり蘇我馬子を大臣としたとある。この記述が史実を反映しているとすれば、天皇位を決めるにあたって炊屋姫の発言を重視したと読めるが、むしろ馬子は敏達の皇后の地位を威厳あるものに仕組んだとみたほうが、推古女帝登場の前ぶれとしてわかりやすい。

蘇我氏と物部氏の仏教受容の可否を表面的な理由とする抗争は、最終的な局面を迎えていた。『日本書紀』の年代的な順序にしたがうと崇峻即位の直前になるが、馬子は、炊屋姫尊の詔として、穴穂部皇子と、穴穂部皇子に加担していた宅部皇子《やかべのみこ》を殺害する命令を下した。宅部皇子について『日本書紀』の分注は宣化天皇の皇子とするが、不詳というべきであろう。

馬子は権力を握るための道筋を急速に進む。穴穂部皇子と宅部皇子をしりぞけた後は、標的は物部守屋である。皇子たちと群臣らが軍兵をひきいて、河内の渋河《しぶかわ》（河内国渋川郡）にあって守屋の家（現在の八尾《やお》市西部）を攻め、一族を誅夷《ちゆうい》した。ここで先に書いたように崇峻即位となる。しかしそれも五年目にして崇峻が敵意をいだくことを察知した馬子は、東漢直駒《やまとのあやのあたいこま》に崇峻を殺害させる。が東漢直駒が馬子の娘をかどわかして妻にしたのが発覚して、馬子は駒を殺す。狂乱する権力者の存在が年を追うごとに大きくなっていった。

平城《なら》の飛鳥の故郷

この国の仏教が、表面的であれ政治権力の争闘に関わる問題点となって受けいれられたことは歴史の不幸とでもいってよい。だが、その不幸をいくぶんかぬぐいさることができたのは、聖徳太子という仏教に深く沈潜する人物がいたからである。それは日本仏教にとって歴史の僥倖《ぎようこう》であった。

崇峻朝は、わずか五年ばかりだったが、この国における初期の仏教という点では、見落としがたい足跡を残した。その一つは、すでにみた蘇我氏と物部氏の権力争奪の闘争において蘇我氏が物部氏をうち破り、仏教が政治的な保護のもとに入ったということである。だが、より宗教的純粋さという点では、この国ではじめて出家した善信尼らが用明天皇二年（五八七）に百済に戒を学びにいくことを馬子に願い出ていたが、崇峻天皇元年（五八八）に百済に遣わされ、三年三月に帰国し、今日の明日香村豊浦にあった桜井寺に住したこと、つづいて十名ばかりの女性が出家したことをあげねばならないであろう。そして第三としては、法興寺《ほうこうじ》、すなわち飛鳥寺《あすかでら》が起工されたことである。百済から僧が渡来するとともに仏の舎利がもたらされ、さらに寺を造る工人、仏塔の頂にとりつける鑪盤《ろばん》や瓦《かわら》の技術者、画工たちが遣わされてきた。飛鳥衣縫 造《あすかのきぬぬいのみやつこ》の祖、樹葉《このは》の家をこわして法興寺の寺地とした。崇峻朝の晩年には、金堂と歩廊が完成した。

法興寺すなわち飛鳥寺のあたりはオオカミが多くの人を食ったので、オオカミを恐れて大口《おおくち》の神といい、大口真神原《おおくちのまかみのはら》とよばれた。「真神」もオオカミの異称であるので、もともとはオオカミを神としてあがめる土地であったと想像できるが、さらに神の土地としての聖性をおびていたのであろう。真神原はまた苫田《とまた》ともよばれた。苫田はスゲやコモなどの生えたところという意味ではないかと思うが、それならば湿地状の地形であったといえよう。「飛鳥」と漢字表記して「アスカ」と訓ませるのも、鳥の群れが「ア（接頭語）＋スカ（洲処）」とよばれた沼沢地で飛びかう風景に由来するのではないかと思われる。法興寺の建設が着手されたころには、すでに沼沢地状ではなかったかもしれないが、飛鳥川の河道が定まらずに網流《もうりゅう》していたころの名残の地名ではないだろうか。

湿地状の土地がかもしだす聖なる土地に、法興寺が蘇我氏の氏寺として創建された。聖地が創生されたという認識が当時の人々にあった。この法興寺が平城遷都によって元興寺《がんごうじ》としてよみがえる。その周囲が平城《なら》の飛鳥とよばれたのは、まさに「風景」までも都うつりしたと平城京の人たちの目にうつったからであろう。平城の飛鳥の風景から、仏教を中核にすえる国家創生のもだえ苦しみが伝わる。平城遷都に至る物語は、わが国の歴史における最大の政治ドラマなのだ。

第1章　推古天皇──転回する国家

女帝という政治的手法を案出した蘇我馬子《そがのうまこ》が、大局的な国家観をもっていたとは思われない。所詮《しょせん》、一族の政治的権力の優勢と安泰を目標としたにすぎない。飛鳥《あすか》に充満した、政治的野望に染まることなく、あるいは権力者たちから排斥されるような状況において、厩戸皇子《うまやどのみこ》（聖徳太子《しょうとくたいし》）の足跡は、伝承的な部分があるとしても、「ヤマトの時代」の矜持《きょうじ》といってよい。

積極的な遣隋使《けんずいし》の派遣による外交の展開は、倭国《わこく》を東アジアの孤児となることから救いあげたという評価は正しい。『日本書紀』の記述と史実との差を考慮するとしても国家戦略を意識した時代であった。また、仏教に沈潜すべく、斑鳩《いかるが》に宮を構えることによって、国家の理念を思索し、権力から訣《けつ》別《べつ》したこの時代の希有《けう》な思想家の一面を見いだすことは誤ってはいないであろう。

今、国家の理念がなく、国家戦略もない先行き不透明な国に生きるわれわれにも、深い思索が求められているが、あわただしい競争社会はその機会さえ与えない。

権力と欲望

国家権力が一人の手に握られると、おのずと独裁か、それとも他者を蹂躙《じゅうりん》する暴走の光景があらわれる。いつの時代でも、どこの国でもそうだ。

先にふれたが崇峻《すしゅん》を殺害するという挙に出た蘇我馬子《そがのうまこ》は、もはや大王《おおきみ》をしのぐ権力者であると自負していたであろうと、その心中がうかがえる。ただ大王を殺すという事態がもたらす結果が、馬子自身に不利に働くという予測は十分にあったはずである。おそらくそのためであろう、直接の犯行は渡来人の東漢直駒《やまとのあやのあたいこま》に命じ、蘇我氏一族は関わらなかったという状況をつくりだした。そして、馬子の娘を犯したとして馬子は駒を殺すが、この行為は、天皇を殺した駒を断罪し、馬子みずからには、むしろ正当性があったと主張する行為であったろうという解釈もできる。

崇峻亡き後の大王位について、馬子の胸中に目算があったとしか考えられない。馬子がみずからの手によって時代を大きく転回させようとしていたとすれば、それに見合う大王を中心にすえた権力の構想を描いていなければならない。

だが権力をめぐる争いは、目先の権力をひきずり降ろした者が、その権力の座を奪いとるという、おおよそ定まった型をくりかえす。だからどんな権力争いにも正義はないのだ。この国の古代だけではない。人類の歴史における権力の普遍性である。権力の座を降りたとき、はじめてその座が幻想のように消えることを知る。なのに、人々は権力がかもしだす名誉という香りに、なぜむらがるのであろうか。やはりそこには、権力とそれに伴う名誉の希求という幼児性の欲望が身体をかけめぐるから

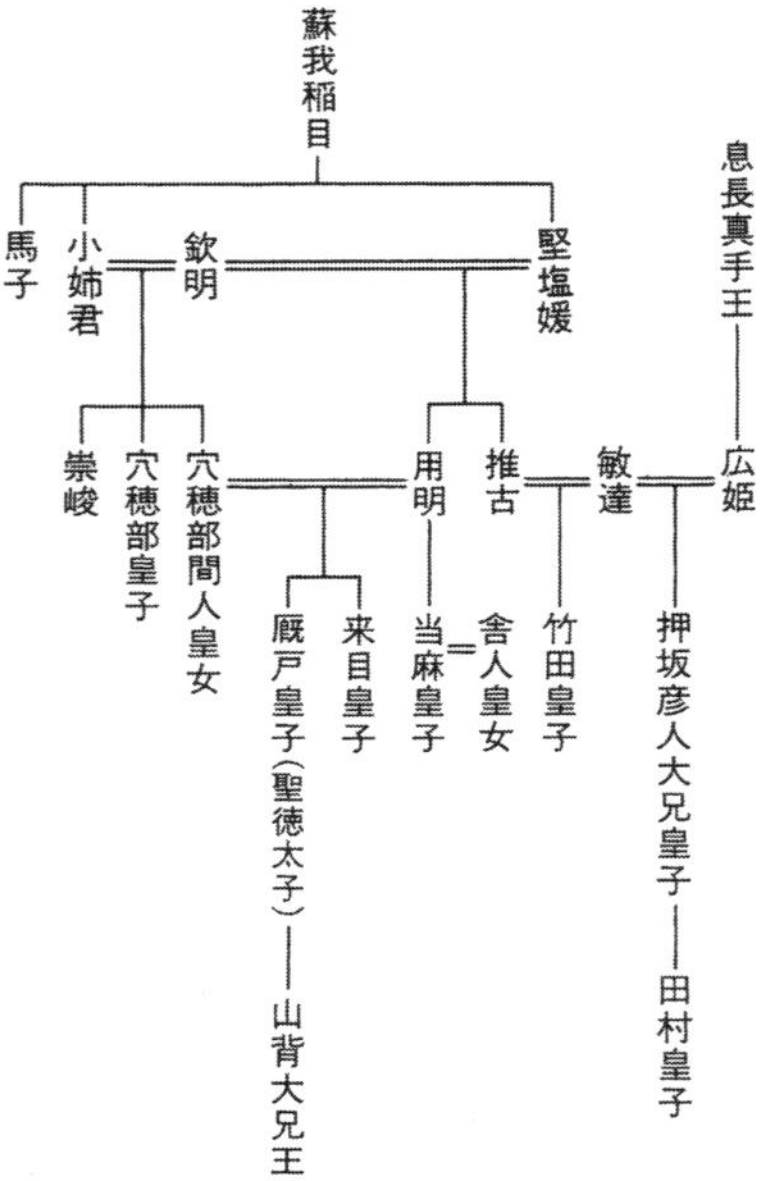

1－1　第1章関連系図

であろう。

用明《ようめい》朝のころから権力をめぐる争いは浮上していた。すでにふれた蘇我氏と物部《もののべ》氏の仏教をめぐる対立も、その核となっていたのは宗教よりも権力そのものであった。

『日本書紀』用明天皇二年（五八七）の記事が、権力争奪が展開されていく過程を垣間みせてくれる。物部守屋《もののべのもりや》の側近であった中臣勝海連《なかとみのかつみのむらじ》が、押坂彦人兄兄皇子《おしさかのひこひとのおおえのみこ》（敏達《びだつ》天皇と息長真手王《おきながのまてのおおきみ》の娘広姫《ひろひめ》との間に生まれる）と竹田皇子《たけだのみこ》（敏達天皇と皇后、のちの推古天皇との間に生まれる）の像をつくってまじないによってのろい殺そうとした。のちに詳しく記すことになるが、大王家と外戚関係を結ぶ近江《おうみ》出身の息長《おきなが》氏につらなる押坂彦人大兄皇子と、蘇我氏の堅塩媛《きたしひめ》系につながる竹田皇子の二人が、近いうちに大王の座につく有力な候補となっていたから、中臣勝海運は呪詛《じゅそ》によって二人をしりぞけようとした。ところが、しばらくの時を経て、中臣勝海連は、このようなまじないでは事が成就できないとさとり、押坂彦人皇子を支持する姿勢を示した。中臣勝海連は物部守屋と行動をともにしているのであるから、この時点で物部氏側は息長氏と連携する戦略に出たことになる。

ただ、『日本書紀』の一節から、権力をめぐる豪族間の争いの動きを過大に解釈してはならない。もともと物部氏と息長氏は近い関係にあったとも考えられ、押坂彦人大兄皇子を大王位に擁立しなければならない立場にあったと理解できないことはない。そのような事情は、病が篤《あつ》くなった用明天皇が宮中に群臣たちを前にして仏法に帰依したいという胸のうちを吐露したときの状況から察することができる。このときに蘇我氏と物部氏の相反する発言があったことについては、すでに書いたが、それに続いて『日本書紀』は次のような場景を叙述している。

群臣らが居ならぶ内裏に、穴穂部皇子《あなほべのみこ》が豊国法師《とよくにのほうし》をつれて入ってきた。豊国法師という人物の詳細については伝わらないが、物部守屋はみずからの陣営に囲いこんでいたにもかかわらず、僧侶をひきいて来た穴穂部皇子をにらみつけて激怒した。その場にいた押坂部史毛屎《おしさかべのふひとけくそ》は、守屋に即座に近づいて「群臣たちは、あなたをおとしいれようとしています。退路を断たれるかもしれません」と耳うちをした。

女帝擁立という発想

守屋に語りかけた押坂部史毛屎の「押坂」は、今日の奈良県桜井市忍阪《おつさか》の地名である。また近江の息長氏はその地を大和《やまと》における拠点としていた。「押坂部」とは、息長氏につながる允恭《いんぎょう》天皇の皇后、忍坂大中姫《おしさかのおおなかつひめ》のために設置された耕作地などからなる経済的な基盤に関わる集団をいう。したがって押坂部史毛屎は息長氏とのつながりが強く、守屋と親密な関係をもっていたと思われる。このような前提から考えると、物部一族は押坂彦人大兄皇子を推してもおかしくはない。

当然ながら馬子は竹田皇子を大王につけようとした。小姉君《おあねのきみ》系の穴穂部皇子は、中臣勝海連が呪詛した二ヶ月後に馬子らによって殺されている。王権を自在にあやつる権勢を誇っていた馬子にとって、大王位につけるべき人物とは敏達と推古の間に生まれた竹田皇子であったにちがいない。押坂彦人大兄皇子には蘇我氏との間に血のつながりがない。

竹田皇子が即位するのにふさわしい年齢であったかどうかは、史料によって知ることができない。即位にふさわしい年齢は当時において一般的に三十歳あたりであろうと村井康彦氏は推定している（「王権の継受――不改常典《ふかいじようてん》をめぐって」『日本研究』一集、一九八九年）。崇峻天皇が殺された年、厩戸皇子《うまやどのみこ》（聖徳太子）は十七、八歳であったので即位の声もかからなかったとすれば、竹田皇子はのろいのまじないの対象となったのであるから、すでに三十歳前後に達していたのであろう。だが、推古天皇が死の直前に竹田皇子の墓に葬られることを望んだと『日本書紀』に記しているので、呪詛された後、即位をめぐる表舞台に登場しないまま没したと推定される。物部氏を河内《かわち》に攻めた蘇我馬子の軍勢に竹田皇子が加わっていたので、没年は五八七年以降であるが、崇峻朝に病死していたこともありうる。

一方、もう一人の有力な大王位候補者である押坂彦人大兄皇子については、一説に馬子によって殺害されたという。これについても事実を確かめることはできないが、物語的な想定をすれば、崇峻朝に竹田皇子と押坂彦人大兄皇子が没したとすれば、馬子は権力の基盤を堅固なものにしなければならないという思いかられた。そこで推古女帝の実現というこれまでにない大胆な発想を胸にいだいて、崇峻誅殺《ちゆうさつ》にうってでたというあらすじを想像することもできる。

女帝推古即位

五九三年、女帝推古の誕生である。女帝の前例があったのか、それとも推古がはじめてなのかという議論がないことはない。誰もが思いつくのは女王卑弥呼《ひみこ》である。だが記紀の記述には女帝の存在は推古朝以前にはない。

このような形式的な問題よりも、権力争奪をめぐる渦中において女帝が即位し、政治的混乱を鎮静させるという政治的手法の創出に注目すべきである。この視点に立つと、卑弥呼の出現も理解できる。「魏志倭人伝《ぎしわじんでん》」によれば、倭国は男子の王で、七、八十年平穏であったが、のちに乱れ、何年にもわたり戦いが続いたので、一人の女性を王として立てた。それが女王卑弥呼である。卑弥呼は、鬼道《きどう》に仕え、衆人の心を奪ったということからも、祭祀者《さいししや》として強い力をもった女性であったと思われる。塚口義信氏は、女帝や后妃があたかも巫女《ふじよ》的性格をもっているような記事が記紀にみられ、皇后は、かつての女性司祭者がもっていた祭事をとりおこなう機能の一部を受けついだ女性ではないかという（『ヤマト王権の謎をとく』学生社、一九九三年）。

推古女帝をも含めてそれ以降の女帝が祭祀者あるいは巫女の役割をもっていたとする確かな証拠は

ない。ただ、推古天皇の和風諡号《しごう》（死後与えられるおくり名）が豊御食炊屋姫《とよみけかしきやひめ》と称されたのは、五年三ヶ月の長期にわたって敏達天皇の殯《もがり》において共食しながら敏達霊への奉祀《ほうし》に従事したことによる命名ではなかったかと、『日本古代氏族人名辞典』（吉川弘文館、一九九〇年）が解説しているのは興味深い。豊御食炊屋姫尊《とよみけかしきやひめのみこと》は十八歳で敏達の皇后となり、それ以後用明、崇峻朝と約二十年間、変動してやまない熾烈《しれつ》な政争を目のあたりにしてきた。女帝として大王位につくという決意に、みずからを追いつめていったのではないか。

推古朝の政治体制は、天皇（大王）―厩戸皇子（聖徳太子）―蘇我馬子の協調関係によって開始された。

推古は、豊浦宮《とゆらのみや》で即位したが、その場所は祖父稲目《いなめ》の家があったところで、宮の位置からも蘇我氏とのつながりの強さを読みとれる。

厩戸皇子は、『日本書紀』には「摂政」、「皇太子」とよばれているが、王権のなかでどの程度国家の政治に関わることができたか、あるいは後世の皇太子のように皇位継承権が保証されていたかは不明である。厩戸皇子の宮殿は序章でとりあげたように、今日の桜井市上之宮《うえのみや》のあたりにあったと推定でき上宮《かみつみや》とよばれた。ただ、推古天皇の宮殿の近くに厩戸皇子が常時居住する宮はなかった。だから推古女帝を補佐すべきときは上宮から大王の宮にかけつけねばならなかった。

また、推古女帝誕生の仕掛人である大臣馬子の家は、「嶋の大臣」とよばれたように邸宅の苑池に島を築いていたが、その場所は現在の明日香村島 庄《しまのしょう》付近にあった。いうまでもなく三者が推古の宮殿において国家の創生をめぐって協議したのであろうが、どのようにして政権の均衡が保たれたかは、わかりにくい。

十七条憲法の現実

『日本書紀』にしたがって厩戸皇子の足跡を追うことにしたい。厩戸皇子は、仏教を高句麗《こうくり》から渡来した僧慧慈《えじ》から、儒教を覚哿《かくか》という博士から学んだ。覚哿という人物については、不詳である。推古朝のはじめに百済《くだら》の僧、慧聡《えそう》が渡来し、厩戸皇子の師となった。推古天皇九年（六〇一）に厩戸皇子が斑鳩《いかるが》に宮殿を建てたと『日本書紀』は記すが、後段の推古天皇十三年紀に厩戸皇子が斑鳩宮に居住するという記事をのせているので、察するに九年に斑鳩の地に宮殿を中心とする土地開発がはじまり、四年後に完成したのであろう。

厩戸皇子が上宮から斑鳩宮に居を移したのを一つの画期として、推古朝を区分することができる。斑鳩に移る前の厩戸皇子は国家のあり方を模索していた。その象徴的な仕事は十七条からなる憲法の作成であった。この憲法を後世の偽作とする説がある。仮にそうだとしても伝承されていた聖徳太子像を描こうとしたと理解すれば、太子の思想とみなすことができる。憲法の内容を理念的なものにとどまるとか、思想的統一性がないと指摘するむきがある。だが、思想的統一性を期待するのは、十七条憲法に国家の根幹となるものを読みとろうとするからである。あるいは、理念的であるとするのは、当時の政治的現実から目をそむけた憲法の条文の読み方をするためである。十七条憲法は、より現実的な課題、飛鳥で展開されている政治に対する批判的な言辞なのである。より具体的には、蘇我氏の専横を拒絶するために綴られたものである。それが国家理念の表明ともなったと解することができる。『日本書紀』は推古天皇十二年（六〇四）のこととするので、その年代を信じれば、厩戸皇子の斑鳩遷居《せんきょ》の前年にあたる。第一条は、よく知られているように「和」の貴さをうたっている。

> 和であることをもって貴しとせよ。さからうことのないことを旨とせよ。人はそれぞれ考え方の似た者がより集まるが、心から生き方を求めている者は少ない。だから君主や父にしたがわず、近しい人とも仲たがいをする。しかし、上の者と下の者が、おだやかに接して、議論すれば、おのずからわかりあえることになる。どんなことでもうまくいくものだ。

この第一条は、厩戸皇子の倫理観であるようにみせながらも、厩戸皇子が、その時代の社会、政治に発した警告であった。それは、厩戸皇子を襲った蘇我氏における堅塩媛系と小姉君系との対立や、また蘇我氏からの天皇家に対する圧力を念頭におくものであった。それは推古女帝の心の底にもありつづけた最大の苦悩である。推古女帝も厩戸皇子も蘇我氏出身の女性の血を受けついでいる。しかし推古の父は欽明《きんめい》天皇であり、厩戸皇子の父は用明天皇である。いずれも天皇家の系譜につらなる。父方は天皇家であるとする矜持《きょうじ》をもたねばならない立場にありながら、外戚である蘇我氏と協調しなければならない緊張関係から脱けだせない日々であった。人間関係の「和」をさけびながら厩戸皇子は推古女帝の宮殿から離れ、斑鳩に独自の境地を求めた。

第二条は、三宝（仏・法・僧）によらなくては、よこしまな心を正しくできないという。飛鳥寺《あすかでら》を氏寺とする蘇我氏の行動が、仏教の真理に背反する行為であることを批判するかのような表現である。

第三条は、詔《みことのり》を承ったときは、それを謹んで受けること、君は天であり、臣は地であると説く。この条文も尊皇思想をよそおってはいるが、実際は、臣である蘇我馬子が大王に従順であれと厳しく説諭する口調を感じとることができる。その他の各条も、私は右に述べた観点から十七条憲法を読み直すべきだと考える。そのような、飛鳥でくりひろげられている政治の現実という視点から十七条憲法を読み解くならば、『日本書紀』の編者が偽書を挿入したのではないという理解に至る。

対新羅外交

国家の存在を前提とするならば、他国との外交は避けられない。とりわけ新羅《しらぎ》との関係は、のちの平城京の時代にも対立関係に陥ったこともあったほど微妙だった。厩戸皇子の国家戦略は、隋《ずい》との国交に重点がおかれたが、皇子が斑鳩宮に移るまでの外交上のもう一つの課題は、新羅との関係をいかに築くかであった。朝鮮半島においては新羅と「任那《みまな》」（南部の加羅《から》地域）との対立が険悪な様相を呈していた。『日本書紀』推古天皇八年（六〇〇）に推古女帝は「任那」を救いたいと望み新羅を攻撃し、五つの城を陥落させた。この侵攻に新羅王は白旗をかかげて倭の将軍のもとにやってきて六つの城を割譲して服属をちかい、新羅と「任那」の対立も鎮まった。ところが倭国から派遣されていた将軍が帰還したのをまちかまえていたように、新羅は「任那」に侵攻した。しかし、この『日本書紀』の記事が、どの程度事実を反映しているか、定かではない。十二世紀に、旧版を訂して成立した朝鮮古代史の重要な史料である『三国史記』には、右に相当する記事はのせられていない。

とりあえず、新羅が「任那」を再び攻略したことを受けて、倭国の新羅征討について『日本書紀』は次のように語る。推古十年（六〇二）二月、厩戸皇子の同母弟である来目皇子《くめのみこ》を将軍に任命し筑紫《つくし》まで二万五千人からなる軍を進めるが、将軍が病死し、新羅への遠征は中止となった。そこで翌十一年四月に来目皇子の異母兄当麻皇子《たいまのみこ》を新羅征討の将軍として再起をはかる。ところが、難波《なにわ》から出発して間もなく明石《あかし》で将軍の妻舎人皇女《とねりのひめみこ》が急死し、結局は征討は中止となった。

この二回にわたる新羅征討の記事には、疑問をはさまざるをえない。新羅を討つという国家にとって緊急を要する事態ならば、たとえ将軍が病死しても、あるいは将軍の妻が急死したとしても、進軍を中断することは考えられない。二人の将軍来目皇子と当麻皇子は厩戸皇子とは兄弟の関係にある。そこで考えられるのは、右の新羅征討は厩戸皇子の発案によるものではないかということである。国家の体面を保つためには、征討軍を組織しなければならなかった。しかし二万五千人もの兵からなる軍を新羅に派遣する必要があっただろうか。確かな史実はわからない。しかも、厩戸皇子を支えた泰《はたの》河勝《かわかつ》が建立した京都広隆寺《こうりゅうじ》の本尊は弥勒《みろく》菩薩の像で、新羅の弥勒信仰とつながることから、厩戸皇子が親新羅であったとみることができよう。だとすれば、新羅を討つことをためらった厩戸皇子の胸中が右のような記述となったのではあるまいか。

新羅征討が現実的にさし迫った問題であったのか、それとも親百済の立場にあった馬子の戦略であったのか、明確に解き明かすのはむずかしい。『日本書紀』の記事を追っていくと、倭国と新羅の関係は「任那」の問題がからまない限り、対立しなければならない要因はなかった。推古紀十六年（六〇八）には、多くの新羅人が渡来したと記す。また推古紀十八年には、新羅と「任那」からの使いが京に来たとあり、推古紀十九年にも新羅と「任那」の使節による朝貢があったと記している。推古二十九年（六二一）にも新羅から朝貢の使節が来ている。右にあげた『日本書紀』の記事は、厩戸皇子が上宮から斑鳩宮に移った後にあたるが、当麻皇子の新羅征討が皇子の死によって中止されて以来、倭国と新羅の外交関係は、対立すべき大きな難題をかかえていなかった。『三国史記』巻第三十八の職官には、倭からの使節を迎えいれて外交的接待をする倭典《わてん》という役所を六二一年（推古二十九年）に領客典《りようきやくてん》という名

1－2　6世紀末の朝鮮半島

称に改め、一般的な外交に関する役所とし、のちに別に倭典をおいたとある。ということは、倭と新羅の外交関係は、決して敵対的な状態ではなかったと推測できる。

倭と新羅の関係について、厩戸皇子が斑鳩宮に居を移した後まで記したが、両者の往来が比較的おだやかであったのは、もし史実とすれば厩戸皇子がどのような事情があったにせよ、兄弟を征討将軍に任じながらも、実施を思いとどまったことにあると思われる。実は厩戸皇子が亡くなった後、推古三十一年（六二三）に、またもや新羅が「任那」を討ったために、倭は軍を「任那」に派遣するという事態がおこっている。推測をまじえることになるが、厩戸皇子の存在によって、かろうじて新羅との親好を保つことができたのであろう。

この時代の新羅をめぐる問題は女帝推古の大きな苦悩のもとで、馬子は百済に親しい立場であるから、新羅を討つべきだと主張するのは当然である。まして「任那」は、蘇我稲目が大臣であった欽明朝に新羅によって滅ぼされている。その「任那」が推古朝に新羅に侵攻されるというのは、「任那」に復活のきざしがあったのかもしれない。いずれにしても推古天皇の側近つまり厩戸皇子と馬子の間は、親新羅と親百済をめぐって対立していた。推古女帝はむずかしい舵《かじ》とりを余儀なくさせられた。

第一次遣隋使と大王

推古朝の最大の外交問題は、隋との関係を構築することであった。漢帝国が崩壊し分裂していた中国を隋が五八一年に統一した。朝鮮半島や倭国に地政学的にまた文化的に大きな影響を及ぼすことは必至であった。隋が成立した五八一年は、倭国の敏達天皇十年である。しかしその後十年余り、倭国の外交政策の視野に隋は入っていなかった。東アジアの地理的空間における倭国の位置を考えると、隋の成立と同時に、即座に外交上の姿勢を示すべきだったが、まったく着手されなかった。不思議ではあるが、それほど朝鮮半島の「任那」の復興に力を注いでいたのであろう。

朝鮮半島の三国のなかで、いち早く隋に遣使を送ったのは百済である。隋成立の五八一年（開皇《かいこう》元年）のことである。高句麗も同年に、百済より二ヶ月ほど遅れて使節を派遣したが、新羅はかなり遅れて五九四年（開皇十四年）になってからであった。倭国が第一回の遣隋使を送るのは推古天皇八年（六〇〇）である。中国へ倭国が遣使を出すのは、倭王武《ぶ》（雄略《ゆうりやく》天皇）が南朝の宋《そう》に四七八年に入貢して以来である。このことを記録するのは『隋書』「倭国伝」で、『日本書紀』には、これについての記事はない。そのためこの内容を疑う説もあるが、のちにふれるように『隋書』では推古朝の実体らしきことに言及している部分もあり、史実を反映しているとみてよい。

このときの遣隋使について、『隋書』「倭国伝」は次のようなことを記録している。

倭王、姓は阿毎、字《あざな》は多利思比孤、阿輩雞弥と号した。使者を隋の都大興城《だいこうじょう》（長安《ちょうあん》）に遣わせた。文帝《ぶんてい》は役人に風俗をたずねさせた。使者がいうには「倭王は天を兄とし、日を弟とする。夜が明けないうちに、出かけて政《まつりごと》を聴き、あぐらをかいて坐《すわ》り、日が出ると用務をやめ、弟に仕事をゆだねる」と答えた。文帝は「これは理にかなわない」と言って、改めるように教えた。王の妻は雞弥といい、後宮に女性が六、七百人いる。太子は利歌弥多弗利と名づける。

右の記事に対応する叙述が『日本書紀』にないので、倭の王権が派遣した遣隋使ではなく、地方の豪族による使人とする説があるが、六〇〇年の出来事が六三六年に成立した『隋書』に記されているので史実性は高いとみてよい。ちなみに『日本書紀』は七二〇年に撰上《せんじょう》され、『隋書』よりおよそ九十年近く遅れている。

これまで、この記事の解釈に諸説が提案されてきた。まず「阿毎」は「アメ」で「天」としてよい。次の「多利思比孤」は「タリシヒコ」と訓み「足彦」であるが、石原道博氏がいうように「アメノタリシヒコ」と続けて、一般の大王の呼称とみるのがよい（『新訂魏志倭人伝・後漢書倭伝・宋書倭国伝・隋書倭国伝』岩波文庫、一九五一年）。「アメノタリシヒコ」とは、「天にふさわしい男」という意味であろうか。当時、倭国は女帝であるから「タリシヒコ」では現実と合わないが、最高権力者の一般的呼称を、遣隋使は伝えたと理解してよい。次の阿輩雞弥についての読み方も諸説があるが「オオキミ」つまり「大王」とするのが妥当である（三木太郎『倭人伝の用語の研究』一九八四年、多賀出版）。このような解釈をするならば、当時、倭国の最高権力者の称号は「大王」であり、「天皇」と号されてはいなかったことになる。王の妻を「雞弥」とよんでいるのは、実体に即して解することはできないが「君」のことであろうか。太子を「利歌弥多弗利」というのは、聖徳太子のことをさしているのだが、その意味については、なお断案をみない。

小墾田宮

第一次遣隋使が派遣された後、推古天皇十一年（六〇三）に女帝推古は小墾田宮《おはりだのみや》に遷《うつ》る。厩戸皇子は翌々年の推古十三年（六〇五）に斑鳩宮に居を定める。厩戸皇子の斑鳩への遷居はなぜなされたのか。皇子は飛鳥周辺には、宮をもたなかった。桜井市にあった上宮《かみつみや》から斑鳩に移ったという地理的な視点から想像すると、推古を補佐すべき立場にありながらも、飛鳥あたりに宮を営むのを避けたとしか考えられない。おそらく、馬子との関係に一線を画して、仏教に没入したいという深慮があったのであろう。推古女帝が小墾田宮に遷ったのは、豊浦宮が一時的な宮であったのに対して、隋との外交などによって使節を迎えるにふさわしい宮をかまえるためであったと思われる。

第二次の遣使は推古十五年（六〇七）であるが、推古朝は合わせて六回にわたって隋に使節を送りだしている。隋との国交締結を積極的に提案したのは、厩戸皇子であるかの印象が今日まで伝えられてきたが、馬子の発言も強くあったと思われる。すでにふれたが、隋の成立と同時にすばやく遣使を差し向けたのは百済である。百済と親密なつながりがあった馬子の耳には、隋の存在の大きさについて認識すべきだという示唆あるいは助言が入っていたと思われる。推古八年（六〇〇）に倭国が第一次遣隋使を派遣するまでに、推古五年（五九七）に百済の王子阿佐《あさ》が倭国に朝貢し、推古七年（五九九）には百済から駱駝《らくだ》や羊などが贈られている。推古八年の遣隋使派遣を控えて、百済からの使節が詳細に倭国の隋への遣使に礼儀作法を伝えた可能性は否定できないであろう。ただ厩戸皇子は渡来僧から東アジアの仏教文明圏の実体を大局的に教えられていたにちがいない。その後の遣隋使に厩戸皇子がどの程度に関わったかは、よくわからないが、外交上の大綱が定まったことを一つの契機として、斑鳩宮に居を移した。国家戦略としての対隋外交、それに対応する小墾田宮の造営は、この時代を特色づける要素としてとらえることができる。

厩戸皇子が斑鳩宮に移り住むまでに、倭国の根幹に関わる方針が整備された。推古朝における事績の多くが厩戸皇子に帰せられるが、女帝推古はどのように、王権の意思決定に臨んでいたのだろうか。推古元年（五九三）から厩戸皇子が斑鳩に移る推古十三年（六〇五）まで『日本書紀』に、推古天皇の動静を示すような記事を拾うと、次の五例である。

その一つは、推古女帝が皇太子（厩戸皇子）と大臣（馬子）に仏教が興隆するようにとの詔をしたことである。国家の基礎に仏教をおくことを確認したのであって、厩戸皇子と馬子との協調を保つには当然の姿勢であった。

二つ目は、先にみた推古八年（六〇〇）における新羅と「任那」の抗争がおこったときであるが、『日本書紀』には「天皇、任那を救はむと欲す」と記していることである。

三つ目は、いったんおさまった新羅と「任那」の対立が再燃したときで、倭国の将軍らが帰国した直後に再び新羅が「任那」を侵攻したさいに臣下を高句麗と百済に遣わし「急《すみや》かに任那を救へ」という詔を出したことである。

四つ目は、新羅を討つために派遣した将軍の来目皇子が筑紫で没したときに、推古女帝が厩戸皇子と馬子を呼びよせて「新羅を征《う》つ大将軍来目皇子薨《みう》せぬ。其の大きなる事に臨みて、遂ぐることとえずなりぬ。甚だ悲しきかな」と語ったことである。

五つ目は、推古十二年（六〇四）に朝礼の制を改め「凡《およ》そ宮門を出で入らむときは、両《ふた》つの手を以《も》て地を押し、両つの脚をもて跪《ひざまず》きて、梱《しきみ》（門の内外のしきり）を越えて、立ちて行け」という詔を下したことである。この朝礼の制を改めた点というのは、宮殿の門を出入りするには、両手を地に押しつけ、両足をひざまずかせてしきいを越えてから立ちあがって歩くようにするというものである。

以上の五点を推古女帝の詔として『日本書紀』が記している。それらは、仏教を政治の基本とする、あるいは朝礼の制を改めるなどの点であるが、なかでも注目されるのは、女帝として国家大事の立場から「任那」救援、新羅征討の方針を堅持した点である。親百済、親新羅などの勢力のあるなかで現実に直面する外交問題に対して女帝は倭国を代表する者としての地位にふさわしい国家戦略を示さざるをえなかった。

小墾田宮の位置については、かつて明日香村豊浦《とようら》の北方に小字「古宮《ふるみや》」とよばれる土地があり、「古宮土壇」という微高地のあたりが、発掘によって推定地とされてきたが、近年では、その場所よりも東、平安時代初頭の井戸から「小治田宮」と墨書した土器が出土したことから、雷丘《いかずちのおか》東方遺跡を小墾田宮にあてる説が有力視されている（図1—3）。しかし推古女帝時代の宮殿遺構が確認され

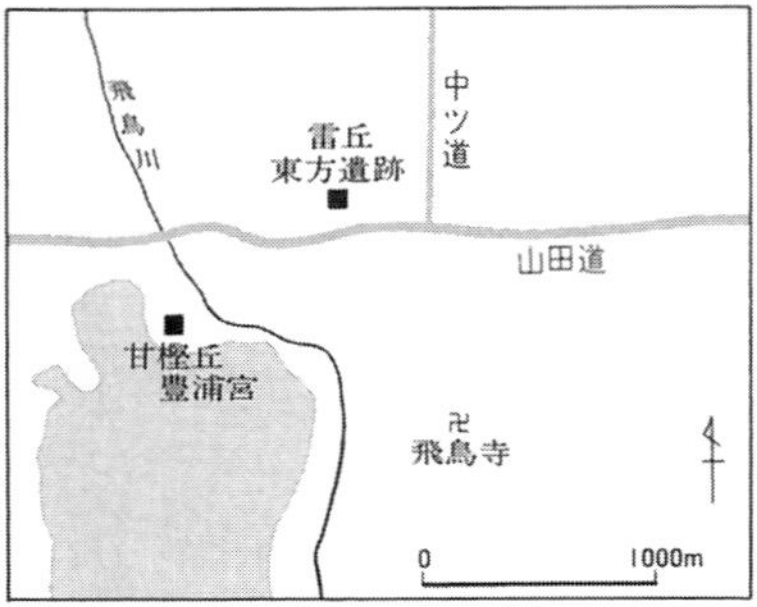

1－3　雷丘東方遺跡

るには至っていない。今日、「古宮」遺跡は、豊浦大臣とよばれた蘇我蝦夷の邸宅ではないかと推定する説がある（相原嘉之「発掘された蘇我氏の飛鳥――近年の調査からみた蘇我氏の実像」『東アジアの古代文化』一三三号）。

この小墾田宮が、のちに修復されたのであろうか、奈良時代の後期に「小治田宮」に関する記事が『続日本紀《しょくにほんぎ》』にみえる。淳仁《じゅんにん》天皇の天平宝字《てんぴょうほうじ》四年（七六〇）条に播磨《はりま》国の糒《ほしいい》（乾した飯）一千斛、備《び》前《ぜん》国五百斛、備中《びっちゅう》国の五百斛、讃岐《さぬき》国の一千斛を小治田宮に貯《たくわ》えたとある。そして数日後、淳仁天皇は小治田宮に行幸している。この行幸記事に続いて、天下諸国の調《ちょう》・庸《よう》を収納したと記す。淳仁天皇が小治田宮に行幸した理由は、天平宝字五年の記事に、陰陽寮《おんみょうりょう》が奏上したと記すが、小治田宮に滞在することに、どのような意味があったのかはよくわからない。

淳仁の後を継いだ称徳《しょうとく》女帝（孝謙《こうけん》天皇重祚《ちょうそ》）は、紀伊《きい》国行幸の途中で小治田宮に立ちよっている。そして飛鳥川など周辺をめぐり、さらに草壁皇子《くさかべのみこ》の墓地を通過する際に、おつきの官人たちを下馬させ、儀衛たちは旗幟《きし》を巻き、拝している。このように、淳仁・称徳天皇の時代には小墾田宮が存在した事実を書きとめておきたい。

推古朝の小墾田宮の具体的な建物などの構造については、今後の考古学的調査によらねばならないが、『日本書紀』の断片的な記述から、岸俊男氏は図1—4のような想定案を描いている。それによると宮門（南門）を入ると、朝庭があり、そこにはおそらく東西に対称的に官人たちが政務をつかさどる庁（朝堂）が、さらにその北に大門（閤門《こうもん》）があり、そこをくぐると、天皇のいます大殿があった。つまり、推古朝以降の宮の基本的な平面プランが、少なくとも推古女帝のころに成立していたという。

斑鳩宮

推古天皇が小墾田宮に移った二年の後、厩戸皇子は、斑鳩宮を居住の場に定める。『日本書紀』によると、推古天皇九年（六〇一）に「皇太子（厩戸皇子）、はじめて宮室《みや》を斑鳩に興《た》てたまふ」とある一方で、同十三年には「皇太子、斑鳩宮に居す」とあって、二つの記事に四年のひらきがある。これは、前者が斑鳩宮を中心におく周辺の都市開発であり、それが四年後に完成したのが後者だと私は解釈している。なぜ四年もの長い年月を要したかといえば、おそらくこの国で最初の都市計画であるために試行をくりかえしたのであろう。都市計画とは、のちの都にみるような碁盤目状の区画を施したものである。その痕跡は、今日の法隆寺《ほうりゅうじ》周辺の街路、水田

1－4　小墾田宮の構造
（岸俊男による）

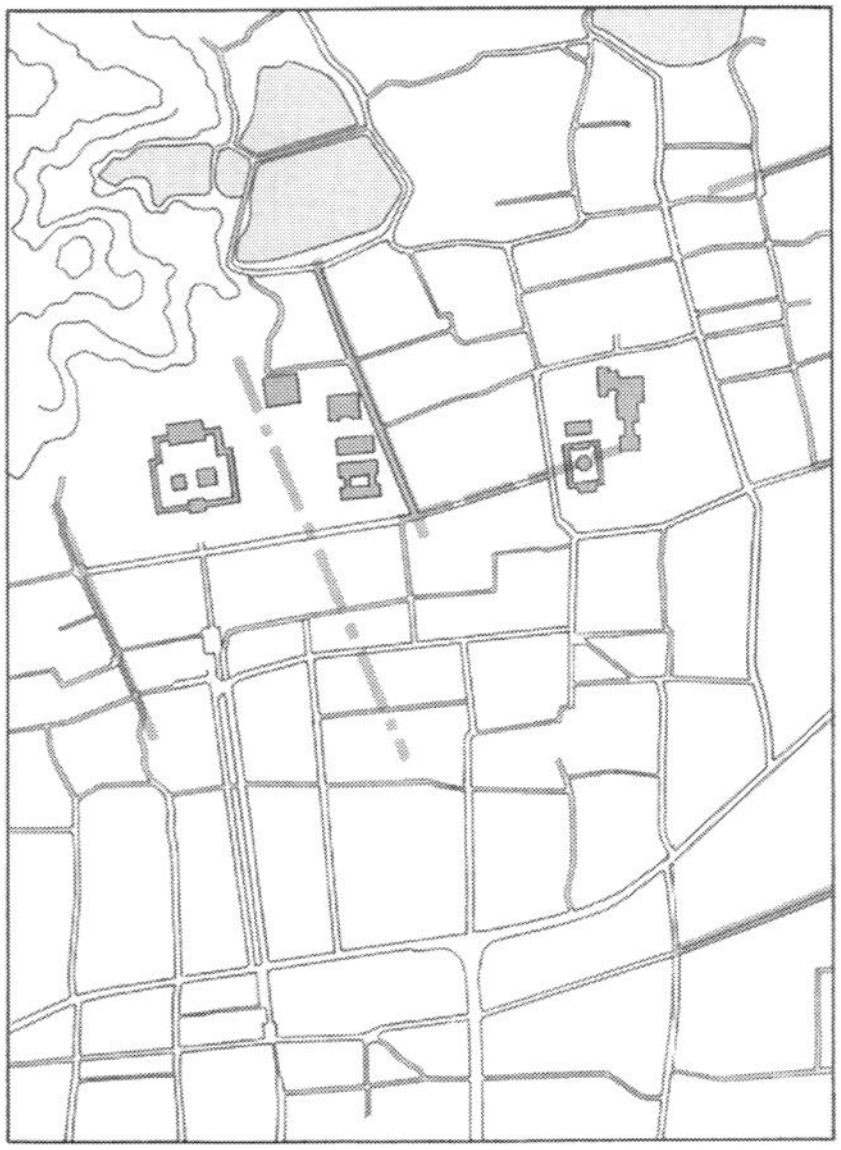

1－5　斑鳩宮周辺の7世紀代の地割

の畦道や水路にも見いだすことができる。区画の方位は正北から約二十度西に振る。例えば、法隆寺の金堂、塔のある西院《さいいん》伽《が》藍《らん》と夢殿《ゆめどの》がある東院伽藍の間を走る道はこの方位をとるもので、飛鳥時代の斑鳩地域の都市計画を今日に伝えている。

斑鳩宮は奈良時代の天平十一年（七三九）に聖徳太子をしのんで僧行信《ぎょうしん》によって建立された夢殿付近にあり、発掘調査でも柱穴の一部が検出されている。

厩戸皇子が斑鳩宮に本拠を営んだ翌年、推古天皇十四年（六〇六）に、推古天皇は厩戸皇子に勝鬘《しょうまん》経《きょう》の講説を要請している。三日間かけてその講説を終えたと『日本書紀』にあるが、その場所が斑鳩宮か小墾田宮かはわからない。ところが、この記事に続いて、「是歳、皇太子、また法華経《ほけきょう》を岡本宮《おかもとのみや》に講《と》く。天皇、大きに喜びて、播磨国の水田百町を皇太子に施《おく》りたまふ。因《よ》りて斑鳩寺に納《い》れたまふ」と記している。この場合は岡本宮で法華経を説いたとあり、岡本宮は今日の法起寺《ほうきじ》のあたりとみられているので、推古女帝が列席したとすれば小墾田宮からわざわざ斑鳩に出向いていたことになる。

そしてこのとき、天皇から播磨国の水田百町が斑鳩寺に施入《せにゅう》された。このことから斑鳩には、斑鳩宮、岡本宮とともに斑鳩寺があったことが知られる。斑鳩寺は、斑鳩宮の西方にあり、かつて若草伽藍と伝えられていた寺院跡が発掘され、天智《てんじ》朝の火災にあった痕跡のある壁画片もみつかった。推古女帝は蘇我氏の血を引いていること、まして政治の補佐をしてくれている厩戸皇子が仏教に深く帰依していることもあって、みずからも仏教に強い関心をもっていた。

しかし、推古女帝の政治に対するバランス感覚をうかがえる記事が、『日本書紀』推古十五年（六〇七）条にある。それは次のような詔である。

自分が聞いていることには、御先祖の天皇（大王）らは、世を治めるのに、天地を恐れおおくも敬い、篤《あつ》く神祇を崇拝した。広く山川をまつり、その祈りを乾坤《けんこん》に通じさせた。このようにして、陰陽の世界が開き、調和し、自然を造る神と同調した。今、自分の世になって、神祇を祭祀することをどうして怠ることができようか。そのため、群臣は、ともに心をつくして神祇を拝すべきである。

この詔を出して数日後に、大臣の馬子と厩戸皇子そして官人たちをひきいて神祇を拝したという。女帝推古の深慮とでもいってよい政治姿勢であって、仏教と神祇信仰の双方に目配りをしたのであった。しかし、それだけに限定して右の行為を理解したのでは、十分ではないかもしれない。というのは、馬子と厩戸皇子をともなって神祇礼拝をしているのは、一氏族蘇我氏のために、大王位にあるのではないと身をもって示そうとしたともとれるからである。そこには女帝推古の苦悩とともに凜《りん》とした態度が同時にあらわれている。

推古女帝と馬子

右にみたように、推古は斑鳩に出向き、厩戸皇子（聖徳太子）から仏教経典の講説を受け、大王としての心のよりどころを個人的に仏教に託したとしても、最高権力者としての公的な立場はそれですむわけではない。

大臣馬子は、二人の臣を遣わして天皇に申し上げた。「葛城県《かずらきのあがた》（県は天皇の直轄地）は、もともと蘇我氏の本拠地である。だからその県によって、姓名とした。このことによって、永久にその県をいただき、蘇我氏のものとしたいのです」と願い出た。女帝は、「自分は蘇我氏の出身である。大臣馬子は自分のおじにあたる。だから、大臣の言うことは、夜に言えば夜のうちに、昼に言えば、昼のうちに聞きいれなかったことはないのです。といっても今は自分の治世である。うかつにしてこの県を失えば、後の大王が『おろかで、馬鹿な婦人、天下を治めていて、思慮もなく、その県を失った』とおっしゃるであろう」と言った。さらに「自分だけが無能なものだけではなく、大臣も忠誠心がないと言われるであろう」と語って、大臣の申し出を許さなかった。

これを推古女帝の毅然《きぜん》とした態度と読みとっていいのだろうか。疑問がないことはない。それは、馬子みずから直談判《じかだんぱん》していない点である。おそらく馬子はかなり重い病気であったと思われる。なぜならば、翌々年馬子は亡くなるからである。女帝推古が、馬子が差し向けた使人に強硬でありえたのは、馬子に面と向かっていない状況だからでもあろう。しかし馬子以外の蘇我氏の面々のことを考えないわけでもなかった。だとすれば、右のくだりは、推古女帝の権威を幾分なりとも伝えたものである。しかし推古女帝の力は蘇我氏の手中にあったのが事実であったと私は思う。

第二次遣隋使と「天子」

第二次遣隋使は推古天皇十五年（六〇七）に小野妹子《おののいもこ》・鞍作福利《くらつくりのふくり》（通訳）らを派遣したと『日本書紀』にある。遣隋使についての『日本書紀』の初出記事である。そのため、これをもって最初の遣隋使とする説もあるが、やはり先にあげた『隋書』「倭国伝」の六〇〇年の記述をとるべきであろう。そしてこの遣隋使については、『隋書』「倭国伝」にも、よく知られている倭国側がたずさえた国書の記事がある。

「日出ずる処《ところ》の天子、書を日没する処の天子に致す、恙《つつが》なきや、云云《うんぬん》」と。帝、これを覧《み》て悦《よろこ》ばず。鴻臚卿《こうろけい》にいっていわく、「蛮夷《ばんい》の書、無礼なる者あり、復《ま》た以て聞《もう》するなかれ」と。

これまでのわが国の近代教育においては、中国を日没の国とし、倭国を日の出の国と位置づけ、日本の優越感を説き、厩戸皇子（聖徳太子）の堂々とした大国隋に対する対等外交を認識させてきた。だが、そうではないのだ。皇帝の怒りをかったのは、日没の国と中国に向かっていったからではなく、この地上に天子が隋と倭国に二人存在するとしたことである。天子は、天の神すなわち天帝が地上の支配者として命じた人物で、この世に二人もいることは、許されないのだ。

この問題について、厩戸皇子（聖徳太子）が隋に挑発的な態度に出たという評価と、天子という言葉の意味を太子はよく理解していなかったとする説がある。隋が中国大陸を漢以来はじめて統一した大国であるという情報は、朝廷は熟知していたはずである。その大国に挑発的行為をすることがあるとは思えない。とすれば、国書の内容に十分な吟味を欠いていたとしか思えない。まして、隋の皇帝が怒ったことを『日本書紀』に載せないのは、外交上のつまずきを隠すためであったのか、それとも『日本書紀』の編者が『隋書』「倭国伝」を参照しなかったからであろう。

第三次遣隋使と倭国の「京」

第三次の遣隋使は推古天皇十六年（六〇八）で、『隋書』「煬帝紀《ようだいき》」に、倭国の使いが、方物《ほうぶつ》（土産）をもってきたとあり、『日本書紀』には、第二次遣隋使の小野妹子が、隋からの使いである裴世清《はいせいせい》をともなって帰国したとある。このときに隋からの国書を小野妹子が紛失するという事件があったが、推古女帝の許しをえて大事に至らなかった。

隋からの使節をはじめて迎え入れた倭国の朝廷は、難波《なにわ》から、水路で大和川をさかのぼって、大和の海石榴市《つばいち》に導いた。このときの様子を『日本書紀』は、次のように記している。

唐の客、京に入る。是の日に飾騎《かざりうま》七十五匹を遣わして、唐の客を海石榴市のちまたに迎ふ。

ここにいう「唐」は隋をさすが、「京に入る」という表現に注意したい。史料批判的には、推古朝には「京」がなかったので、「宮」の誤りとする。しかし、『日本書紀』推古紀には、他の箇所にも「京」の文字が使われている。以下のような事例がある。

推古十八年（六一〇）新羅・任那使、京に臻《もういた》る。

推古二十一年（六一三）難波より京に至るまでに大道を置く。

つまり、『日本書紀』推古紀には三例の「京」という表現がある。三例とも「宮」の誤りとするには、躊躇《ちゅうちょ》する。むしろ、後世の藤原京や平城京の本格的な宮都ではなく、「京」と称された空間が存在したことを示唆する。

大国隋には大興城（長安）と洛陽《らくよう》という壮大な都城《とじょう》があった。遣隋使たちは、それらを目のあたりにして帰国している。隋からの使節が倭国に遣わされたとき、建設途上でもよいが、「京」を見せねばならないと、思ったはずである。

その「京」の痕跡が、私は、奈良盆地を南北に等間隔で走る、上ツ道、中ツ道、下ツ道ではなかったかと、最近考えつつある（目次裏地図）。以前からこの三道は注目されていたが、盆地の南北を等間隔で走る三本の道がなぜ必要であったかについては、問われようともされないまま、今日に至った。

ところが、平成十九年（二〇〇七）に、下ツ道の北への延長部、のちに平城京の朱雀大路《すざくおおじ》として利用されるのだが、その部分の発掘調査によって、七世紀初頭の須恵器《すえき》が検出された。その他に、上ツ道からもほぼ同年代の遺物が発掘されている。今のところわずか二例にすぎないが、盆地を南北走する三道は推古朝につくられた可能性が出てきた。これらの道こそ、隋からの使節に見せた建設中の「京」ではなかったか。そのことによってしか、計画的に等間隔でつくられた南北三道の意味が解けない。

また、『隋書』「倭国伝」大業四年、推古天皇十六年（六〇八）に、裴世清が倭国に至ったときの記事として、「二百余騎を従え、郊労せしむ。すでに彼の都に至る。……」として、「都」という文字を用いていることにも注意したい。また倭王の言葉として、「……今、故《ことさらに》道を清め館を飾り、以て大使を待つ……」とあり、道路の整備をして隋の使節を迎え入れたことを知る。おそらく、南北三道は推古朝の「京」の名残であろう。そしてこの三道に関連して小墾田宮がつくられたという想定を私はしている。

その後の遣隋使

遣隋使は、都合六回派遣されたが第四次は推古十六年（六〇八）、隋の大業四年に裴世清を本国に送るために、小野妹子が再度隋に向かうことになった。このときの倭国側の国書に「東の天皇、敬《つつし》みて西の皇帝に白《もう》す。……」とあったと『日本書紀』に記す。このことから、推古朝に天皇号が使用されたとする解釈もあるが、『隋書』「倭国伝」には、これに関連する記事がないことや、先にみたように「大王」という称号が用いられていたことからも、この場合の「天皇」は『日本書紀』編者の潤《じゅん》飾《しょく》の可能性が高い。このとき、学生《がくしょう》、学問僧合わせて八名がしたがっている。その中の一人、南淵《みなぶちの》請安《しょうあん》は、中国に三十余年とどまり、帰国後、中臣鎌足《なかとみのかまたり》らに儒教を教授した。

つづいて第五次（六一〇年）、第六次（六一四年）の遣隋使が派遣されるが、前者は『隋書』「煬帝紀」にのみその記事を載せ、倭国から隋に方物を貢進したと、また後者については『日本書紀』に犬《いぬ》上御田鍬《かみのみたすき》を派遣したとある。

遣隋使と使者たちとともに隋にわたった学問僧や留学生が体験し、見聞することによって倭国が中国を中心とする東アジア文明圏の中にみずからを組みこんでいく状況が加速されたが、それはのちの平城京の時代にまで忠実に継承されていく「ヤマトの時代」の外来文化をとりいれる戦略であった。また、明治時代以降の、欧米文化を疑うことなく生真面目《きまじめ》に受けいれていく時代に至るまでの国家の構図を描く先駆けであった。

飛鳥寺

飛鳥寺の造営の経緯については、『日本書紀』の記事に用明二年（五八七）に馬子が建立を発願したとある。だがこの記事が正確ではないとする見解（大橋一章「飛鳥寺の創立に関する問題」『仏教芸術』一〇七号、一九七六年）がある。それによると崇峻天皇元年（五八八）に着工、推古四年（五九六）に塔が完成、つづいて金堂がつくられ、本尊の飛鳥大仏は推古十三年（六〇五）に造立が開始され、同十七年に完成したとする。飛鳥寺は蘇我氏の氏寺としてつくられたのであるが、女帝推古が施主ではないかと思わせる記事を『日本書紀』は載せている。推古紀十三年条には、高句麗の王が「日本国の天皇が仏像を造っていると聞いて、黄金三百両を貢進《こうしん》した」とあるので、まったくの蘇我氏の氏寺で

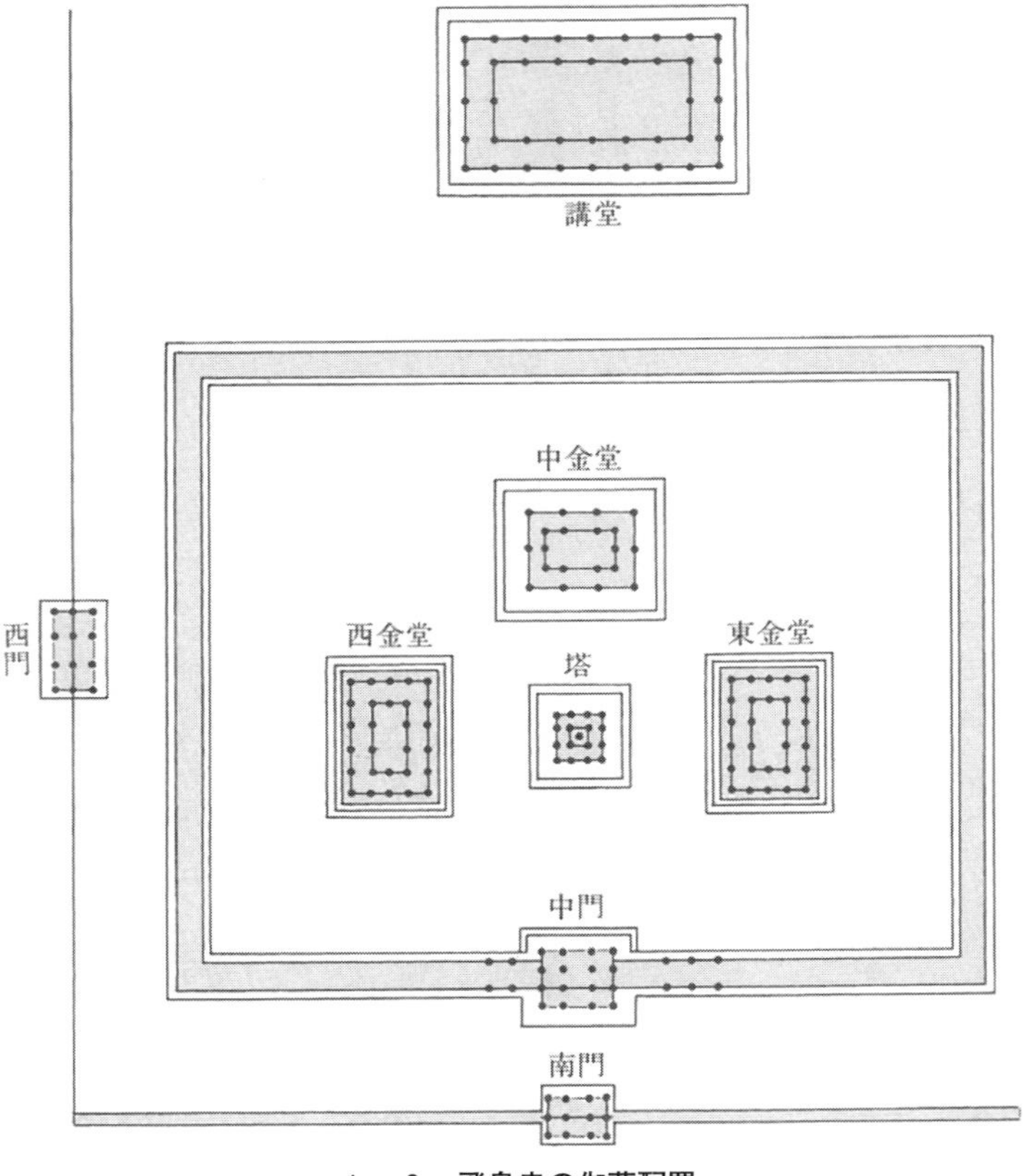

1－6　飛鳥寺の伽藍配置

はなく、官寺的な性格もあったように読みとることができる。

皇極《こうぎょく》朝におこった乙巳《いっし》の変（六四五年）、いわゆる大化改新《たいかのかいしん》のクーデターによって蘇我氏の力が弱体化し、飛鳥寺は官寺として位置づけられ、平城遷都にともなって、平城京の一画に元興寺《がんごうじ》が造立され、推古朝以来の飛鳥寺の法灯をひきつぐことになった。

大伴旅人《おおとものたびと》の妹である大伴坂上郎女《さかのうえのいらつめ》は、次のように詠んだ。


故郷《ふるさと》の飛鳥はあれどあをによし平城《なら》の明日香を見らくし好《よ》しも

（巻六―九九二）

「見らくし好しも」とは、「見ることはよいことだ」という意味。

後継指名をめぐって

馬子が亡くなった後、二年もたたないうちに女帝は死去する。激しい痛みに襲われている枕もとに二人の青年を呼びよせたとする情景を『日本書紀』は設定している。まずは敏達天皇の皇子押坂彦人大兄皇子の子である田村皇子《たむらのみこ》を召して女帝が語りかけた。「大王の位に昇って、天下を治め、よろずのまつりごとを司《つかさど》り、多くの人々を育てることは、もともと、たやすく口に出して言うものではない。あなたのことはいつも重きをおいている。だから慎重に処して賢察しなさい。軽々しくものを言うものではない」と。

同じ日に、厩戸皇子の子、山背大兄王《やましろのおおえのおう》を召して女帝は次のような言葉をかけた。「あなたは、まだ未熟である。もし心に望むことがあってもそのまま言ってはよくない。必ず、群臣どもからの声がかかってから、それにしたがうのがよい」。

女帝推古が田村皇子と山背大兄王にかけた言葉をどのように理解するか、あるいは『日本書紀』の書き手が、右のような状況を記すことによって何を示唆しようとしたのか、考えてみることは無駄ではない。

女帝の言葉をそのまま追う限り、大王位の継承を田村皇子に託そうと思っていたととれる。だが、田村皇子には蘇我氏の血が流れていない。当然蘇我氏側から異論が出るかもしれないという一抹の危《き》惧《ぐ》が女帝の頭をかすめていたと思われる。

一方の山背大兄王は、厩戸皇子の子であるから蘇我氏の血筋である。だが、推古の治世にあって、厩戸皇子が斑鳩に移り、飛鳥との間に距離をおいている。蘇我氏の専横からのがれて、斑鳩の地に思索の場を設けたとすれば、厩戸皇子と蘇我氏の関係は良好であったとはいえない。そうならば、山背大兄王に大王位がいくことは、むずかしいと女帝はみていたにちがいない。だから群臣たちから大王位の話があるならば、それにしたがうようにと語ったのは、よくわかる話である。

問題を簡略化すれば、大王位を左右できるのは、蘇我氏であるということである。田村皇子と山背大兄王の両者が有力な大王位候補者であったが、女帝には指名する力がないまま死に臨んだ。ここには、やはり推古女帝が強い牽引力《けんいんりょく》を行使できなかった政権の内実があらわれている。

先にもふれたように敏達と推古の間に生まれた竹田皇子こそ大王位につくべき人物として、蘇我氏から横槍《よこやり》が入る余地がなかった。しかし竹田皇子が若くして亡くなったことが、のちの歴史に大きな影響を及ぼすことになる。女帝推古は、竹田皇子の墓に葬られたいと希望していたので、それにしたがうことになった。近年、橿原市五条野町《ごじょうのちょう》で、推古と竹田皇子があいならんで葬られていると推測できる墳墓が発掘調査によって明らかになった。推古女帝は、当時農作が不況で、人々が飢餓に苦しんでいた情勢を配慮して、大きな陵墓を造るのをやめるように群臣に命じていたという。後年推古陵は磯長山田陵《しながのやまだりょう》（大阪府南河内郡太子町）に改葬された。

第2章　斉明（皇極）天皇――中華帝国へのあこがれ

権力の横暴も極限に達すると、革命やクーデターによって、体制は覆させられる。横暴ではなくとも、無能力な権力は葬られる。このことは、一つの現象の表と裏で、横暴であることに気づいていない権力は、無能力だという場合もある。蘇我《そが》氏の蝦夷《えみし》と入鹿《いるか》の時代はそうであった。入鹿が厩戸皇子《うまやどのみこ》（聖徳太子《しょうとくたいし》）の子、山背大兄王《やましろのおおえのおう》を急襲して、結局は死に追いやったが、父親の蝦夷は息子の暴挙を悔やんだ。これも、蘇我氏の血をひく古人大兄皇子《ふるひとのおおえのみこ》を即位させるための画策にすぎず、国家的展望は見えない。

皇極《こうぎょく》女帝の時代に、乙巳《いっし》の変（大化改新《たいかのかいしん》のクーデター）によって蘇我氏の本宗家が滅亡し、その後、斉明《さいめい》―天智《てんじ》の母子によって、時代は転回しはじめた。舒明《じょめい》朝に成立したのではないかと思われる「天皇」という称号もこの時代には広く使われ、また女帝斉明は中華帝国の具体的構築を探り、天智は白《はく》村江《そんこう》の戦いで大敗しながらも、近江令《おうみりょう》を制定し律令《りつりょう》国家への道を歩みはじめる。「ヤマトの時代」において国家戦略が強く意識された一つの転換点であった。

天皇位をめぐる確執

推古《すいこ》朝において、なんとか隋《ずい》との外交の道が開かれ、倭国は東アジアのなかで一国として認知されたとすれば、国家の最高権力者には大局的な視野が必要とされる。のちに述べることになるが、私は推古朝の後、つまり舒明朝に天皇という称号が、公的か私的かは区別できないが使用されはじめたと考えている。

女帝推古の死後、天皇位の後継者を選ぶにあたって混乱が生じた。第1章でふれたが、ここではやや詳しく追ってみよう。女帝推古は後継者をはっきりと指名しなかった。しかし最後の詔、つまり遺詔は、遠まわしではあるが、『日本書紀』の記述によれば田村皇子《たむらのみこ》を後継とする意味のことを言っている。一方、厩戸皇子《うまやどのみこ》の子、山背大兄王《やましろのおおえのおう》は年が若いので群臣たちの意見に耳を傾けるようにとのことであった。推古亡き後の大王位の後継者をめぐる混乱を、『日本書紀』からぬきだしてみよう。この混乱は、のちに政治の流れを大きく変える乙巳《いっし》の変（大化改新のクーデター）をおこし、さらに壬申《じんしん》の乱を経て平城京時代の天武《てんむ》天皇の血統継承へと展開していく。

推古女帝の葬礼は終わったが、後継者は定まっていなかった。権力は蘇我馬子《そがのうまこ》の子、蝦夷《えみし》の手にあった。地位は父同様、大臣である。独断で大王を決めることもできたが、群臣たちの賛意をえられない場合を恐れ、慎重な手続きを経ることにしたのであろう。そこで大臣の家に群臣を招き饗宴《きょうえん》をした。宴が終わり、散会になろうとしたとき、大臣は阿倍臣《あへのおみ》から群臣に対して語らせた。

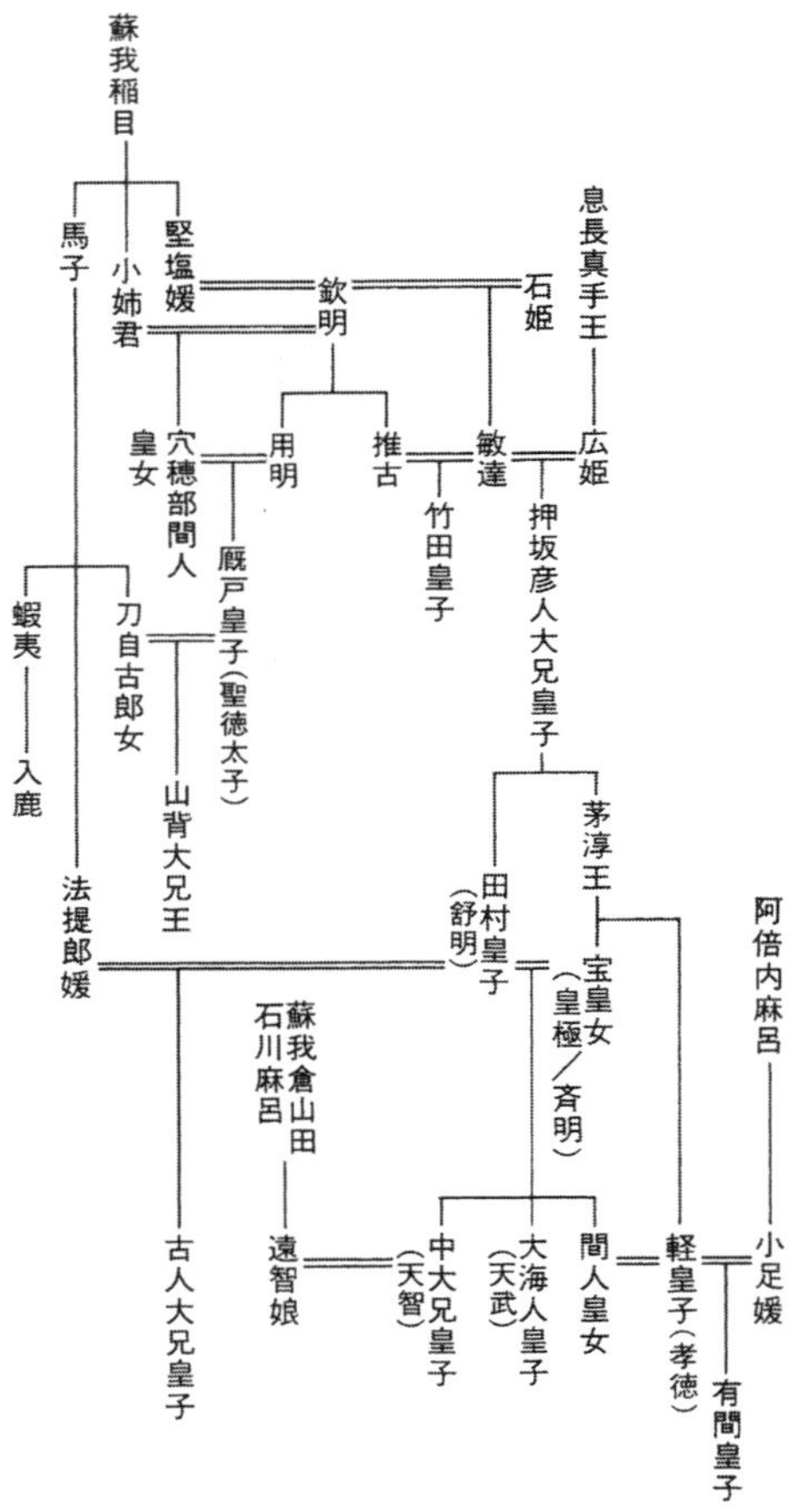

2－1　第2章関連系図

「大王が亡くなられて、まだ後継者が決まっていない。もし急いでやると混乱するであろう。いずれの王を後継者とすべきだろうか。女帝が病床におられたときに、田村皇子に『天下を治めることを天の神からゆだねられた。そのことを簡単に口外してはならない。あなた田村皇子は、よく考えて察するように。ゆっくりしていてはいけない』と言われた。次に山背大兄王に対しては『あなたは、一人で大さわぎするのではない。必ず群臣たちの言うことにしたがって、よく考えてまちがいないよう

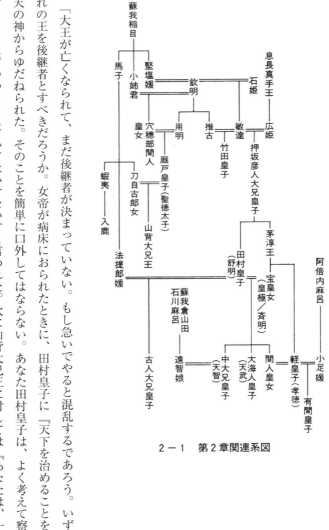

に』と言われた。これが女帝の遺言である。さて、誰を大王とすべきだろうか」と問いかけても、群臣たちからは答えがなかった。

そのとき、大伴鯨《おおとものくじら》が進み出て、「すでに大王の遺命にしたがうのみではないでしょうか。もはや群臣たちの意見など不要でありましょう」と言い、女帝の遺詔にいうように、天皇位はすでに田村皇子に定まっているというのである。ところが許勢大麻呂《こせのおおまろ》・佐伯東人《さえきのあずまひと》・紀塩手《きのしおて》の三人が進み出て「山背大兄王が大王でおられるべきだ」と言った。もう一人、蘇我倉麻呂《そがのくらまろ》が一人だけ、「自分は、即座に言うことはできない。もう少し考えてから申したい」と言った。大臣蝦夷は、群臣たちの意見が一致しないので、後継者選びのむずかしいことをあらためて知り、退席した。

このような大臣と群臣たちとの会合がもたれる前に大臣は境部摩理勢《さかいべのまりせ》にたずねた。

「大王がお亡くなりになって、その後継のお方がおられない。どなたが大王となられるべきか」

摩理勢は答えた。

「山背大兄を大王とさせたい」

このとき、山背大兄は斑鳩宮《いかるがのみや》にいた。後継の大王を誰にするかという問題が議論されているのを、山背大兄は、もれ聞いていた。三国王《みくにのおおきみ》と桜井和慈古《さくらいのわじこ》という人物を大臣のもとに遣わせて、秘密裏に伝言させた。

「聞こえてくるうわさによりますと、叔父様（大兄からみて蝦夷は叔父にあたる）は、田村皇子を大王の位につけようとされている。私（大兄）は、このことを聞いて、どんなに思っても、そのような理屈がわかりません。願うことができれば、叔父様の真意を知りたく思います」

そこで大臣は、山背大兄の訴えを耳にして、一人で対処することはできなかった。阿倍臣ら群臣を呼びよせ、詳しく山背大兄の言い分を聞かせた。

そして大臣は、大夫《まえつきみ》（大王の前に参上する高官）たちに、

「皆で、斑鳩宮を訪ねて、山背大兄王に、『私のような大臣一人で、たやすく大王を決めることはできない。故大王の遺詔をとりあげて、群臣どもに告げたにすぎない。群臣たちは、誰もが遺言は、田村皇子を後継大王とするものとしている。誰も意見を異にしていない。これは大夫たちの見解である。私だけの考えではない。自分なりの考えをもってはいるが、恐れおおくもお伝えすることはできない。お会いする日に、直接にお話しいたします』と申し上げるのだ」

と、命じた。

その伝言を聞いた山背大兄王は、大夫たちに、

「推古女帝の遺詔とはどのようなものか」

とたずねた。

「私どもには詳しいことはわかりません。ただ、大臣のお話によりますと、女帝が病床に臥された
ときに、田村皇子には、『軽がるしく、簡単に、これからの国政について言ってはいけない。だから

田村皇子よ、ものを言うことは慎むように。また心をゆるめてはならない』とおっしゃった。次に山背大兄王には次のような詔をされた。『あなたは、まだ若いので、いろいろと言ってはならない。必ず群臣たちの言うことにしたがうように』。この詔は、女帝の近くに仕えていた皇女たちや釆女《うねめ》などが、よく知っているし、山背大兄王もおわかりになっているところでございます」

と申し上げた。そこで山背大兄王は、さらに問うた。

「この遺詔は、誰が知っているのか」

大夫が、

「私どもには、秘密とされているのでわかりません」

と答えた。

「親しい叔父上が、私のことをあわれんで、ただの使いではなく重臣らを差し向けて説明してくれた。このことは大変な心づかいである。しかし今、大夫らが言った女帝の遺詔は、私が聞いたことと少しちがっている。私は女帝が病気であると聞いて、急いで大殿に参上した。その場に田村皇子もおられた。女帝は起きあがって次のような詔を私にされた。『私は、いたらぬ身でありながら、長い間、天下を治めるのにつくしてきた。今、私の命は終わろうとしている。病気を治すことはできない。あなたは、もとから私と心が通じる間柄である。誰よりもかわいく思ってきた。大王が国家の基盤であることは私の治世だけではない。本心から務めるように。あなたは若いけれど、発言には慎重であれ』。そのとき近くにいた人々は、このことを詳しく知っている。そのようなわけで、私は大王の大きな恩をいただき、恐れおおくも、悲しくも思った。そしてうれしさで心からおどりあがり、なすすべもわからないほどであった。そして国家を治めることは重い責任があるが、自分は若年で、知識もない。どうしてそのような地位につくことができるだろうか。このときに叔父様や大夫らに話をしようと思った。しかし話す機会がなかったので、今まで話さなかっただけなのだ。私はかつて伯父上の病気を見舞うために京の豊浦寺《とゆらでら》にいたことがある。このとき、大王は、八口采女鮪女《やくちのうねめしびめ》を私のもとに遣わして『あなたの叔父上にあたる大臣は、常にあなたのことを心配して、いつかは大王の位につくだろうと申している。だから自重するように』と詔を伝えた。すでにこのようにはっきりとしている。疑うことは何もない。そのためにも大王の遺勅を知りたいと思う。是非とも叔父上に申し上げていただきたい」と山背大兄王は言い渡した。

国土意識と国家の画期

大王位の継承に関する『日本書紀』の記述はさらに続く。大臣蝦夷が主導して後継者選びがなされるのであるが、おそらく円滑に事が運ばなかったと思われる。『日本書紀』の記事からは、実際の事のなりゆきを知ることはできない。しかし後継者には田村皇子が有力であった。蘇我氏の血をひく山背大兄王を、蝦夷は、なぜ指名しなかったか。その疑問は、馬子が大臣であったとき、山背大兄王の父、厩戸皇子が推古を補佐したが、大王の位につかなかった（つけなかった）事情を重ね合わせると、解き明かすことができるかもしれない。稲目《いなめ》、馬子、蝦夷とつづく蘇我氏の本宗家にとって、欽明《きんめい》の妃としていれた堅塩媛《きたしひめ》系こそ正統であった。だから厩戸皇子—山背大兄王の系譜は大王から遠ざけられるべき存在であった。しかし、なお疑問がある。権力を維持しなければならない蘇我氏にとって、天皇に田村皇子を指名する理由はあったのか。

田村皇子の父は敏達《びだつ》の皇子押坂彦人大兄皇子《おしさかのひこひとのおおえのみこ》であるが、押坂彦人の母は息長真手王《おきながのまてのおおきみ》の娘広姫《ひろひめ》である。この系譜だけならば、田村皇子の母系は息長氏につらなる。ところが、田村皇子は蘇我馬子の娘である法提郎媛《ほほてのいらつめ》との間に古人大兄皇子《ふるひとのおおえのみこ》を生んでいるので、蘇我氏側からみれば外戚関係が保証されている。古人大兄皇子が即位さえすれば蘇我氏の血統を継いだ天皇が出現することは可能であった。

このような理由によって、田村皇子が即位し舒明《じょめい》朝が始まる。法提郎媛は夫人の地位をえるが、皇后は宝《たから》皇女（のちの皇極《こうぎょく》・斉明《さいめい》女帝）で、押坂彦人大兄皇子の子茅渟王《ちぬのおおきみ》の娘である。王権の支持基盤は蘇我氏から息長氏へと変わりつつあった。蘇我氏はそのことに気づいていたと思われるが、法提郎媛—古人大兄皇子に期待をかけた。

舒明朝は、王権の画期であると私は考えている。そのことを象徴的に示すのは、『万葉集』巻一—二に舒明天皇の国見《くにみ》の歌が配列されたことである。巻一—一すなわち冒頭に載せられたのは、雄略《ゆうりやく》天皇作と伝える歌であるが、その理由は雄略朝は元嘉暦《げんかれき》という暦をはじめて採用したこと、またこのころは前期古墳から後期古墳に移っていく時期とされ、古代王権の一つの画期とみなされたからとする岸俊男氏の説にしたがうべきであろう(『古代史からみた万葉歌』学生社、一九九一年)。

巻一—二の舒明の国見の歌は「天皇、香具山《かぐやま》に登りて望国《くにみ》したまふ時の御製歌」という詞書《ことばがき》をもつ。

大和《やまと》には　群山《むらやま》あれど　とりよろふ　天《あめ》の香具山　登り立ち　国見をすれば　国原は　煙立ち立つ　海原《うなはら》は　鷗《かもめ》立ち立つ　うまし国そ　蜻蛉島《あきづしま》　大和の国は

大和には、山々があるが、宮の近くにより添っている天の香具山に登って国見の儀式をすると、国の平原にみられる煙から、人々の生活の安定を知ることができる。海原に鷗が飛んでいる様子からは、豊漁の海を知ることができる。このようにすばらしい大和の国よ。こういった意味が歌われているが、この場合の大和の国とは、今の奈良県をさすのではなく、国家全体をいう。だから国見の歌といっても、眼下の風景を詠んだものではない。むしろ儀式における国讃《くにほ》めの祝詞《のりと》のような表現である。

この万葉歌の核心は、「国土」にある。「国土」を詠むという行為は、新しい国家統治のはじまりという緊張と興奮のエネルギーが生みだしたと思わざるをえない。そのようなエネルギーのあらわれ出る歴史的状況は、おそらく「画期」といってよい新しい時代の幕開けであった。そのような情景を、この歌はわれわれに伝える。新しい国家が幕開くという高らかな宣言の歌謡なのだ。

女帝皇極

新しい時代の情景は、舒明の宮がはじめて「飛鳥」とよばれた土地に営まれるという「事件」によって、具体的な構図を描くことになった。舒明の宮号は、飛鳥岡本宮《あすかのおかもとのみや》と称され、「飛鳥」という地名が宮号に冠せられた。先にふれたように飛鳥は、神聖な土地であった。そこに宮がつくられるのは、宮は、聖性をおびた土地にふさわしいものでなければならないからである。舒明朝は新しい時代のはじまりを物語る。

舒明朝には第一回の遣唐使（六三〇年）を派遣した以外に特筆すべきことはないとみなされるむきもある。しかしこの事実は無視しがたいほど意味をもつ。なぜならば、推古朝にはじまった遣隋使を継承することによって厩戸皇子の外交路線を支持したからである。この新しい王朝を私は前著（『飛鳥―水の王朝』中公新書、二〇〇一年）において「飛鳥王朝＝水の王朝」と名づけたが、権力と名誉のためにエネルギーを費やしていた蘇我氏に対立する方向性を宿していた。

舒明朝には百済《くだら》王族の豊璋《ほうしょう》、善光《ぜんこう》が政治的意味をおびた人質として来日し、百済大宮《くだらのおおみや》、百済大寺《くだらのおおでら》も建設された。六四一年、在位十三年にして舒明は百済宮で没する。

舒明の後継としては、蘇我氏側としては田村皇子（のちの舒明）と蘇我馬子の娘法提郎媛《ほほてのいらつめ》との間に生まれた古人大兄皇子を強く推す手はずになっていた。しかし、推古女帝の後継をめぐって田村皇子とライバル関係にあった山背大兄王は、当然ながら後継の座をねらっていた。これら二人に加えて、舒明と宝皇女（のちの皇極）との間に生まれた中大兄皇子《なかのおおえのみこ》も舒明の没年には十六歳で後継の条件をみたしてはいなかったが、いずれ皇位の座につきうる資格があった。当面は古人大兄皇子と山背大兄王との間の後継争いに焦点があった。山背大兄王の母も蘇我馬子の娘刀自古郎女《とじこのいらつめ》である。蘇我氏にとって山背大兄王が舒明の後を継いでも、みずからの血統を外戚としてつなぐことができた。

しかし舒明はみずからの後継とすべき皇太子の指名はしないまま没した。そこで蘇我蝦夷は、父馬子が推古女帝をたてたときと同じような手法で、先帝の皇后を皇位につけることにした。皇極即位である。同じようにはみえるが、推古と皇極とは蘇我氏の血統からみるとまったく異なる。推古には蘇我氏の血が流れているが、皇極は蘇我氏と系譜上のつながりはない。蘇我氏にとっては危険な選択だが、古人大兄皇子と山背大兄王との対立関係をゆるめるには、この方法しかなかった。皇極女帝のもとで、時間をおいて古人大兄皇子が後継の座を獲得するのを待つことにしたとしか思えない。

なぜ危険な選択であるかといえば、舒明の父は敏達の皇子押坂彦人大兄《おしさかのひこひとのおおえの》皇子《みこ》で、押坂彦人の母は息長《おきなが》真手王の娘広姫であって、舒明の皇后宝皇女（皇極）は押坂彦人大兄皇子の子茅渟《ちぬ》王の娘であるからである。いずれも息長氏の血統につながる。系譜をたどる限り、蘇我氏と関わるところがない。舒明の皇后である皇極が、舒明亡きあと皇位についたのは、蘇我蝦夷が、皇極は舒明の遺志を継承すべき存在とみなしたからと思われる。つまり古人大兄皇子に後継の指名があるとふんだのであろう。

蘇我氏の横暴は、目に余るものがあったが、やはり権力や名誉を志向する者たちに共通する幼児性が露呈して滑稽《こっけい》でもあった。父の蝦夷が息子の入鹿《いるか》に紫冠を授け、大臣に擬したという。そしてその有頂天ぶりが、古人大兄皇子のライバル山背大兄王の襲撃に向かう。巨勢徳太《こせのとくだ》らによって斑鳩宮が焼かれ、山背大兄王一族は生駒山《いこまやま》に難を避けるが、引き返して斑鳩寺に入る。そして王は「わが一つの身をば、入鹿に賜ふ」と言って、妃妾らとともどもみずから首をくくって死んだ。入鹿の無謀というべき行動に父蝦夷は、そのおろかさを嘆き、入鹿の命も危ういことを予見した。

蘇我氏の誤算

蘇我氏のように権力を自在にふるう立場にあっても、一歩先のことを読めないこともある。舒明と皇后の間に生まれた中大兄皇子の存在を蘇我氏側は読みまちがえていた。

蝦夷は、ひとまず皇極女帝をたてて、状況を見つめようとしていた。古人大兄皇子が後継者として皇太子となれば期待どおりだが、山背大兄王が皇太子であってもよしとしなければならないというのが、蝦夷の戦略であった。だから入鹿の性急な行動は蝦夷にとって衝撃的であった。山背大兄王を支えていた集団を敵にまわすことになる。

おそらく蝦夷を襲った心痛は、かつて田村皇子を推古女帝の後継に決めるまでの経緯がよみがえったことにある。大臣の蝦夷が、推古の遺詔をめぐって群臣たちに意見を求めた際に、蘇我倉麻呂は、この場で即座に次の皇位につく人物を決めかねるのでさらに熟考して後で申し上げたいと述べた。慎重な態度をとった蘇我倉麻呂の真意は、蘇我氏の族長の地位にあった蝦夷が田村皇子を推していることに、はっきりと異論をとなえないと自重したためであろうが倉麻呂は山背大兄王を支持していたはずである。

さて、この蘇我倉麻呂とは、どういう人物であろうか。この名前の人物は『日本書記』では、ただの一回、右に記した場面でしか出てこない。この人物の子にあたる蘇我倉山田石川麻呂《そがのくらやまだいしかわまろ》が、いわゆる大化改新を実現する乙巳《いつし》の変において中大兄皇子、中臣鎌足《なかとみのかまたり》らとともに入鹿誅滅《ちゆうめつ》を実行した一人とする説がある。別の説では倉麻呂と倉山田石川麻呂は同一人とする。いずれとも決めがたいが、どちらにしても蘇我本宗家ではなく傍系にあたる。入鹿が厩戸皇子の子山背大兄王を襲撃し、自害に追いやったときに、蝦夷の胸をよぎったのは、蘇我氏傍系筋による反撃の予感であった。その予感は乙巳の変で的中し、入鹿の命は奪われた。

蘇我氏本宗家の右にみたような悲劇が目の前にまで迫っていたにもかかわらず、蝦夷と入鹿は、甘《あま》樫丘《かしのおか》にならべて家を建てた。大臣蝦夷の家を上《うえ》の宮門《みかど》、入鹿の家を谷《はさま》の宮門《みかど》とよび、防備のために柵《さく》をめぐらした。門の近くに、兵器を収めた倉《くら》も設けられた。近年甘樫丘の東麓《とうろく》で入鹿の家とみられる七世紀前半の建物跡が発掘された。赤く焼けた壁土や炭がみつかり、乙巳の変で入鹿の家が炎上した様子を物語る。建物跡とともに石垣も検出された。直径二〇—五〇センチの石が、〇・五—一メートル程度に積みあげられたもので、それに平行する塀の跡も確認された。

巫女皇極

舒明朝は、わが国の歴史における一つの画期であると述べたが、舒明からはじまる、私のいう「飛鳥王朝」では、それぞれの天皇が、後世からみて特筆してよい刻印を残している。その点からも「飛鳥王朝」は古代史において無視できない大きな転換点であった。皇極女帝もそのふるまいは力強い。

その強さは、今一度天皇位につく斉明朝にはより増幅する。

皇極天皇元年（六四二）の夏は、『日本書紀』に「大きに旱《ひで》る」とあるので、農作物の生育があやぶまれた。雨乞《あまご》いをするしか打つ手はない。「村々の祝部《はふりべ》の指示にしたがって、牛馬を殺して、いけにえとしてあちこちの神社をまつることにするか。あるいは中国の古来の風習をみならって市場をちがうところに移して、市場の門を閉ざし、人を入れないで降雨を祈ることにするか。と、いろいろやってみたが、効きめはまったくなかった」と群臣たちは、苦悩をつのらせた。

大臣蘇我蝦夷は、寺々で仏教の経典を転読し、おのれの罪を懺悔《ざんげ》する悔過《けか》の儀式をし、仏が説かれるようにして敬い、雨が降るように祈ろうではないかと提案した。そこで百済大寺の南庭に仏・菩薩の像と四天王の像を飾りまつって、大勢の僧を呼びよせて、仏説大雲輪請雨経《ぶつせつだいうんりんしょううきょう》を読ませた。読経の声がひびきわたるなかで、大臣蝦夷は、香鑪《こうろ》を手にとって、香をたき雨が降ることを請い願った。翌日、申し訳ていどの雨が降った。皆は効果があったとよろこんだにちがいない。だがそのよろこびも一瞬にすぎず、次の日は、雨は降らなかった。読経による雨乞いは断念せざるをえなかった。

仏教による雨乞いが不首尾に終わったのを女帝皇極は見きわめたのであろう。南淵《みなぶち》の川のほとりに出向いた。今の明日香村稲渕《いなぶち》である。飛鳥川の上流にあたる。皇極はひざまずいて四方拝をした。四方拝のルーツは中国の道教にある。わが国の正史には『日本書紀』の右の記事のみであるが、平安時代に大江匡房《おおえのまさふさ》が書きとめた『江家次第《ごうけしだい》』（巻二）に記されている。それによると元旦《がんたん》の四方拝は次のように行われた。清涼殿《せいりようでん》の東の庭に屏風《びようぶ》を八帳立て、三つの座を設ける。北斗七星を拝む座、天地を拝む座、そして山陵（父母の陵）を拝む座の三つである。最初に北斗七星を拝む座で、天皇の生年にあたる星の名が七遍となえられる。つづいて再拝して、さまざまな災いから自分の身が救われるための呪文《じゆもん》がとなえられる。次に天地を拝む座において、北に向いて天を拝み、西北に向いて地を再拝する。このあと、南の座において山陵に向かって再拝する。呪文の最後に「急々如律令《きゆうきゆうによりつりよう》」というが、これは道教の呪文にしばしば用いられる常套句《じようとうく》である。

皇極女帝が南淵で行った四方拝が、右のような所作に類似していたかどうかはわからないが、天を仰いで祈ったところ、突然雷鳴がとどろき、大雨が降った。五日間も降りつづき、天下をうるおした。天下の人々は、女帝の徳をたたえてよろこんだ。

皇極の祈りが功を奏し、蘇我蝦夷の面目をつぶしたことになるが、『日本書紀』の編者の誇張かもしれない。そのことを詮索《せんさく》しても、さほど意味のあることではない。それよりも皇極女帝が呪術的な行為をする能力をもっていたことに、私はひかれる。先に推古女帝にも巫女のような一面があったことにふれた。推古も皇極もその権力の背後に聖的心性をもっていたと思われる。

百済大寺

皇極は呪術をなしえたとしても、公的位置を占めている仏教を重んじなければならなかった。皇極天皇元年（六四二）九月、大臣に「大寺を建立したい。近江《おうみ》と越《こし》から労務者たちを徴発するように」

と詔をした。この大寺とは舒明が発議した百済大寺のことである。舒明天皇十一年（六三九）に、大宮と大寺をつくることを意図し、百済川のほとりを宮どころとした。西国の者は宮づくりに、東国の者は寺づくりに従事し、書直県《ふみのあたいあがた》が大匠《おおたくみ》として指揮をとった。舒明は百済宮で没したとあるので、宮の部分は完成したと思われる。また、百済川のほとりに九重塔が建ったと『日本書紀』は記しているので、皇極女帝は、未完成の百済大寺の工事を継承したのであろう。

百済川がどのあたりを流れていた河川か、これまで特定されないままであったが、かねて和田萃氏が藤原京域に小字「百済川」を指摘した（「殯の基礎的考察」『史林』五十二―五、一九六九年）付近から、平成十年（一九九八）に七世紀前半の寺院址が考古学調査によって出土した。もともと吉備池廃寺《きびいけはいじ》と通称されていた場所である。高さ一〇〇メートル《メートル》と推定される塔の基壇がみつかったが、これが先にふれた九重塔の遺構ではないかとされ、その他金堂、塔の周囲を囲む回廊の跡なども確認され、百済大寺の跡である可能性が強まった。左右にならんだ金堂と塔を回廊が囲む法隆寺式の伽藍配置の最古の例であるといわれる。

『日本書紀』の記述によれば、舒明天皇は九重塔を建て、その後皇極天皇がひきついで伽藍全体を完成させたとある。そこまで皇極の造寺事業が確認されたが、舒明の百済宮の位置については、今のところ明確な遺構が見えてこない。

八角形古墳

皇極女帝の事績のなかでも歴史的、あるいはあえて思想的といってもよい大事業は、先帝舒明を葬るに際しての陵墓の築造である。

舒明は百済宮で没し、殯《もがり》は宮の北で営まれた。『日本書紀』は、「百済の大殯と謂《い》ふ」と記しているので、かなり大きな殯宮が設営されたのであろう。舒明の霊に誄《しのびごと》をしたのは十六歳の東宮開別《ひらかすのわけの》皇子《みこ》（中大兄皇子）であった。

皇極天皇元年（六四二）十二月十三日になってやっと舒明の喪葬の礼がなされた。その十日前には昼間から雷鳴がとどろき夜にも二度鳴った。舒明は和風のおくり名を息長足日広額天皇《おきながたらしひひろぬかのすめらみこと》とつけられ、滑谷岡《なめはさまのおか》に葬られた。滑谷岡がどこにあたるかはわからない。

ここまでなら舒明の埋葬にことさら大きな意味はない。ところが皇極二年（六四三）に、舒明は押《おし》坂陵《さかのみささぎ》に改葬される。桜井市忍阪《おつさか》の集落東方にあって忍坂段ノ塚とよばれ、宮内庁の治定となっている。径約三六メートルで平面が八角形である。かつてこの古墳の南面の部分が崩壊したために二つの石棺が安置されてあったのがみつかったと伝わるが、確かめるすべはない。今、この墳墓のもつ意義は八角形墳であるという点である。

東アジアの他地域に類例をみない八角形墳は舒明陵から斉明（皇極）、天智《てんじ》、天武《てんむ》、持統《じとう》そして文《もん》武《む》の諸陵にみられる。草壁皇子《くさかべのみこ》と推定されている東明神古墳《つかみようじん》（高市郡高取町）の墓も八角形墳だと報告されているが、とにかく舒明から文武までの一定時期にしかつくられなかった墳墓である。いったいこの形は何を意味するのか。

もっともわかりやすいのは、『万葉集』の枕詞で「わご大君」にかかる「やすみしし」の意味と対応させることである。「やすみしし」は「八隅治し」で八方を治めるということ。八方を治める大君（天皇）とは、八方つまり東西南北とその中間の方位南東・南西・北東・北西の八方位を統治する大君（天皇）を示す。八方位をもって世界（宇宙）とするコスモロジーは、中国の土着的宗教である道教のものである。皇極は改葬までして道教的コスモロジーでもって舒明の陵墓を新たにつくった。そのような行為には、新しい権力者観があったと考えねばならない。新しい権力者観とは、八角形墳とその被葬者の関係から読みとることができる。被葬者は八方位世界の支配者であった。死後も世界の王として位置づけられる存在であったが、生前もまたそうであったからである。八方位からなる世界の王は、つまり道教的世界の最高位の主は、宇宙王である。より具体的に信仰の対象からいえば北極星である。道教における最高神の名称は時代とともに太一《たいいつ》とか天皇大帝などに変化する。かつて福永光司氏が指摘した（『道教と古代日本』人文

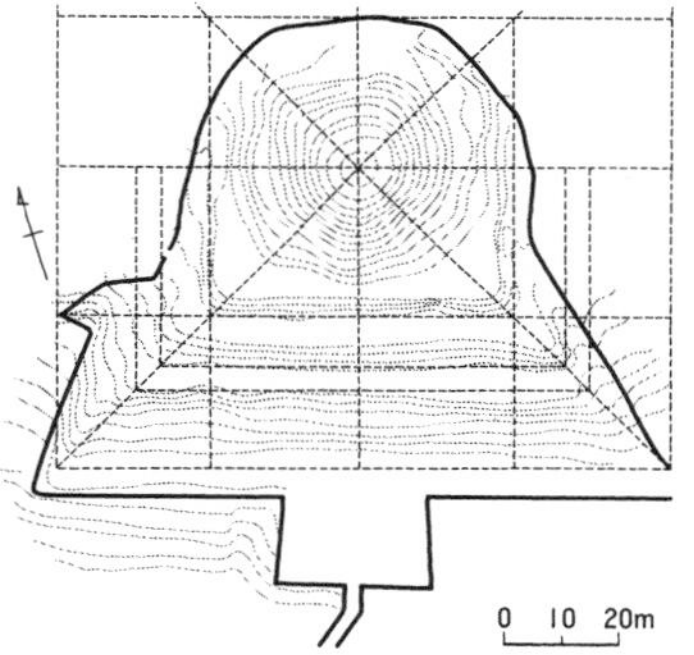

2－2　押坂陵古墳（秋山日出雄による）

書院、一九八七年）ように倭国・日本の最高権力者の称号である「天皇」は、天皇大帝に由来する。私はこの福永説にしたがってきた。もっとも端的な証拠が、八角形古墳である。

天皇という称号

天皇という称号がいつごろから使用されたかについては、諸説があって断案をみるに至っていない。「天皇」と墨書された木簡が天武朝の層位から出土したことをもって、天武朝には天皇という称号が用いられていたとしてよいであろうが、それ以前に使われていなかったということにはならない。天皇という称号が使用された時期を推定するにあたってのむずかしさの一つに、非公式かそれとも公式に使用されたかを区別することも問われることがある。このような細部にわたる検証が重要であるのはいうまでもないが、公式・非公式を問わないとすれば、舒明朝に天皇号が用いられた可能性はあるというのが私の考えである。一歩ゆずって皇極朝に舒明に天皇号を追贈したとみてもよい。八角形墳への改葬に注目すると右のように考えることができる。

先に、『万葉集』巻一―二の香具山での国見の歌から舒明朝を古代における画期とすると述べたが、その画期とは新しい大王観（天皇観）の出現であった。天皇という称号が皇極からの追贈であったとしても、舒明朝をもって新しい支配思想の成立と認識されたからであろう。

大極殿の成立

新しい支配思想を成立させたのは、皇極であったとしてもよい。それを説明するために『日本書紀』の皇極紀における「大極殿」という文言の解釈をとりあげねばならない。

皇極朝の最大の事件であった乙巳の変、いわゆる大化改新のクーデターに際して『日本書紀』は「天皇大極殿に御《おわしま》す」と記す。「大極殿」とよばれる殿舎があったというのであるが、「大極殿《だいごくでん》」の古訓は「おおあんどの」であるので「大安殿」をさし、後世の藤原京や平城京の大極殿とは異なるとする説がある。漢字とそれに対する訓みの関係は、日本語表記の独特の問題である。『日本書紀』の編者は「おおあんどの」に「大極殿」という漢字をあてた。しかし、それは本来の「大極殿」とはちがうのだと、後世の史家が注釈したとしたら、なぜわざわざ意味の異なる漢字を用いたのか、読み手はとまどう。「おおあんどの（大安殿）」とは、どのような目的に使われた建物なのだろうか。皇極紀に比較的年代の近い天武紀の事例をみておきたい。

天武天皇十四年（六八五）九月十八日条には「天皇が大安殿に王卿たちをよびあつめて双六《すごろく》のような博戯《はくぎ》をさせた」とあり、また天武天皇の朱鳥《しゆちよう》元年（六八六）正月十六日条には「天皇が大安殿に出て諸王卿を召して宴をした」とある。同年二月四日条は「天皇のそばに仕える大安殿の六人に勤位《ごんい》を授けた」ともある。いずれにしても大安殿は公的な場ではないとうかがえる。おそらく私的な日常生活の場であろう。

同じく天武紀で大極殿がどのように用いられたかをみてみよう。天武十年（六八一）二月二十五日条には、天皇と皇后が大極殿に出て、親王・諸王および諸臣を召して「朕《われ》は、今より律令を制定し法を改めようと思う。それゆえに、皆でこの事業にしたがえ。ただ、このことにのみ政務を限ってしまうと、公的な業務がおろそかになる。それぞれ分担してやるように」と詔したとあるが、記事からは、公務のために天皇が皇后をともなって大極殿に出御したという印象を受ける。天武十年三月十七日条は大極殿で川嶋皇子《かわしまのみこ》、忍壁皇子《おさかべのみこ》らに、帝紀および上古の諸事を記し定めるように詔している。さらに天武十二年（六八三）正月七日条においては親王から群卿に至る身分の者を大極殿の前に召して正月七日の節会《せちえ》をしたと記す。節会は、朝廷で行われる節日の集まりで、天皇が群臣らに宴を賜るので、天皇の私的な行為ではない。朱鳥元年（六八六）正月二日条には、大極殿で天皇は諸王卿らと宴を催しているとある。この場合についても正月に天皇が臣下から祝儀を受けるいわゆる朝賀《ちょうが》と解すれば、のちの時代にも大極殿でなされる行事と同じということになろう。

先に皇極紀に大極殿の古い訓み方が「おおあんどの」であるのか検討しなければならないとして、天武紀の事例をあげてみたが、実は天武紀には「大安殿」と「大極殿」という二つの殿舎の名前が記され、いずれも古訓は「おおあんどの」なのである。まことにわかりにくい問題である。だがこれまでの諸氏の論の立て方もおかしい。皇極紀に大極殿という用語があるのがおかしく、天武紀に大極殿がはじめて出てくるべきだという先入観で『日本書紀』の記事が解釈されている。まして皇極紀では、乙巳の変のクーデターが実行される寸前の場景において大極殿が登場する。高句麗《こうくり》・百済・新羅《しらぎ》のいわゆる三韓が調《みつき》をたてまつる場である。皇極女帝が日常生活を送る殿舎で、重要な外交の儀式をとりおこなうことは考えにくい。おそらくのちの時代の大極殿の機能をもった建物であったと考えてよい。むしろ皇極期に大極殿が存在してもおかしくはない。

大極殿とは

そもそも大極殿という名称は何を意味するのであろうか。『史記』「秦始皇本紀《しんのしこうほんぎ》」二十七年に「信《しん》宮《きゅう》を渭水《いすい》の南につくった。その後、信宮を極廟《きょくびょう》と改名したが、それは天極《てんきょく》（天の中宮）にかたどってつくられたからである」とある。大形徹氏は「『極廟』の『極』は、天の中心、北極星のことで当時の最高神、天帝である太一神をさす。廟は祖先を祭る場所だが、『極廟』という命名からは、天帝・祖先神・始皇帝を直結させようという意識が窺《うかが》える」と解している（「始皇帝の不死幻想」『しにか』一一―一二、二〇〇〇年）。

このような解釈に導かれると、大極殿という名称も北極星とのつながりを想定させる。天皇は天皇大帝すなわち北極星を最高神としたのだから、天皇が大極殿で儀式をなすのは、まさしく符合する。天皇という称号のはじまりが舒明朝か皇極朝か定めがたいが、皇極朝に大極殿という名の殿舎があってもよい。

以上に述べたことに関わるのではないかと思えるのは、死後に追贈された「皇極」という漢風おくり名である。漢風おくり名は、神武《じんむ》から元明《げんめい》・元正《げんしょう》天皇については八世紀後半に淡海御船《おうみのみふね》が撰《えら》んだとする説が有力である。当該天皇について象徴的な漢字を用いたおくり名がつけられたとみてよいであろう。そこで「皇極」というおくり名に注目したい。「皇極」という熟語に淡海御船がどのような意味を託したかは察しがたいが、『大漢和辞典』によれば、次の二つの解説が参考となる。その一つは、中国の上古、禹《う》が尭《ぎょう》・舜《しゅん》以来の思想を整理し、集成した天地の大法で、「皇極」をもっとも重んじ、これをその真ん中においた。皇は大、極は中の意。極が中の意とするのは、天空の中央北極星によるとするのであろう。とすれば「皇極」は「大極」と同じ意味である。二番目の意味は帝王の位とある。とすれば、「皇極」は、中国の道教の最高神のシンボル北極星に由来する帝王といえる。おそらく、皇極女帝の時代に大極の思想がすでに知られていて、大極殿も存在したと推定してよいであろう。

狂ったシナリオ

これまで乙巳の変について断片的にふれたが、なんといっても皇極朝の大事件であるから、ここからは『日本書紀』によりながら順を追ってみたい。

蘇我氏の横暴を何としても阻止したいと強く思っていたのは中臣鎌足であった。藤原《ふじわら》氏の祖とされる人物である。平城遷都を断行した藤原不比等《ふひと》の父にあたる。であるから中臣鎌足が政争の舞台に登場したことは、後世からふりかえってながめると歴史の歯車が平城京に向かって動き出していたことになる。

鎌足は女帝皇極の同母弟にあたる軽皇子《かるのみこ》（のちの孝徳《こうとく》天皇）に混乱きわまる政局の打開を期待して

いた。しかし『家伝』（『藤氏家伝《とうしかでん》』）によると、軽皇子と与《くみ》して蘇我氏を討つには、皇子の器量に心もとなさを感じたという。そこで鎌足は中大兄皇子に近づこうとしたが、直接に心中を打ちあける機会がなかった。ところが、たまたま中大兄皇子が法興寺《ほうこうじ》（飛鳥寺《あすかでら》）の槻《つき》の樹のもとで、打毬《けまり》をしている仲間に加わった。そのときに皇子の皮鞋《くつ》が脱げて毬《まり》とともに飛んでしまった。鎌足はその皮鞋を、手にとってひざまずいて皇子にわたした。皇子も向かいあってうやうやしく受けとった。このことがあって、互いに好意をもち、つつみかくさず心の中を打ちあけた。二人が接触しているところを他人に疑われることを恐れて、書物をもって、中国に学んだ南淵請安《みなぶちのしょうあん》のもとで儒教を学ぶことにし、往き来の路上で、肩をならべて、ひそかに語りあい、考えがくいちがうことはなかった。鎌足が皇子に話しかけた。

「大きな事を謀るには、助けてくれる人がいるにこしたことはございません。お願いがございます。入鹿のいとこにあたります蘇我倉山田麻呂の長女を妃として迎えられ、その後、詳しく説明して、一緒に事をなしてはいかがでしょうか。成功するには、これ以外の方法はございません」

このことを聞いて中大兄皇子はよろこび、鎌足の考えにしたがった。そこで鎌足はみずから倉山田麻呂のもとに出向き、仲介の労をとった。ところが、長女は約束の夜に一族の者に奪われてしまった。一族の者とは蘇我日向《ひむか》のことらしい。日向は倉山田麻呂の異母弟で、二人の関係はよくなく、日向は後年倉山田麻呂が中大兄皇子を害すると讒言《ざんげん》し自尽に追いつめた。そのような人物に中大兄皇子と結ばれるべき――といっても政略的であるが――長女が奪われたために倉山田麻呂は、なすすべも知らず動転した。父の落胆した様子をあやしげにながめて、妹が問うてみた。

「どうしてそんなに憂えておられるのですか」

父がその理由を述べたのを受けて、彼女は、

「お願いですからそんなにおなげきになさらないで下さい。私をたてまつっても、遅いこともありませんでしょう」

と言った。その言葉を聞いて父は、大いによろこび、妹を中大兄皇子にとつがせた。

『日本書紀』はいかにもけなげな妹の父への進言を記してはいるが、政略的といってよい行為をあえて実行することによって蘇我氏本宗家と傍系筋の倉山田麻呂の対立関係を確かなものにしようとした鎌足の戦略であった。

飛鳥寺の槻の樹のもとで中大兄皇子と鎌足が出会ってから一年余の月日が流れた。皇極天皇四年（六四五）六月八日。中大兄皇子はひそかに倉山田麻呂に語りかけた。

「三韓諸国が調《みつき》を進上する日に、あなたに上表文を読みあげてもらいたい」

入鹿を斬殺《ざんさつ》する謀略を打ちあけた。倉山田麻呂は了解した。六月十二日、女帝は大極殿に出御した。古人大兄皇子もそばにはべった。鎌足は、蘇我入鹿がふだんから疑い深い性格で昼夜剣をたずさえていることを知っていたので、滑稽なしぐさで宮廷に仕える俳優《わざひと》を使って、はずさせた。入鹿は笑いな

がら剣をぬいて儀式の場に入って座った。倉山田麻呂は進み出て三韓の上表文を読みあげた。そこで中大兄皇子は宮の門を守る衛門府に警戒させ、十二の門を閉鎖し、往来をとめ、衛門府の役人を一ヶ所に召集して、任務の手当、すなわち禄を渡すようなしぐさをしながら、みずから長い槍を手にとって大極殿のわきに身を隠した。鎌足らは弓矢をもって護衛した。海犬養勝麻呂《あまのいぬかいのかつまろ》から、箱の中に入っている二つの剣を佐伯子麻呂《さえきのこまろ》と葛城稚犬養網田《かずらきのわかいぬかいのあみた》に渡させて、

「どんなことがあっても、いっきに斬れ」

と言った。子麻呂は水をかけて飯を呑《の》みこもうとしたが、恐怖におののいて、吐いてしまった。鎌足は、勇気を出させようとした。一方倉山田麻呂は、上表文の読みあげるのが終わりにさしかかったが、子麻呂がその場に来ないことを恐れて、汗が吹き出て、身体を流れ、声は乱れ、手がふるえた。この光景をみた入鹿はあやしんでたずねた。

「どうして、そんなにふるえているのか」

倉山田麻呂は、

「天皇を近くにみ、恐れおおく、不覚ながらも汗が流れました」

と答えた。中大兄は、子麻呂たちが、入鹿の威勢に恐れおののき、たじろいで進まないのをみて、

「やあー」

とさけんだ。すぐさま子麻呂らとともに不意に剣でもって入鹿の頭や肩を切り割《さ》いた。入鹿は驚いて

立ちあがった。子麻呂は剣をふるって入鹿の片方の足に切りつけた。入鹿は天皇の御座に転倒し、請い願って、

「皇位におられる方は天子さまであられます。私には何の罪があるのでしょうか。お願いでございますから、はっきりと御判断下さいませ」

と言った。皇極は大変驚き、中大兄に向かって言った。

「私には何のことかわかりませぬ。こんな様《さま》になったのは何があったのですか」

中大兄は、地にひれ伏して、

「入鹿は、皇族を滅ぼして、皇位を犯そうとしています。入鹿によって天孫が滅びてよいものでしょうか」

と申し上げた。天皇はすぐに起《た》ちあがって中に入ってしまった。佐伯子麻呂と稚犬養網田《わかいぬかいのあみた》が入鹿を斬って息の根をとめた。蘇我氏の野望のシナリオは狂ってしまった。右の『日本書紀』の記述において入鹿は、皇位にある者は天子であり、自分には何の罪もないと皇極に許しを願ったこと、中大兄皇子が皇極に入鹿が皇位を断とうとしたことを語らせているのは、根底にある尊王思想をあぶりだしている。その源流は厩戸皇子の十七条憲法の第一条にいう「和」の思想にいきつく。「和」の思想は蘇我氏の横暴に発するとした私見との共通項を指摘できる。

事件の後

雨がしきりと降っていた。宮殿の庭にもあふれた水が流れていた。入鹿の死体は筵《むしろ》で覆われていた。蘇我氏の期待の人物であった古人大兄皇子は、このありさまを目のあたりにして自分の宮に走りこみ、「韓人《からひと》が入鹿臣を殺した。なんと痛ましいことか」と語って寝室に入り、門を閉ざして外に出ようとしなかった。古人大兄が韓人によって入鹿が殺されたと言ったのは、三韓の調の進上の儀式の場で殺されたという意味であると思われるが、従来解釈のむずかしい表現とされてきた。

中大兄皇子は法興寺（飛鳥寺）に入り、防備の拠点とした。すべての皇子・諸王や群臣どもも中大兄にしたがった。そして人を遣わして入鹿の死体を蝦夷に届けた。緊迫した状況のなかで、蘇我氏側の漢直《あやのあたい》らは一族をすべて集め、甲《よろい》をつけ、武器をもち蝦夷を守るべく軍陣を張ろうとしていた。中大兄皇子は将軍巨勢徳陀臣《こせのとくだのおみ》を遣わして、天地が開けてからこの方、はじめから君と臣のちがいのあることを相手方に説き、とるべき道を教えた。そこで、蘇我氏側の高向国押《たかむくのくにおし》は漢直らに、

「われわれは、入鹿さまのことで殺されるにちがいない。大臣蝦夷さまも、今日か明日かに、すぐに殺されることは確かであろう。こんなことでは、誰のために、むなしい戦いをして、みんな処刑されるのか」

と言い終わるや、剣をはずし弓を投げすててどこへともなく去っていった。他の者もあとを追うかの

ように逃げていった。

事が終わった翌日、蝦夷は、殺されることを覚悟して、『天皇記』『国記』・珍宝を焼却しようとした。船史恵尺《ふねのふひとえさか》はとっさに、焼かれようとしている『国記』をとりあげて中大兄皇子に献上した。船史恵尺は、僧道昭《どうしょう》の父である。『日本書紀』は蝦夷が亡くなった様子について記していない。『家伝』に豊浦大臣蝦夷邸宅にて自尽とある。

蘇我氏本宗家の滅亡によって、政治権力の構図は劇的に変化した。皇極は皇位を軽皇子に譲った。なぜ中大兄皇子ではなかったか。皇極は二十歳の若い中大兄皇子を皇位につけようとした。しかし鎌足は深慮し、中大兄皇子に言いきかせた。

「古人大兄皇子は、殿下の兄上、軽皇子は殿下の叔父上であられます。古人大兄皇子がおられるのに殿下が皇位におつきになれば、弟としてつつしみ深くへりくだることにならないでしょう。ここのところはしばらく叔父上を天皇とされ、人々の願望におこたえになるのがよろしいのではないでしょうか」

中大兄皇子は鎌足の意見によろこび、皇極に伝え軽皇子の即位となった。古人大兄皇子は出家して吉野に入り、やがて謀反のかどで殺害される。

飛鳥の槻の樹のもとでの盟約

こうして孝徳天皇は誕生した。しかし、いわば鎌足の裁断による即位である。中大兄皇子に皇位を継承させようとした皇極には不満があった。ただ軽皇子が皇位につくことに異論をなしえなかったのは、中大兄皇子が二十歳で若年であったからであろう。

皇極は皇祖母尊《すめみおやのみこと》とよばれた。中大兄皇子は皇太子の地位にあったが、前例を聖徳太子に求めるならば、単に皇位継承を保証されたというのみではなく、政治の総括的権利も与えられた。このような状況がつくられていくなかで孝徳天皇が十分に指揮権を行使する余裕があったとは思われない。先帝皇極とその皇子中大兄に常に厳しく見つめられていたと想像できる。

左大臣・右大臣と左右の大臣をこのときはじめておいた。左大臣を阿倍内麻呂（倉梯麻呂《くらはしのまろ》）、右大臣を蘇我倉山田石川麻呂とした。前者阿倍内麻呂を任用した理由は明らかではないが、後者蘇我倉山田石川麻呂は乙巳の変で上表文をふるえる声で読みあげた人物である。鎌足は内臣《うちのおみ》に任じられた。内臣の任務についてはは定かではないが、天皇の補佐にあたったのであろう。もともと鎌足は軽皇子の時代から高い評価を与えられてきたので、天皇を支えるにふさわしい役割である。遣隋使の経歴をもつ僧旻《みん》・高向史玄理《たかむくのふひとげんり》を国博士とした。孝徳政権の陣容に、乙巳の変の余燼《よじん》が見られるのはいうまでもないが、孝徳自身はクーデターに関係していない。その点からみて違和感を禁じえなかったであろう。

鎌足と中大兄皇子が出会って蘇我氏追討の意をともに語りあった槻の樹のもとに、天皇・皇祖母尊・皇太子が群臣を召集した。盟曰《ちかい》の儀式がそこでとりおこなわれた。

天と地の神に「天は覆い地は載せる。帝王の道は、ただ一つだけである。しかしながら世が末代となり人心が軽薄となり、君と臣の秩序が失われた。天が私の手を借りて、暴逆を誅滅した。今、ともに心のまことをあらわす。そして今より以後、君主の政治に二つの道はなく、臣は朝廷に二心があってはならない。もしこの盟《ちかい》にそむくならば、天は災いをもたらし、地は定まることなく、鬼が人を殺すであろう。それはまるで日月のように明白である」と誓った。

この儀式の意味は、蘇我氏を誅滅した後、あらためて君と臣の秩序を確認させることにあった。それが飛鳥の槻の樹のもとでなされたのは、槻の樹が神樹であったからにほかならない。この槻の樹は飛鳥のシンボルであり、折にふれて『日本書紀』で語られるのであるが、先にふれたように飛鳥が神聖な場所であることを象徴するランドマークであった。

元号は「大化」と名づけられた。わが国における正式の元号のはじまりである。「大化」という文字に政治の大きな変革の意気ごみが伝わる。かつて『日本書紀』の編者たちが後年に案出した言葉であるという説があったが、そうではなかろう。遣隋使として中国に渡った二人を国博士と任命したのは、東アジアの地政学的な動静を見わたしての布陣であった。

難波長柄豊碕宮と畿内制

当時、隋滅亡後、拡大する唐帝国は高句麗に遠征をくりかえし朝鮮半島全体を併呑《へいどん》する勢いであった。孝徳朝にあっては、国家の体制を構築し、東アジア世界で堅固な国家システムをもつことが緊迫した情勢に対処する戦略であった。この時代に意識された国家のシステムが完成するのが平城京の時代である。あと六十余年もの年月を待たねばならない。

改新の根幹は大化二年（六四六）の改新の詔によるとおおよそ四項目からなった。①子代《こしろ》や屯倉《みやけ》などの私地、私民を廃止する。②京師《けいし》（都）を定め、畿内や国・郡の地方行政制度を設定する。③戸籍・計帳（人民の出生、死亡や課税に関する台帳）をつくり、班田収授《はんでんしゅうじゅ》の法を定める。④従来の力役《りきえき》を廃止し、田の広さに対して課する調《みつき》など、税制の施行基準を定める。以上のような改新の大綱がどの程度まで実施されたかは十分に明らかではないが、のちの律令制の前段階的な法体制を志向していた。

ここでは、京師と畿内の問題について概観しておきたい。孝徳朝の正式の宮は難波長柄豊碕宮《なにわのながらのとよさきのみや》とよばれた。完成したのは白雉《はくち》三年（六五二）であるが、部分的にできあがっていたらしく、前年に天皇は新しい宮にうつっている。

大阪市中央区法円坂《ほうえんざか》一帯の難波宮の発掘は山根徳太郎氏を中心として昭和二十九年（一九五四）からはじまり、その成果として下層の前期難波宮跡と上層の後期難波宮跡が検出された。難波長柄豊碕宮の遺構は前期難波宮跡とする説が有力である。

前期難波宮跡の遺構は、図２―３にみるように朝堂院《ちょうどういん》の北辺に接して東西に八角殿院《はっかくでんいん》が配置されていて、のちの時代の宮にはみられない特色をもつ。宮殿のつくりがすばらしく言葉ではあらわせないと『日本書紀』が記している。おそらく藤原宮のモデルとなったと思われる。皇極の宮に大極殿の存在を推定したが、前期難波宮には、後期難波宮跡で確認されたような大極殿の遺址《いし》はみられない。しかし内裏前殿と発掘担当者が名づけた殿舎の機能については検討を深めてよい。

難波宮が京をともなった宮都であったかどうかは、明らかになっていない。仮に京とよばれる計画都市はつくられなかったとしても、先にあげた改新の詔では京師と畿内とにふれているので、畿内制の施行は現実になされたと思われる。改新の詔には、具体的に畿内の範囲を示す四地点をあげている。東は名墾《なばり》（三重県名張市）の横河《よこかわ》、南は紀伊《きい》の兄山《せのやま》（和歌山県伊都《いと》郡かつらぎ町）、西は赤石《あかし》（兵庫県の旧明石郡、現神戸市）の櫛淵《くしぶち》、北は近江の狭狭波《さざなみ》の合坂山《おうさかやま》（滋賀県大津市逢坂山《おうさかやま》）とする。これら四地

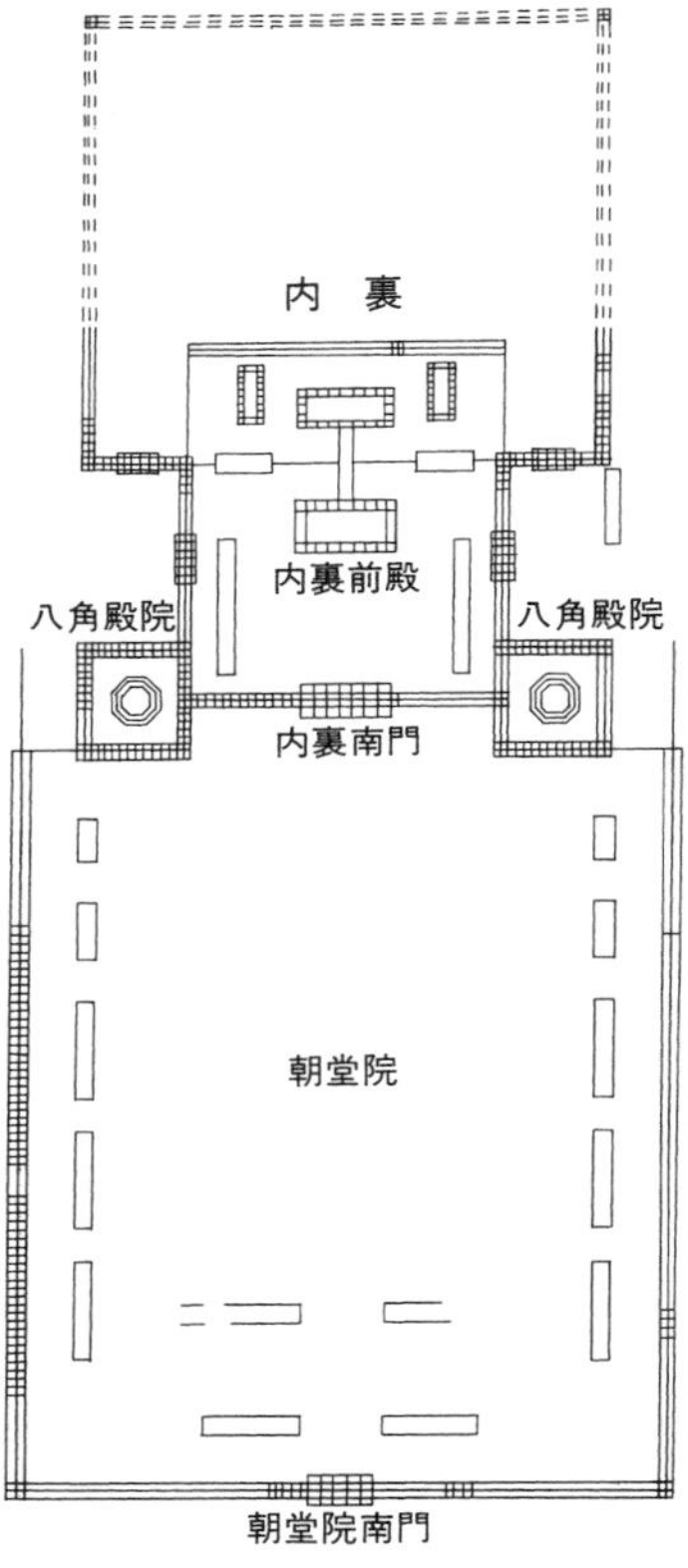

2－3　前期難波宮跡の遺構

点のなかで赤石の櫛淵の場所がこれまで比定できなかったが、神戸市西区の住吉神社のあたりを流れる河川を奇淵《くしぶち》ということが指摘された。他の三ヶ所はその位置がわかっているので、畿内の範囲を限る四地点が特定できた。

この四地点について、これまで交通の要所であるとか、軍事的に重要な地点であるとか論議された。そのような地理的要地については、たしかに考慮しなければならないだろうが、私はむしろその象徴性に注目する。兄山と合坂山は山、名墾の横河と赤石の櫛淵は川である。山と川の組み合わせとみることができる。中国では古来、山と川の祭祀は天の祭祀に通じるとされてきた。とすれば、畿内は「天」を四地点、つまり四至でもって表現したと考えることができる。畿内は天であること、その中枢に存在する京は天をより強く意味するものでなければならない。

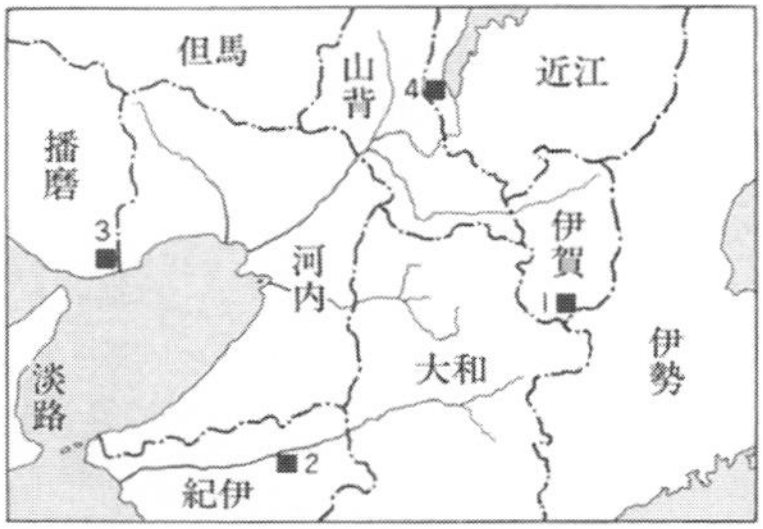

２－４　大化改新の詔の畿内
１名墾の横河　２紀伊の兄山　３赤石の櫛淵
４近江の狭狭波の合坂山

孝徳朝より時代が下がるが、藤原京の時代に平城京に遷都するに際して、元明女帝が平城《なら》の地は四禽図《しきんず》にかなうという一節を詔のなかで述べた。四禽とは四神のことで、東—青竜《せいりゅう》、南—朱雀《すざく》、西—白虎《びゃっこ》、北—玄武《げんぶ》というように四方位と四神が対応する。さらに四神は具体的な地形にも対応する。だから平城京の遷都予定地は、四神の配置が伝説上の図にかなっているという。四神は本来、天空の四方位をつかさどる。中国・前漢の書『淮南子《えなんじ》』の天文訓には、天空の五星として、東方の獣を蒼竜《そうりゆう》、南方を朱鳥《しゆちよう》、中央を黄竜《こうりゆう》、西方を白虎、北方を玄武とする。四神は五行《ごぎよう》思想と関係し、中央を除いて四方に獣を配したものである。だから平城京は四神の配置にかなっているとは、天空世界を前提として語られている。畿内—京を天とみる。

京を天とみなすならば、京の中枢は宮であり、宮もまた天と意識されたことは、『古事記』雄略段で三重《みえ》の采女《うねめ》が歌っている。

ももだる　槻《つき》が枝《え》は　上《ほ》つ枝は　天《あめ》を覆《お》へり　中《なか》つ枝は　東《あずま》を覆へり　下枝《しずえ》は　鄙《ひな》を覆へり

「ももだる」は繁茂したという意味。枝が茂った槻の上の枝は、天を覆い、中ほどの枝は東国を覆い、下の枝は鄙を覆っていると歌う。ここでは、天—東国—鄙という空間の構成を示しているが、天の下に東国と鄙があるという。この場合の鄙は西方の諸国をさすと解されるので、天とは宮のある地域である。だから『万葉集』の枕詞「天離《あまざか》る」は「ひな」（夷《ひな》）にかかるが、この場合の「ひな」は畿内・宮都の地から離れた「ひな」であって「天遠く離れている」という辞典的な理解では真意がとらえにくい。次の万葉歌は「天離る」という枕詞の意味をとらえやすい。柿本人麻呂《かきのもとのひとまろ》作の旅の歌八首のうちの一首。

天離る夷の長道《ながじ》ゆ恋ひ来れば明石の門《と》より大和島見ゆ　（巻三—二五五）

瀬戸内海を西から東へと、長い帰路をふるさとを恋い慕いながらやって来ると、明石海峡の向こうに大和の山々が見えると歌う。都から離れた夷（鄙）、だから「天離る」なのである。畿内制から、「天」としての平城京のルーツを探ってみた。畿内制の生まれた孝徳朝の難波長柄豊碕宮も、平城京の先がけである。難波は、港の地である。難波に宮を営んだのは重要な港湾地域だからであり、平城京の時代にも難波宮がおかれた。発掘によって検出された後期難波宮である。難波津と宮との結びつきは孝徳朝におこり、奈良時代に継承されていった。

孝徳天皇の孤独

白雉四年（六五三）のことである。難波長柄豊碕宮が完成して一年ばかりしかたっていない。皇太子の中大兄皇子が天皇に「願えれば、倭《やまと》の京《みやこ》に遷りたいのですが」と申し出た。天皇は許さなかった。皇太子の突然の進言であったのか、それとも二人の間で議論がなされていたのか、『日本書紀』の記事からは、推しがたい。天皇が倭に遷ることを許可しなかったにもかかわらず、中大兄皇子は、皇祖母《すめみおやの》尊《みこと》（皇極上皇）、間人《はしひと》皇后、そして大海人皇子《おおあまのみこ》らもひきいて、飛鳥河辺行宮《あすかのかわらのかりみや》に住まうことになった。飛鳥河辺行宮を明日香村稲渕の宮殿跡遺跡にあてるには無理がある。そこは飛鳥ではないからである。むしろ石神遺跡を比定するのも一考であろう。

同時に官人らも一行にしたがった。この事件は武力を行使していないからクーデターではないが、体制への反逆である。天皇ははしごをはずされたのである。権力は、手の届かないところに去ってしまった。もはや皇位にとどまれるような状況ではなく、天皇は事態をうらみ、山碕《やまさき》（京都府乙訓《おとくに》郡大《おお》山崎町《やまざきちょう》あるいは大阪府三島郡島本町山崎《しまもとちょうやまざき》）に宮をつくろうとした。隠棲《いんせい》するしか、心の置き場がなかった。

孝徳天皇の皇后間人は、舒明天皇の皇女で母は皇極女帝（宝皇女）である。中大兄皇子は兄で、大海人皇子は弟にあたる。ということは、中大兄皇子がひきいた一行は皇極とその皇子および皇女である。孝徳の皇后は天皇のもとに残らず母や兄弟たちと行動をともにした。その点からみれば皇極の血統上の結束力を感じさせる。

皇極一族の行動は天皇反逆という見方もできないことはないが、天皇の退位を積極的に画策していない。むしろ飛鳥に遷ることが問題の焦点である。そのことが対立の原因である。飛鳥に遷るあるいはもどることを中大兄皇子は考えつつあったし、皇祖母尊との間で綿密な意見の交換があったと思われる。飛鳥に帰らねばならないという、さし迫った動機がなければ、あえて完成した今までにない壮麗な難波の宮を去る理由は見いだしがたい。孝徳天皇のたった一人の息子である有間皇子《ありまのみこ》に皇位継承の可能性があることは、中大兄皇子らの頭の片すみを占めていたであろう。ただ有間の母は、阿倍内麻呂の娘で、孝徳の妃の小足媛《おたらしひめ》。血統からみると、有力な候補者とはいえない。だが、のちにふれるように有間皇子は謀反をおこしているので、本人には皇位は手の届くところにあると思われたらしい。とはいえ、難波から飛鳥にもどる事件は、有間皇子と切りはなしておくのがよい。

切迫する東アジア情勢

難波を去るというよりは去らねばならないというのは、中大兄皇子一人だけの判断なのか、それとも皇祖母尊との協議の結果なのか、想像するしかないが、いずれにしても東アジア情勢をにらんでの戦略的結論であったと私は考える。

先にもふれたが、大化改新の政治的改革は、唐の高句麗遠征が引きおこした地政学的な波紋に対処するために身構えた国家体制のひきしめであった。国家のかたちは、その国家が独自に作りうるものではない。いつの時代でも、いずれの地域でも国家のシステムは、それをとりかこむ他地域の国家の生成と連動する。

唐の第一次高句麗遠征は、乙巳の変の前年六四四年になされた。唐はそのために新羅・百済の兵を徴発し、十万の兵を派遣する。それが事実としたら、怒濤《どとう》のごとき攻撃である。唐が高句麗を足がかりにして朝鮮半島を呑みこまんとした意図がありありとみえる。第二次の遠征は翌年乙巳の変の年六四五年。第三次は六四七年、第四次は六四八年と矢継ぎ早に攻勢をかけるが、高句麗も唐軍を敗退させるなど抵抗をつづける。やがて六六八年に高句麗は滅亡する。一方、新羅は唐に歩みよる政策をとりつづけ、自国の安全を守る姿勢をとった。

そのような唐の動きとそれに対応しなければならなかった朝鮮半島諸国の動揺が、日本に波及すると予測した場合、国家の中枢である都城を難波津においておく危険は当然想定しておかねばならなかった。とにかく難波京を撤退しておくにこしたことはないという判断が中大兄皇子らにあったにちがいない。孝徳はそれを拒否した。

斉明即位——皇極重祚

孝徳天皇は白雉五年（六五四）十月、病死する。飛鳥の皇極一族は難波宮にかけつけ、十二月に大《おお》坂磯長陵《さかのしながのみささぎ》（大阪府南河内郡太子町《たいしちょう》）に葬られた後、中大兄皇子、皇祖母尊らは再び飛鳥にもどる。

孝徳の後、皇太子の中大兄が即位せず、皇祖母であった皇極が再び皇位につく。いわゆる重祚《ちょうそ》で斉明女帝の時代となる。これまで重祚はなかったからよほど熟慮されたかあるいは複雑な事情があったと思われる。東アジア情勢に対する見解の相違が、中大兄皇子らの飛鳥への帰還であると先に述べた。孝徳の外交にしたがうことができないとして飛鳥にもどったということは、政権の時間も大化改新の六四五年にもどったのだ。中大兄皇子側にとって孝徳朝は失われた九年間と認識したのではないか。

振り出しにもどったのであるから、あらためて重祚という前例のない方法をとらざるをえなかった。だからこそ斉明は新しい宮をつくらず、飛鳥板蓋宮《あすかのいたぶきのみや》で正月に即位した。即位の場所が再出発の意志を象徴的にあらわしている。十月に小墾田《おはりだ》に宮をつくろうとしたが、用材が思うように集まらなかったことに加えて冬に飛鳥板蓋宮が火災にあった。とりあえず飛鳥川原宮《あすかのかわらのみや》に遷った。そして翌年、後《のち》飛鳥岡本宮《あすかのおかもとのみや》を造営するに至った。舒明の飛鳥岡本宮の地に、重なるように、後飛鳥宮が建てられたが、考古学の所見にしたがえば、舒明の飛鳥岡本宮の上層に飛鳥板蓋宮がつくられ、それに重なるように後飛鳥岡本宮が建てられたという。さらに天武天皇の飛鳥浄御原宮《あすかのきよみはらのみや》がその後を襲ったという順序である。

飛鳥での斉明は、中大兄皇子の積極的な補佐があったと思われるが、天皇としての権力を発揮し重責を意識した行動をとった。基本的には唐をモデルにした中華主義をとりながら、唐と同等の地位を東アジアで確かなものにしようとするものであった。

蘇我氏によって受容された仏教は、もはや国家宗教の様相を色濃くしつつあったが、皇極の時代には八角形墳を創案したように道教思想に傾倒していった。多武峯《とうのみね》の頂に両槻宮《ふたつきのみや》という「観《たかどの》」をつくったのはもっとも象徴的なものである。『日本書紀』はこの宮を天宮《あまつみや》ともよぶと記している。「観」と称しているのは、道教の寺院を道観ということによるものであろう。さらに天宮とは道教において仙人たちの天上の宮をさす。このことをとりあげても斉明は中国土着の宗教である道教になみなみならぬ関心をいだいていたことがうかがえる。

斉明は吉野にも吉野宮をつくった。吉野は、古来仙人たちの住む神仙郷であるとされてきた。そのことからみると吉野宮も神仙思想と関わる離宮であったとみなしてよい。のちに記すように持統女帝にとって吉野宮は特別な場所であったし、平城京時代の前半には吉野離宮に天皇の行幸があった。飛鳥や藤原京そして平城京が、それだけで都としてあったように思われがちであるが、吉野という聖性をおびた空間と一体化してあったという事実を見落としてはならない。

中華思想と辺境の民

女帝斉明について、「興事《おこしつくること》」を好んだとしばしば語られる。「興事」とは工事の意味であるから、土木作業による大工事を実施したという意味である。その例として『日本書記』があげるのは、奈良盆地の北東部、今日の天理市《てんり》石上《いそのかみ》から飛鳥近くの香具山に至る運河をつくったことである。石上山の石を船で運び、宮の東の山に石を積み垣をつくろうとしたが、不首尾に終わった。このような大工事によって浪費をもたらしたため、「狂心《たぶれごころ》の渠《みぞ》」とそしられた。

斉明朝の国家政策のなかで特筆すべきことは蝦夷《えみし》対策であった。秋田・能代《のしろ》あたりまで兵士を送りこみ服属させ、飛鳥の甘樫丘《あまかしのおか》の東を流れる飛鳥川のほとりに仏教世界の中心にそびえるとされた須弥山《しゅみせん》の石像を立てて蝦夷たちをもてなした。蝦夷のみならずシベリア東部に住んでいたツングース系の粛慎《みしはせ》にまで国家の版図に組みこむために遠征軍を派遣し、やはり飛鳥で饗宴をして接待している。辺境の民を征討してただ服属させればよいというのではない。わざわざ北辺の地から飛鳥によび、そこでもてなす、つまり国家の中心地における文化の高さを見せるとともに、文化が低いと当時思われた辺境の民に手を差しのべるという行為は、中華思想による政治文化なのだ。

このようにまでして倭国が中華世界をつくりあげている事実を唐の皇帝に示したいと斉明女帝が思ったのか、あるいは中大兄皇子の意向であったのかわからないが、斉明天皇五年（六五九）、遣唐使に道奥の蝦夷男女二人を同行させた。このとき、唐の皇帝から蝦夷たちの生活ぶりについて質問があり、それに対して遣唐使が答えた。中華主義の国家のあり方を皇帝に認めさせようとしたのだが、考えれば首肯しがたい行為である。なぜならば中華主義という政治文化のシステムは世界で一つしかありえないからである。この場合、中国を中心とした世界の空間的構造しか、中華思想は意味をもたない。それにもかかわらず、倭国が中華主義を名のろうとするのは、理にかなわない。

だが、これとよく似た政治的状況は以前にもあった。五世紀末の雄略天皇の時代に「天下」を治めるという言葉が同時代ごろの埼玉県行田《ぎょうだ》市の稲荷山《いなりやま》古墳や熊本県玉名《たまな》郡和水町《なごみまち》の江田船山《えたふなやま》古墳から出土した鉄剣銘に刻まれていたこと。あるいは七世紀初頭の遣隋使が「日出ずる国」の「天子」と倭国のことをいい、隋に向かって「日没する国」の「天子」という国書を差し出したのも、天帝から指名された地上の支配者「天子」は世界で唯一であるにもかかわらず二人の「天子」の存在に疑いをもった様子がなかったということを前例としてあげてよいであろう。

国家は、独自に孤立的に形成されることはない。常に周辺地域、関係地域との関係において国家は形づくられる。斉明朝の露骨というべき中華主義の主張もまた、地政学的な国家戦略なのだ。

百済救援軍を指揮する女帝

東アジアの地政学的情勢が緊迫感を増していた。唐が新羅を懐柔しながら連合を組み、百済の領土を眈々《たんたん》とねらっていた。そのようなときに、斉明は心痛におそわれた。斉明天皇四年（六五八）、愛孫が八歳で亡くなった。中大兄皇子と蘇我倉山田石川麻呂の娘、遠智娘《おちのいらつめ》の間に生まれた男の子であ

る。群臣たちに、

「自分の死後、必ず自分の陵に合葬するように」

と詔した。身内の悲しくて辛《つら》い思いとともに、孝徳の唯一の息子有間皇子の謀反事件もおこったが、大事に至らないうちに処理された。

しかし不穏な外交問題も斉明女帝に襲いかかった。斉明六年（六六〇）七月に唐・新羅軍が百済の王城を攻撃し、百済の義滋王《ぎじおう》が唐軍に降《くだ》った。しかしなお百済は再起を図るために、倭国に救援軍の派遣を要請してきた。斉明は「百済を助けないわけにはいかない」と詔して難波宮に行幸し、兵器を備えた。そして瀬戸内を海路にて娜大津《なのおおつ》（福岡市博多区）に向かい、福岡市南区三宅《みやけ》あたりと想定される磐瀬行宮《いわせのかりみや》からさらに筑紫平野の東北、朝倉橘広庭宮《あさくらのたちばなのひろにわのみや》（福岡県朝倉市須川《すがわ》）に落ちついた。女帝みずから陣頭指揮をとろうとする意欲がみなぎっていた。異例の行幸である。

この宮を建設するのに、朝倉社（式内社麻氐良布《まてらふ》神社）の樹木を伐採して宮の土地を開いたので、神の怒りにふれて宮殿を壊し、宮の中に鬼火があらわれた。そのため、天皇の近くに仕えた人々も亡くなったという。ほどなく斉明女帝も死去した。ここで注目したいのは、斉明が飛鳥の宮から九州まで行幸したのは、百済救援軍を差し向けることであったが、朝鮮半島に渡る意図はなかったことである。とはいえ、天皇みずからが九州に拠点を構えるのは異例である。中大兄皇子がすすめたというのではなく、女帝の決断であろう。

中大兄皇子が斉明女帝のなきがらを磐瀬宮に移した夕刻に、朝倉山の上に大笠《おおかさ》を着た鬼が喪の儀を見つめていたので人々は怪しんだという。

天皇のなきがらは海路にて運ばれたが、中大兄皇子は、ある場所で天皇をしのんで歌を口ずさんだ。

君が目の恋しきからに泊《は》てて居《い》てかくや恋ひむも君が目を欲《ほ》り

あなたの目が恋しいばかりに、ここに船をとめてこのようなまでにも恋しいのです。あなたの目を見たいのです。皇子の母を慕う心が詠まれているのはいうまでもないが、やや母親への恋慕の情がすぎはしまいか。この歌一首から天皇と皇太子という母子関係を軽易に解釈してはならないが、通説にいうように斉明朝の政治は、はたして中大兄皇子が主導していたかどうか、疑ってもよい。斉明女帝は中華帝国をつくる国家事業の中に百済も視野に入れていたと考えられる。そうでなければ、九州にまで海路を進む意志をもち合わせなかったであろう。国家戦略が鮮烈に映しだされた時代であった。

第3章　持統天皇──国家の構図を描く

壬申《じんしん》の乱に勝利した大海人皇子《おおあまのみこ》は、天皇位につく。天武《てんむ》天皇であるが、積極的に国家形成を企図し、本格的な宮都の建設、律令の制定、地方支配の試行、新羅《しらぎ》との外交など国家の枢要な事業に取り組む。日本の歴史において、天皇が政治の前面にでてきた時代として特記してよい。しかし、この天武の勢いは病死によって減速し、大津皇子《おおつのみこ》に謀反ありとして自害させ、持統《じとう》女帝の即位、藤原京《ふじわらきょう》遷都に時代は動く。「ヤマトの時代」における天武・持統朝の事績は、国家の構図を具体的に描こうとしたことをあげるべきであろう。天武の時代は、天皇親政による国家観が見えはじめたのだが、持統の即位は、大津皇子を排斥し、草壁皇子《くさかべのみこ》の夭折《ようせつ》を埋め合わせするもので、血統の論理が立ちはだかり、国家として大きな展開はなかった。だが唐という大国に対峙《たいじ》するためにこれまで敵対的であった新羅と同盟を結ぶという国家戦略を選択した。そのため遣唐使は中断するという決断をした。

遠征の皇子と皇女たち

乙巳《いっし》の変のあった六四五年、鸕野讃良皇女《うののさららのひめみこ》、のちの持統《じとう》天皇が産声をあげた。父は天智《てんじ》天皇であるが、当時は中大兄皇子《なかのおおえのみこ》であった。鸕野讃良皇女の生まれた月は定かではないが、父が歴史を転換させる大事件をおこした中心人物であり、その年に生まれた皇女もまたのちに歴史の変動の渦中に身をおくことになる。どうしても宿命的なものを感じざるをえない。鸕野讃良皇女の母は蘇我倉山田石川麻呂《そがのくらやまだいしかわまろ》の娘遠智娘《おちのいらつめ》である。蘇我倉山田石川麻呂は、先に述べたように乙巳の変に際して上表文を声をふるわせながら読みあげた人物である。

鸕野讃良皇女の父と母の結婚それ自体も乙巳の変と関わりをもつ。クーデターをおこすのに際して、中大兄皇子と蘇我倉山田石川麻呂との結束の証《あかし》としての結婚であった。持統女帝の登場まで、なお歳月があるが、政治的動乱の申し子といってよい。

斉明《さいめい》天皇三年（六五七）、叔父の大海人皇子《おおあまのみこ》（のちの天武《てんむ》天皇）のもとに十三歳で嫁した。百済《くだら》救援のために九州に向かった斉明天皇に大海人皇子とともに同行し、天智天皇元年（六六二）に筑紫《つくし》の娜《なの》大津《おおつ》（博多付近）で草壁皇子《くさかべのみこ》を生んだ。この斉明の九州遠征の旅では、鸕野讃良皇女の同母姉で大海人皇子の妃の大田皇女《おおたのひめみこ》が、備前《びぜん》の大伯海《おおくのうみ》を通過するときに大伯皇女《おおくのひめみこ》を生み、娜大津で大津皇子《おおつのみこ》を出産した。このとき、鸕野讃良は、これより後に襲ってくる苦難は、まだ予感すらしていなかっ

3－1　第3章関連系図

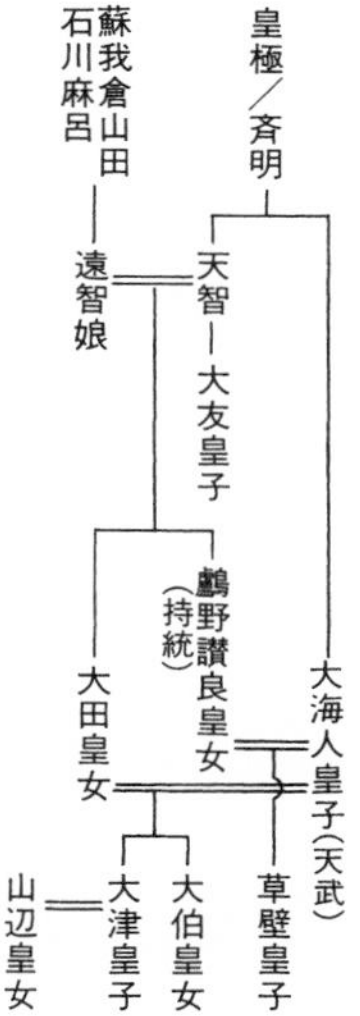

た。

斉明女帝が没したあと中大兄皇子は六六八年に即位するまでの六年間、称制《しょうせい》として、即位せずに政務をつかさどった。中大兄皇子が天皇位にすぐにつかなかったのは、百済復興の救援が斉明天皇の死によって一時的に中断したが、状況は変化したわけではなく緊急を要する事態は続いていたからである。むずかしい東アジア情勢を鸕野讃良皇女は大海人皇子とともに身近に感じとっていたはずである。しかし倭国の主導権は中大兄皇子の掌中にあった。鸕野讃良からみれば父の手腕を見守り、したがうしかなかった。復興を切望する百済からは、舒明《じょめい》朝以来、滞在していた百済王家の余豊璋《よほうしょう》が王統を継ぐために帰還するなどの動きがあったが、結局は新羅《しらぎ》追討の戦略を加速するのが、倭国の最大の目的であった。天智二年（六六三）、上毛野稚子《かみつけののわかこ》らが二万七千人の兵をひきいて新羅に向かった。百済救援のための大遠征は、白村江《はくそんこう》の戦いで唐・新羅の連合軍のもとに大敗する結末となった。

唐からの接近

乙巳の変以来、中大兄皇子の脳裡《のうり》にあった、東アジアにおけるもう一つの中華帝国を建設するという国家構想は、白村江の戦いで大きくぐらついた。対等でありたいと望んだ相手国唐に打倒されたという衝撃を中大兄皇子は身をもって知らされた。

白村江での大敗の翌年、天智天皇三年（六六四）五月、百済を占領するために派遣された唐の武官、劉仁願《りゅうじんがん》が郭務悰《かくむそう》という人物を倭国に遣わした。表函《ふみひつ》と献物《みつき》をたてまつった。表函とは上表文を納めた函《はこ》であり、それとともに献物も持参しているのであるから、敵愾心《てきがいしん》をもっていないと、朝廷側は読んでいたはずである。しかし『善隣国宝記』が引用する『海外国記』によると、朝廷は唐の正式の使節ではないという理由で筑紫にとめおいて、入京を認めなかった。そこで中臣鎌足《なかとみのかまたり》は智祥《ちしょう》という僧侶を筑紫に差し向け、品物を手渡し、饗宴をしてもてなした。

郭務悰が持参した表函に入っていた上表文になんと書かれていたかわからないが、朝廷を責めるような内容ではなかったから、筑紫でもてなしたのであろう。そして朝廷の意向にしたがって、十二月に郭務悰は百済の旧地に帰った。

翌天智四年（六六五）、唐は国劉徳高《こくりゅうとくこう》らを倭国に遣わした。このとき、郭務悰も同行した。使節団は二百五十四人からなり、対馬《つしま》から筑紫に至り、今回も表函をたてまつった。前回同様劉徳高らを饗宴でもてなし、品物を贈って帰らせた。

唐は、百済の占領地から倭国になんらかの働きかけをしたらしい。郭務悰が実質的に折衝の役にあたっていた。いっぽう、中大兄皇子にとっては白村江の大敗から国を立て直さねばならず、憂慮すべきことが山積していた。とりあえず母斉明天皇を埋葬しなければならないことが、心に重くのしかかっていた。天智六年（六六七）二月に斉明女帝と孝徳《こうとく》天皇の皇后である間人《はしひと》皇女とを小市岡《おちのおか》上陵《うえのみささぎ》に合葬した。そして皇女で大海人皇子の妃である大田皇女を斉明陵の前に葬った。斉明陵は宮内庁治定陵ではなく、明日香村越《こし》の牽午子塚《けんごしづか》古墳にあてる説がある。

近江遷都

天智天皇六年（六六七）三月に近江《おうみ》に宮を遷したが、それを願う者は少なかった。なぜ近江に宮を遷したか、その動機については『日本書紀』には書かれていない。通説のようになっているのは、海外からの侵攻を恐れて飛鳥よりも防備上安全な土地を選んだというのであるが、はたしてどうであろうか。柿本人麻呂《かきのもとのひとまろ》は廃都となった近江の都で「……天《そら》にみつ　大和《やまと》を置きて　あをによし　奈良山を越え　いかさまに　思ほしめせか　天離る《あまざか》　夷《ひな》にはあれど　石走る《いわばし》　淡海《おうみ》の国の　楽浪《さざなみ》の　大津宮《おおつのみや》に　天《あめ》の下　知らしめしけむ……」（『万葉集』巻一―二九）と歌っている。人麻呂は「いかさまに思ほしめせか」（なんとお思いなされたのか）と天智が近江遷都した意味を探りかねている。人麻呂が近江に宮が営まれたのを不審に思ったのは、「天離る夷」の地であるからだ。第2章でふれたが、畿内は「天」であり、そこは宮都がおかれるべき地域である。にもかかわらず近江は畿外である。おそらく中大兄皇子も関与したと思われる大化改新の詔にある畿内の北限は近江の合坂山《おうさかやま》（逢坂山《おうさかやま》）と定めているので、大津は畿外の地である。

原則を破ってまでもの宮の移動は、東アジア情勢をにらんでの緊急的な措置であった。なぜ大津なのか。その理由は交通的位置を重視したからと考えられ、淀川《よどがわ》水系によって難波津《なにわづ》と結ぶことができ、一方では琵琶湖《びわこ》水運と北陸《ほくりく》の敦賀《つるが》とも連結できる有利性に着目したためである。物資の輸送あるいは軍団の移動の点からみても、海外からの侵攻によって難波津が使用不可能となっても、敦賀によって日本海のルートは確保できる。

大津宮については、近年大津市錦織《にしこおり》周辺から遺構が検出されつつあるが、全容は明らかになっていない。ただ、斉明女帝の後飛鳥岡本宮《のちのあすかのおかもとのみや》との関連性に注意しておいてよいであろう。

天智天皇の国家構想

天智天皇十年（六七一）六月に百済の三部《みたむら》の使人が要請してきた軍事の件について、天智天皇が意見を述べたという記事が『日本書紀』にあるが、具体的な内容はわからない。しかしこの年、新羅は唐の許しもなく百済の旧領を占拠する挙に出ているので、百済の旧領から倭国に新羅追討の依頼について要請があったらしい。それに対する天智天皇の返答は、拒否に近いものであった。史料にこのころ、倭国が朝鮮半島に遠征軍を派遣したという記録がない。おそらく、これまで唐から任命された百済旧領の武官や官人郭務悰が来航した目的も、旧百済領の防衛を要請するものであったとみてよい。だが倭国の朝廷は明快な答えを返していない。倭国にとって百済旧領を防衛するとなると、新羅に敵対しなければならない。一方で、もし百済旧領に滞在する唐の武官らの申し出を拒むと唐が攻撃を仕かけてくるのではないかという恐れをぬぐいきれなかった。

同年十一月、対馬の役人が筑紫の役所に使者を派遣して、郭務悰ら総計二千人が船四十七隻で、比知嶋《ひちしま》（比定地不詳）に着いたこと、人数も船も多いから、とつぜん倭国に着いたとなれば、防人《さきもり》たちが射かけてくるだろうから同行の唐から帰朝した沙門道久《しゃもんどうく》らをまず遣わして先んじて来朝の意を伝えたいと相手方が言っていると報告した。『日本書記』の天智紀は、これを受ける記事を載せていないが、翌月天智の崩御を記録している。

郭務悰がそのまま筑紫に滞在していたことは『日本書紀』天武元年（六七二）の記事からうかがえる。朝廷は使者を筑紫に遣わし、天皇の死を郭務悰に伝えた。郭務悰は深く悲しみ悼み、数日後に書《ふみ》函《ばこ》と信物《くにつもの》を献上した。書函には、唐皇帝の国書が納めてあったらしく、『善隣国宝記』の引く元永《げんえい》元年（一一一八）四月二十七日「菅原在良《すがわらのありよし》勘文」に、書函の題に「大唐皇帝敬問㆓倭王㆒書」とあったという。朝廷は郭務悰に数々の品を与えるが、引きつれてきた二千人のことについては『日本書紀』は何もふれていない。想像する以外にないが、白村江の戦いにおける捕虜を連れもどしたのであろう。少なくともいえることは、唐が倭国を占領するために派遣した軍勢ではないことである。郭務悰と朝廷の関係はおだやかであった。

白村江の戦いは、倭国がはじめて体験した試練の海戦であった。これまでは朝鮮半島の諸国との外交に関わってきたが、大国唐の戦力に片鱗《へんりん》といえども接し、唐という国家の威力を肌で感じた。白村江の戦いの後、対馬、壱岐《いき》、筑紫に防人と烽《のろし》を配置し、大宰府《だざいふ》建設の一環として水城《みずき》という大堤を建造、あるいは大宰府の北と南に大野城《おおのじょう》・椽城《きじょう》を築いたり、さらに大和の高安城《たかやすじょう》、讃岐《さぬき》の屋嶋城《やしまじょう》、対馬の金田城《かなたじょう》を造るなどの軍事施設の設置は、これまでみてきた経緯から推測すれば唐に対する防衛戦略であったと思われる。

中大兄皇子の国家構想は軍事体制を中核にすえるものではなかった。それは大化改新の詔からうかがえる。唐を中心とする東アジアのなかで律令的な法治主義を根幹に配した整備をめざした。基本は国家のソフトウエアの確立であった。近江令《おうみりょう》とよばれる法典の編纂については疑問視する諸説もあるが、庚午年籍《こうごねんじゃく》という全国的規模にわたる最初の戸籍の作成などに具体例をみることができる。

白村江の戦いよりこの方、対外的な軍事に多大なエネルギーを費やさなければならなかったのは、天智天皇にとって不幸であった。その天智の不幸な時代をかなり詳しく記したのは、ほかでもない母親である女帝斉明の遺産を相続した点を示すためであった。

やはり国家は周辺地域の地政学的な動きのなかで、連動しながら作られていくことがここでも確認できる。国家は不安定な、相対的な存在なのだ。だからどうしても国家戦略を念頭におかねばならない。

漢帝国憧憬

天智天皇の死を待つかのように、吉野で情勢をうかがっていた大海人皇子は皇位の座をかけて反旗をひるがえした。いわゆる壬申《じんしん》の乱である。この乱の経緯を細かく記す必要はないであろう。この乱は、皇太子である大海人皇子が皇位を継承する権利を主張する戦いであった。大海人皇子は近江大津宮で鸕野讃良《うののさらら》とともに天智天皇をとりまく内政・外政を一部始終見つめていたし、皇太弟として大海人皇子は政権のなかで重きをなしていた。にもかかわらず天智は長子大友皇子《おおとものみこ》を太政大臣《だいじょうだいじん》に任じ大海人皇子の実権を実質的に弱めてしまった。このような政権内部における後継者をめぐる争いでおこった乱は、国家の方向を決めるような政治上の高度な認識を問うものではなかった。

大化改新以来、倭国は体系的な法治国家を形づくる方向に動いていた。その原動力は皇極《こうぎょく》（斉明）と中大兄皇子とそして中臣（藤原）鎌足であり、天智朝に成立したかどうかについては諸説があるが、近江令の成立が構想されたのもそのひとつである。そのような国家体制の成立に向かう動きが、壬申の乱に勝利した天武天皇にも継承されたのは一つの流れであった。

天武天皇にとってその権威を高めるのに有利だったのは、壬申の乱によって有力な豪族の勢力が弱体化したことであった。大化改新までの蘇我氏のような巨大な氏族による圧力から解放された。そのような政治的環境からみれば、天皇が絶大な権力を掌握できた時代であった。藤原京の時代の後半から藤原氏が外戚として実権をふりかざすまでの間の「天皇の時代」であった。長い日本の歴史をふりかえってみて、天皇が真の意味で最高権力者として、権力をふるえた時代は、天智から天武そして続いて登場する持統女帝の時代だけではなかったか。この時代には、天皇親政で皇后が輔弼《ほひつ》する体制をとった。その他の時代では、天皇は権力の中心的位置を占めるかのようにまつりあげられたが、実質的な権力は別のところにあった。

天武天皇は、自由に政治的権力を行使できる立場を確保した。先帝の天智天皇のように外政に多くの時間を割く必要がなかったことも幸いした。

天武の国家構想も、先にふれたように「律令」を中心にすえるものであったが、何よりも天武の心をみなぎらせたのは、みずからを漢の皇帝武帝《ぶてい》になぞらえて帝王として国家を統治することにあった。『古事記』の序に、壬申の乱のさい、武帝にならって赤い旗（絳旗《こうき》）をひるがえしたとある。この国の憧憬《しょうけい》は海のかなたの漢帝国であったらしい。天皇のおくり名に神武《じんむ》・天武・文武《もんむ》・聖武《しょうむ》・桓武《かんむ》というように「武」を用いる事例があり、雄略《ゆうりやく》もまた「武」とよばれたのもその一例だろう。

七世紀後半の天武の時代にあって、紀元前後の漢帝国は巨大な中央集権国家のイメージのみ伝わっていたと思われる。そのイメージに唐の律令体制を重ね合わせるというのが、天武の描いた国家像であった。

律令と国家空間

中央集権国家を確立していくための中枢空間として、すでにふれたように大化改新の詔には畿内と京師についで述べられていた。それがより制度的に固まってくるのは天武朝である。例えば天武天皇五年（六七六）に王卿《おうけい》らを「京および畿内」に派遣して、個人所有の武器を調査させたと、あるいは同六年に、日でりのため「京および畿内」で雨乞いをしたなどとある。このように「京」と「畿内」が行政区画として確立していたことが知られる。

『日本書紀』天武十年（六八一）条に「朕《われ》、今より更《また》律令を定め、法式を改めむと欲《おも》ふ」とあり、いわゆる飛鳥浄御原令《あすかきよみはらりょう》の編纂が開始された。持統天皇三年（六八九）条に、諸司に令一部二十二巻をわかつとあるので、この記事にしたがえば飛鳥浄御原令は完成していたことになるのだが、条文の内容が伝わらない。ただ、『続日本紀』大宝《たいほう》元年（七〇一）八月条に、大宝律令完成に関する記事のなかで、「大略浄御原朝庭（浄御原令のこと）を以て准正《じゅんせい》となす」とあり、「准正となす」は基本としたという意味であるので、この文による限り浄御原令が施行されていたことになる。

持統朝に飛鳥浄御原令が施行されたとすれば、天武朝は律令制定の準備的作業がなされた時期と位置づけてよい。皇子・諸王・諸臣の土地を収公し、あるいは官人登用法の制定など法体系が整備されていった。天武天皇の意中にあった大事業は宮都の建設であった。即位したのは、飛鳥浄御原宮《あすかのきよみはらのみや》であったが、さらに本格的な中国式都城つくり中国を中心とする東アジア世界の一員である体裁をよそおわねばならなかった。宮都（都城）は国内に向けては朝廷の権威を表現する空間として、国外に対しては国家の威信を誇示する空間として存在しなければならなかった。

天武朝は遣唐使の派遣が中断された時代である。天智天皇八年（六六九）に、河内鯨《かわちのくじら》らを遣唐使として派遣して以来、大宝二年（七〇二）に粟田真人《あわたのまひと》らの遣唐使が出発するまでの間、遣唐使は中断した。その間、遣新羅使による外交が重点的になされた。唐との国交を中断したのは、唐からの侵攻を恐れた新羅が同盟を求めたからである。その間、天武は東アジア世界に伍することができるように本格的な宮都をつくらねばならなかった。天武十二年（六八三）に、「都城や宮室は一ヶ所に限ることなく、必ず二、三つくるべきである。それゆえ、まず難波に都をつくりたい。官人たちは、それぞれ難波におもむき、家の土地を賜るようにせよ」という詔があった。都城・宮室を二、三ヶ所つくるとは、唐の長安と洛陽《らくよう》の二つの都城のあり方を念頭においたものであろう。そしてまず難波をつくろうというのであるから、孝徳朝の難波長柄豊碕宮《なにわのながらのとよさきのみや》を整備したと思われる。しかし、この難波宮は朱鳥《しゅちょう》元年（六八六）正月、火災にあう。その後も難波宮に文武・元正《げんしょう》天皇の行幸があったので、宮として存在しつづけたようではあるが、本格的な再建は、聖武朝まで待たねばならなかった。

藤原京のモデルは

天武のもっとも大きなプロジェクトは、大和三山をとりこんだ藤原京（新益京《あらましのみやこ》）の造営であった。藤原京の平面形をどのようなものにするか、関係者たちは構想を練ったが、私は新羅の慶州《けいしゅう》との関連を想定している。天武朝では遣唐使は中断され、遣新羅使が派遣されているからである。

新羅文武王《ぶんぶおう》十九年（六七九）に慶州の坊里制度が整備されたとみられている。図3―2に示すように基盤目状に区画された王城であるが、それぞれのマス目は正方形であり、もともと南に位置して王宮のあった月城《げつじょう》の北に、北宮というもう一つの王宮をつくったことが特徴である。城東洞《じょうとうどう》遺跡がそれにあたるが、統一新羅として朝鮮半島全域をほぼ版図とし、中国の都城にならって王京の北に王宮を配置したものであろう。

そのころ、天武朝の三回目の遣新羅使が天武天皇十年（六八一）七月に派遣される。大使は采女竹《うねめのちく》羅《ら》（筑羅）で、早々と九月に帰朝した。采女竹羅と三野王《みののおおきみ》（弥努王）は、天武十三年（六八四）に信《しな》

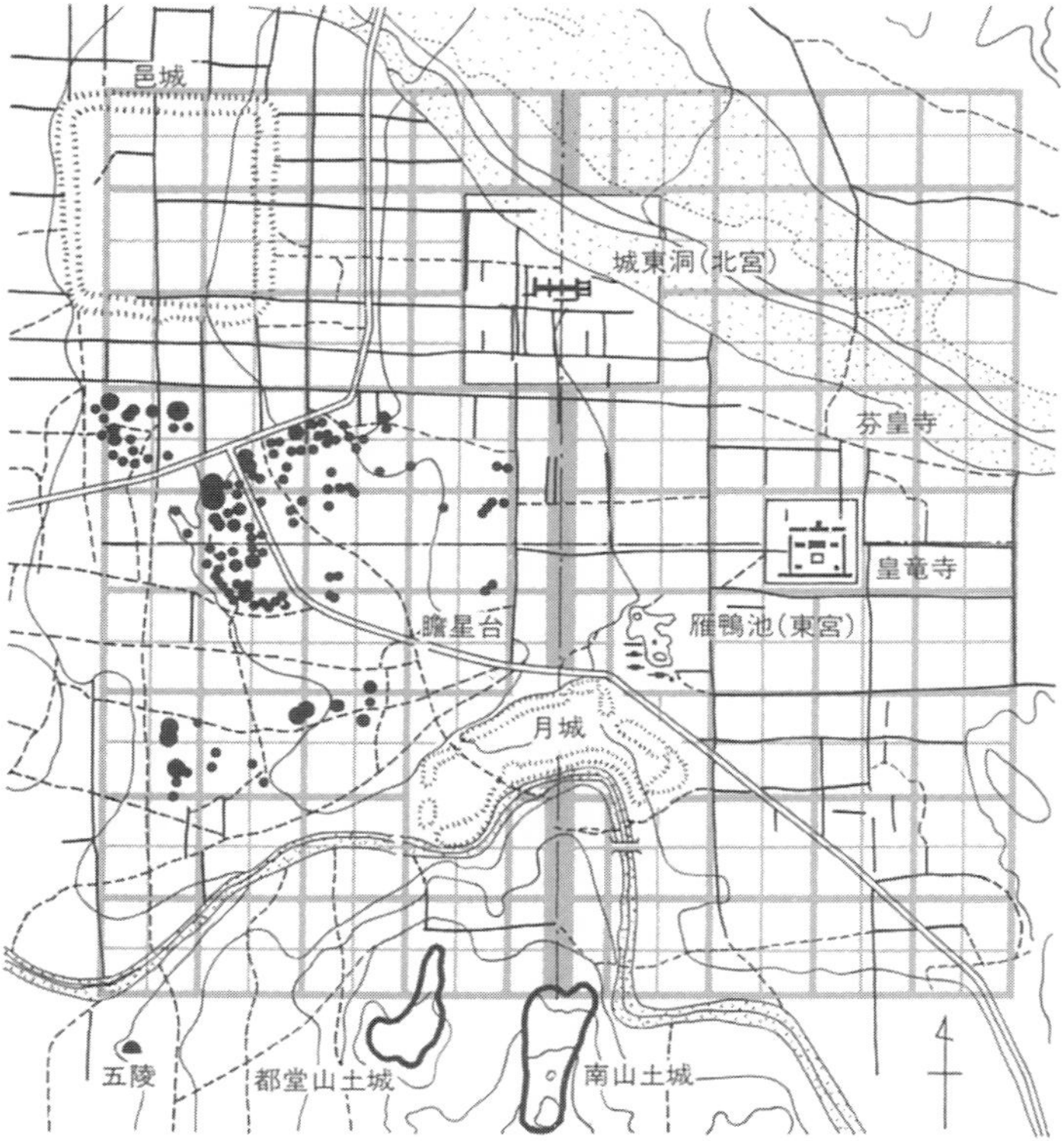

3－2　新羅・慶州の復元案（東潮・田中俊明による）

濃《の》に地形を視察するために遣わされている。何のために地形をみたか不明であるので『日本書紀』には、「是の地に都をつくらむとするか」という疑問を付している。地形をみることは、重要な建築物をつくるためと考えられる。地形とは、今日のわれわれが使う土地の形状のことではなく、当時の言葉でいう「地理」（近年よく耳にする「風水」の意味である。しかし「風水」という用語は古代の史料にでないので、むやみに使用すべきではないと思われる）である。『日本書紀』の編者が都造営によるものかと思ったのは無理もないが、ただなぜ信濃の地に宮をつくらねばならなかったか、その意図がつかめない。それはともかく、采女竹羅が遣新羅使として派遣され、帰国後宮都の地形を視察するために信濃に行ったらしいとあるならば、采女竹羅の新羅行の目的は慶州の王京についての情報をえることであったと想定できる。竹羅とともに信濃に出向いた三野王は天武十一年（六八二）に新城《にいき》（新しい都城の地の意味。固有名詞ではない）に、都づくりのための地形をみるために遣わされている。ということは、竹羅も三野王も新しい宮都造営の任務を課せられていたと思われ、竹羅が視察した慶州が、新しい宮都のモデルになったことはありうる。

慶州が北宮を建設したように、天武は宮都の地としては狭い飛鳥から外に出なければならないと考えた。それが複都制の宣言であった。とりあえず孝徳朝の難波長柄豊碕宮を整備し、主たる都を飛鳥の近くにつくろうとした。宮地をめぐり宮都の建設はやや手間どった。その間に、天武は病死し、その遺志は皇后鸕野讃良にひきつがれた。都の通称は藤原京というが、正式名は新益京《あらましのみやこ》である。新しく飛鳥の外に広げた都という意味と解してよい。『日本書紀』天武十三年(六八四)三月に、天皇は京師を巡行し宮室の地を定めたとある。この時点で藤原宮の場所が決定された。その二年後に天武は没しているので、みずから描いた藤原京の構想が実現するのを知らないまま、皇后にその後を託してこの世を去った。

天武が二、三の都をつくるべきだとする詔をしたのは天武十二年(六八三)十二月であるから、二年も経ないで宮地を決めているのだが、宮地の外に広がる京域、つまり新益京の地鎮祭は、持統天皇五年(六九一)十月に行われた。そのときのものかどうかはわからないが、近年宮殿付近から地鎮具が出土した。宮の場所の決定から京域の着工まで八年近くの年月が経過している。このような年月の差はどうして生じたのだろうか。おそらく京域予定地の土地条件がよくなかったので、改良しなければならなかったからではないかと思われる。そのことは次の万葉歌からうかがえる。

壬申の年の乱の平定しぬる以後《のち》の歌二首

大君は神にし坐《ま》せば赤駒《あかごま》の葡匐《はらば》ふ田井《たい》を都となしつ　(巻十九―四二六〇)

大君は神にし坐《ま》せば水鳥の多集《すだ》く水沼《みぬま》を都となしつ　(同四二六一)

右の二首の歌は、壬申の乱のあと作られたので、かつては天武が即位した飛鳥浄御原のことを詠んだとされていたが、岸俊男氏は藤原京の造営に関する歌であろうとした（『日本の古代宮都』岩波書店、一九九三年）。一首目は赤駒が這《は》って歩くほどぬかるんでいる田を都とした、二首目も水鳥の集まる沼沢の地を都としたという意味で、藤原京の場所はかなり湿地状であった。そこを都とした天武をたたえる歌である。周辺の小字名の調査でも「フケ」という湿地を示す地名が少なからずあると指摘されている（『藤原宮』奈良県教育委員会、一九六九年）。宮地の選定から京域の整備、着工までに年月を要したのは、やはり湿地を改良する工事が難航したためであろう。

吉野の誓いという論理

藤原京建設途上、朱鳥元年（六八六）九月、天武が死去すると同時に皇后鸕野讃良が、皇位につかないで政務をとる称制をしいた。天武の後継は、皇后との間に生まれた草壁皇子《くさかべのみこ》であったはずである。しかしながら母が称制をしいたのは、草壁が病床にあったからだと思われる。その動揺する朝廷に対して大津皇子《おおつのみこ》が企てた謀反が発覚し、自害に追いやられる。大津皇子の父は天武天皇だが母は天智天皇の娘である大田皇女である。生母が天武の皇后でなかったため、天武の十人の皇子のなかで序列は第二位であった。大津のすぐれた才覚をたたえる史料はいくつかある。例えば『日本書紀』では、「詩賦《しふ》の興《おこり》、大津より始れり」とあり、大津の文才を評価している。奈良時代に編まれた漢詩集『懐《かい》風藻《ふうそう》』には大津の人物像と謀反の動機などを次のように綴っている。

皇子は天武天皇の長子（『日本書紀』は第三子とする）である。身体・容貌《ようぼう》大にして度量も大きくすぐれていた。幼少のころより学問を好み、知識が博《ひろ》く文を書いた。成長するにしたがって、武を好み、力強く剣を使った。性格はとらわれることなく、規則などにしばられることもなく、人々に礼をもって接した。そのため多くの人が皇子を慕った。この時代に新羅の僧行心《ぎようしん》という人物がいた。天文や占いをよく理解した。行心は皇子に「皇子の骨相は、人臣の位のものではございません。これからも永く下の位にいたらおそらく身を全うすることはできないでしょう」と言った。そこで皇子は謀反の挙に出た。僧の言葉にまどわされて道にはずれたことをした。ああ、惜しいことよ。このようなすぐれた才能をもちながらも、忠孝の道を守ることができず身を保つことができなかった。悪い小僧《しようそう》に近づいて、ついに死罪となり一生を終えてしまった。昔の人が他人との交遊を慎んだ心は、このことから考えても深い意味がある。時に二十四歳であった。

大津皇子の舎《いえ》は、訳語田《おさだ》にあった。今の桜井市戒重で、敏達天皇の訳語田幸玉宮《おさだのさきたまのみや》の位置と関連するかもしれない。大津の死の後をおって妃の皇女山辺《やまのべ》が殉死した。

病弱の草壁が天皇位につけそうにないならば、持統は大津を殺さねばならない理由がないと思ってしまう。だが、持統には大津を殺さねばならない論理をもち出した。

天武天皇八年（六七九）五月五日に、吉野宮で、天皇は皇后および草壁皇子・大津皇子・高市皇子《たけちのみこ》・河嶋皇子《かわしまのみこ》・忍壁皇子《おさかべのみこ》・施基皇子《しきのみこ》に向かって「朕《われ》は、おまえたちとこの場で、誓いを立てて、千年の後も事がないようにしたいが、どうか」と詔をした。皇子たちは、一緒に「ごもっともでございます」と答えた。そこで草壁皇子が誓うために進み出て「天神地祇と天皇、はっきりとおわかり下さい。私たち兄弟は長幼を合わせて十人余の皇子がおりますが、母親が異なります。しかし母親が異なろうと、ともに天皇のお言葉にしたがって、お互いに助けあって争いをいたしません。もし、今後、この誓いを守らないならば、命が亡くなり、子孫が絶えてしまうでしょう。決して忘れず、誤ることはございません」と申し上げた。他の五人の皇子たちも続いて誓いを立てた。その後に天皇は「自分の息子たちは、母親が異なる。だが、今後は一人の母から生まれた兄弟のように、いつくしもう」と言った。吉野で天武天皇と皇后鸕野讃良そして六人の皇子たちが互いに争うことのないようにと誓い合った。天武血統の秩序を確認した一種の儀式である。にもかかわらず大津皇子はそれにそむいた。持統は吉野での誓いに反する行為として大津皇子を殺してもよいという論理を適用したのである。

女帝持統即位と藤原京

草壁皇子は大津皇子自害の後、二年半ばかりの後、没した。その翌年持統天皇四年（六九〇）、飛鳥浄御原宮で皇后鸕野讃良皇女は即位する。

即位の二年前に天武天皇を檜隈大内陵《ひのくまのおおうちのみささぎ》に葬った。今日の明日香村の野口《のぐち》王墓がこれにあたることはまちがいない。平面形が八角形であるのは、明らかに道教の宇宙観を表現している。大内陵の大内は大内裏の意味で、まさに死後の宇宙王の宮殿である。天武の和風おくり名は天渟中原瀛真人《あまのぬなはらおきのまひと》であったが、「瀛」は中国の東海のかなたにある架空の島瀛州《えいしゅう》からとったもので「真人」は仙人の最高位をいう。道教に傾倒していた天武にふさわしい陵に葬られたが、後年持統もこの陵に合葬される。
即位の前年六月には、浄御原令一部二十二巻を公布した。その二ヶ月前に草壁皇子が没している。このことが持統に即位を決断させた理由であろう。『日本書紀』による限り、持統女帝は、みずから国家の方針を大局的に考えたとは思えない。天武と結婚以来、壬申の乱など行動をともにしてきた持統にとっては、天武の夢を実現することがみずからの夢であった。なかでも大きな夢は藤原京（新益京）の建設であった。

藤原京の規模については、これまでいくつかの試案が示されてきた。例えば、岸俊男氏は東京極《ひがしきょうごく》を中《なか》ツ道《みち》、西京極を下《しも》ツ道《みち》、北京極を横大路《よこおおじ》（のちの伊勢《いせ》街道）、南京極を上《かみ》ツ道《みち》が屈曲して東西道となる山田道《やまだみち》の一部をもって復元した（前掲『藤原宮』）。まことに納得のいく京域で、断案とさえ思えた。しかしその後、岸説藤原京域の外側から京の大路や小路に相当する道跡遺構が発掘調査で検出され、藤原京の面積は平城京に匹敵するか、それよりもやや大きいのではないかという見解が出され、大藤原京というような呼び方もされるようになった。そのような経緯をみていると、考古学調査による実証力の強さをひしひしと感じさせる。

大藤原京の復元についても諸説があるが、今のところ安定した説として小澤毅氏の案を紹介しておきたい（『日本古代宮都構造の研究』青木書店、二〇〇三年）。詳細な説明は割愛するとして図3—3のように十条×十坊（十里四方）の正方形をなす。一つの碁盤目つまり街区を坊とよぶが、十条×十坊で坊数百となる。大宝令（大宝二年〈七〇二〉に公布）の職員令の規定によると、坊令《ぼうれい》という一人の役人が四坊（四つの街区）を管轄し左京と右京各十二人とある。だから単純に計算すると四（坊）×十二（人）×二（左京と右京）＝九十六坊となる。ところが図に示されるように宮域の部分は四坊分を占めているので、小澤氏の復元案である百坊（坊＝街区）から四坊分を差しひくと九十六坊となり、坊令上の規定に合致する。しかし、この案は大宝令の規定がさかのぼって藤原宮造営時にもあったことを前提としなければならない。

一方、宮は、香久山《かぐやま》、耳成山《みみなしやま》、畝傍山《うねびやま》を周囲に配するようにつくられ、京域の中央に位置する。小澤氏の試案は発掘によって確認された道路遺構にしたがったもので、大筋において認められてよい。ところが、宮域を京の中央につくった事例は、この時代前後において中国の都城には見あたらない。そこでもちだされるのは、中国漢代に成立した、周代の官制を記す『周礼《しゅらい》』考工記《こうこうき》の記事とそれにともなう解釈である。それによると、都城の中央に宮をおくという理想都市の思想が記されている。だから藤原京における藤原宮の位置は『周礼』によったとする。

『周礼』については、岸俊男氏が大宝令の学令に大学寮の教科書として鄭玄《じょうげん》注の『周礼』が指定されていたと述べている（「日本の宮都と中国の都城」上田正昭編『都城』社会思想社、一九七六年）。だから大宝令施行よりも以前であるが藤原京建設のときに、『周礼』の理想都市の知識が造営にあたった人々には共有されていた可能性はある。しかし宮が藤原京中央につくられたという問題は、右のよう

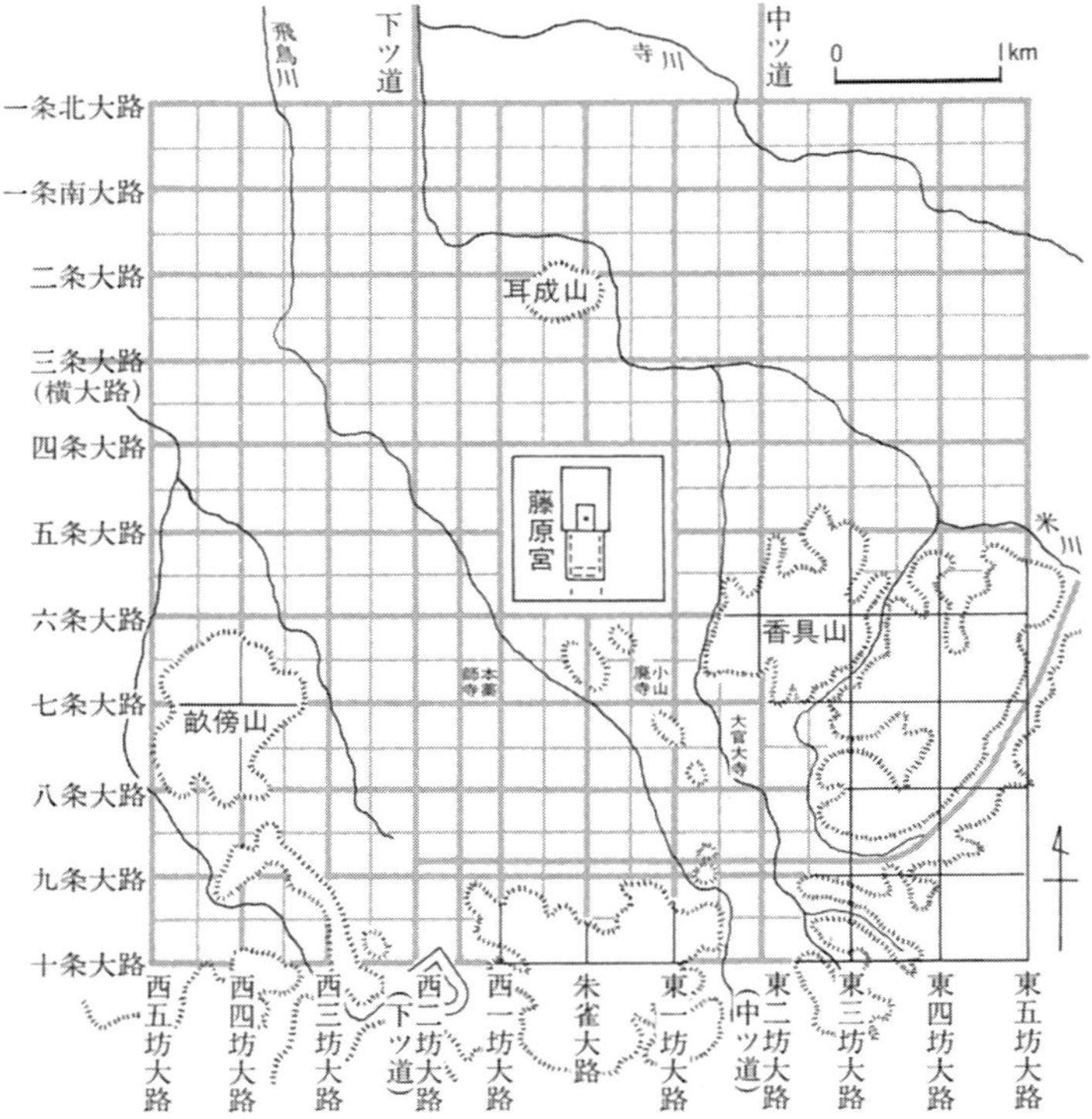

3－3　藤原京プラン（小澤毅による）

に簡単に解釈してよいか、なお検討を要する。

藤原京の三山

天武天皇にとってもっとも関心があったのは、大和三山をとりこむような方法で宮をつくることであった。

三山の位置と関係づけながら藤原宮の位置を決めたと思われる。まず宮の南北の中軸線は、すでに遅くとも壬申の乱の時代には通じていた中ツ道と下ツ道の間の中心線とすることが定められた。そこで宮の中枢にあたる大極殿の位置を決めねばならない。偶然といってよいが、三山の頂上を頂点とする三角形を測量し、それぞれの頂点から垂直に向かいあう辺に垂直線をおろすと垂心ができるが、その垂心が中ツ道と下ツ道の間の中心線上にのった。そこを大極殿の中心点とすることになったのではないか。私はかつてそのような見方を報告したことがある。このような地図上の「遊び」は私以外の人もやっていると思われるが、あまりにも偶然性が強く、頭から否定する人も多い。そのため、三山からなる三角形の垂心という考え方はわきにおくとして、建設の順序からいうとまず宮域を設定しなければならない。

図のように宮域が二町四方の範囲であったことは、発掘調査で周囲にめぐらされていた溝などによって確認されている。そこで、小澤案のように十条×十坊という京域の広さが計画された場合、三山さえ京域内に入ればよいとすれば、北の京極が耳成山の北側ぎりぎりのところでもよいということになる。ところが、そのようにすると南の京極は、復元案の十条大路よりも南にもってこなくてはならない。しかし十条大路より南は丘陵地形で、とても京内を区画する大路を走らせるのは不可能である。それならばということで右にみたような条件を考慮して北京極を耳成山より約二町分北に設定し、南から北にのびる丘陵の低くなったあたりに南京極を計画した。西と東の京極は地形的に十坊分をとって決めることができるので、全体的にバランスがとれた構図をとるということで、宮を京域の中央におくことにしたとも考えられよう。とすれば、『周礼』の理想都市に範を求めねばならないこともなかろう、と私は考えるのだが、日本の都城研究というのはどうしても、どこかにモデルがあり、それを模倣したという考えに立たねばおさまらないという慣習のようなものがある。

先に、藤原京が新羅慶州の影響を受けた可能性について述べた。それを想定させるのは坊（街区）の形が正方形であることだ。唐の長安や洛陽城をモデルにしたとは考えにくい。

さて、小澤氏の安定した復元案のなかで気がかりなのは、南京極にあたる十条大路のところが丘陵地形であるので、京への入口にあたる羅城門《らじようもん》がのちにみる平城京のように設けることができたかどうかである。そのようなことも含めて藤原京の京域については精査すべき課題が残っている。

藤原宮は大和三山に囲まれるようにつくられたが、それは天武天皇の意とするところであった。前にもおくり名について記したように天武は道教に傾倒していた。『日本書紀』には遁甲《とんこう》の術をしたとあるが、これは人に気づかれずに姿をくらます術で道教の周辺にある呪術の一つである。また式《ちく》（道教で使用される占いの道具。磁針と方位盤などからなる）もあやつったという。その道教を構成する一つの要素に神仙思想がある。不老長生の仙人をめざすものであるが、中国の東海（山東《さんとう》半島の東方の沖あい）に仙人が住んでいる三つの島、つまり三神山があるとされた。その島は蓬萊《ほうらい》・瀛州《えいしゅう》・方丈《ほうじょう》とよばれたが、瀛州の「瀛」が天武の和風おくり名に用いられたことはすでに述べた。藤原京の三山は、三神山に見立てたと考えてよいであろう。その根拠として、香具山を詠んだ万葉歌に「天降《あも》りつく天《あま》の芳来山《かぐやま》　霞《かすみ》立つ……」（巻三―二五七）と、香具山に「芳来山」という漢字をあてている点である。香具山が芳来山＝蓬萊山であるならば、他の二つの山が瀛州と方丈とみなされたと思われる。

大和三山を神仙思想の三神山と見立てた藤原宮そして藤原京は、まさしく永遠の都でなければならなかった。万葉歌の「藤原宮の御井《みい》の歌」（巻一―五二）では、「……水こそは　常《とこし》へにあらめ　御井の清水《ましみず》」と宮の井戸の水が涸《か》れないように、宮もまた永遠に栄えることを祈った。しかし藤原京はわずか十六年で廃都となる運命をたどる。

持統女帝の吉野行幸

持統女帝の藤原京遷都は、持統天皇八年（六九四）十二月である。『日本書紀』には新益京（藤原京）遷都のような表現をしていない。「藤原宮に遷《うつ》り居《おわ》します」とあるので、宮は完成したらしいが、京ができあがるには、さらに年月がかかる。だから持統が宮を飛鳥から藤原宮にうつした時点で藤原京は建設途上であった。

藤原宮は北から内裏、大極殿院、朝堂院がならぶ構成をなしている。「院」とは、垣の意味で、垣で囲まれた区画をさす。内裏は原則的に天皇の日常的な居所である。大極殿院とは、大極殿のある区画のことをいう。大極殿の原義に関しては、すでに皇極紀の乙巳の変のくだりでふれたが、一般的には即位、朝賀などの儀式の場で、そのたびに天皇が出御する。朝堂については、天皇が大極殿に出てくる儀式に際して、高位の官人が参集してその儀式に参列する場所とみられていたが、岸俊男氏によれば、本来各役所の政務がなされた、いわゆる朝政の場であったという。

持統女帝は藤原宮に移ったが、なおも藤原京は建設途上であった。天武の遺志を継いだ国家の大プロジェクトを完成させることが、持統女帝の責務ではあったが、みずから国づくりには手をそめることはなかった。

しかし持統の行動のなかでユニークなのは、ひんぱんに吉野に行幸したことである。なぜ持統が吉野に出かけたか、その謎は解けていない。称制の時代から天皇の時代に三十一回、そして譲位後も一回吉野を訪れている。だが『日本書紀』の天皇の吉野行幸についての記述は、そっけない。例えば持統九年（六九五）には閏《うるう》二月八日「吉野宮に幸《いでま》す」、同二月十五日「車駕《すめらみこと》、宮（藤原宮）に還りたまふ」、あるいは同年十二月五日「吉野宮に幸す」といったような書き方で、吉野行幸の目的はまったく知ることができない。

持統女帝の吉野行幸は特定の目的に限定されるのではなく、それぞれの機会に女帝の内面を神仙郷吉野でみずから見つめるためであったのではないだろうか。吉野の風景は持統にとって重い意味をもつ。近江の大津宮の天智天皇のもとを夫の大海人皇子とともに辞去し吉野へとひたすら進み、天智天皇の死を待って大津宮の大友皇子に対して宣戦を布告した。また壬申の乱の勝利の後、天武天皇や異腹の皇子たちとここ吉野で団結の誓いをした。なつかしいというよりは重大な決意の瞬間を刻みこんだ土地である。ひんぱんにその土地を訪れた持統女帝から何を想像すればよいのだろうか。推古《すいこ》や皇極（斉明）同様、巫女的な性格がうかびあがってくる。私には吉野の自然と感応する女帝持統の姿を想像することができる。壬申の乱、天武天皇の即位と病死、大津皇子の謀反、草壁皇子の死、藤原京の造営とめまぐるしく転回する身辺の出来事によって、女帝持統の肩にのしかかる重荷からくる苦悩を断ち切るための吉野行であったと思われる。

女帝持統は皇后の時代よりこの方、国家という重い荷を背負わねばならなかったのだ。

第4章　元明・元正天皇——血統と遷都

藤原京《ふじわらきょう》の二代目、文武《もんむ》天皇は、草壁皇子《くさかべのみこ》の第二子である。文武の功績のように思われがちなのは、「大宝律令《たいほうりつりょう》」の制定である。たしかに「ヤマトの時代」において、本格的な律令が完成し、施行された。中央集権的な法治国家の枠組みがつくられたのだ。その点では、日本の政治史における大きな出来事であった。ところが、この「大宝律令」が皇族の勢力を弱体化する力学としてはたらく。律令の制定に中心的な役割を果たした藤原不比等《ふじわらのふひと》が政権に力を及ぼしてくる。不比等の娘、宮子《みやこ》が文武の夫人《ぶにん》となり、その間に首皇子《おびとのみこ》が生まれる。首皇子を天皇にすることによって、かつての蘇我氏のように、外戚として政権に強い座を獲得できると不比等の野望は燃え上がる。そのために仕組まれたのが、文武亡き後を元明《げんめい》と元正《げんしょう》女帝によって首皇子の即位までつなぐという手法であった。文武・元明の時代は天皇の権力は弱体化した。その反面不比等の権力は増大し、遣唐使の復活も不比等による国家戦略の一つであろう。

「ヤマトの時代」を特徴づける女帝でも、これまでの女帝とは課せられた役割はまったく異なる。ただただ、藤原氏の血統に従属するような存在であった。「ヤマトの時代」に創案された外戚による権力は、その後の平安時代へと継承される。天皇の存在が象徴化されていく日本の統治方式の原点も「ヤマトの時代」の産物なのだ。

そして藤原京三代目の元明女帝によって平城京に都が遷る。平城京造営こそ東アジア世界で日本国が獲得する市民権の証《あかし》であった。「ヤマトの時代」の最大の国家戦略といってよい。

弱冠十五歳で文武即位

持統《じとう》女帝は、譲位の機会を探っていた。もともと天武《てんむ》との間に生まれた草壁皇子《くさかべのみこ》が天武の後を継ぐべきであったが夭逝《ようせい》したために、持統がみずから即位した事情がある。持統の胸中には、草壁の子、珂瑠皇子《かるのみこ》を後継とすることが秘められていた。天武の皇子である太政大臣高市皇子《たけちのみこ》が没した翌年、持統天皇十一年（六九七）に草壁の子珂瑠皇子を立太子させた。珂瑠への譲位を前提としたのであるが、そのあたりの事情は、『懐風藻』の葛野王《かどののおおきみ》（父は大友皇子《おおとものみこ》）の項に書かれている。

高市皇子が没した後、持統は群臣を集めて後継天皇について意見を聴いた。群臣らはそれぞれ自分の立場で発言するので、議論は紛糾した。そこで葛野王は「これまで子孫が継承して皇位についてきた。もし兄弟が相続すると混乱するでしょう。ですから次の天皇は、おのずから決まっています。この方以外にすべきだと誰が非難できましょうか」。その場にいた高市皇子の弟にあたる弓削皇子《ゆげのみこ》が発言しようとしたが、葛野王がしかっておさえてしまった。持統天皇はその一言で

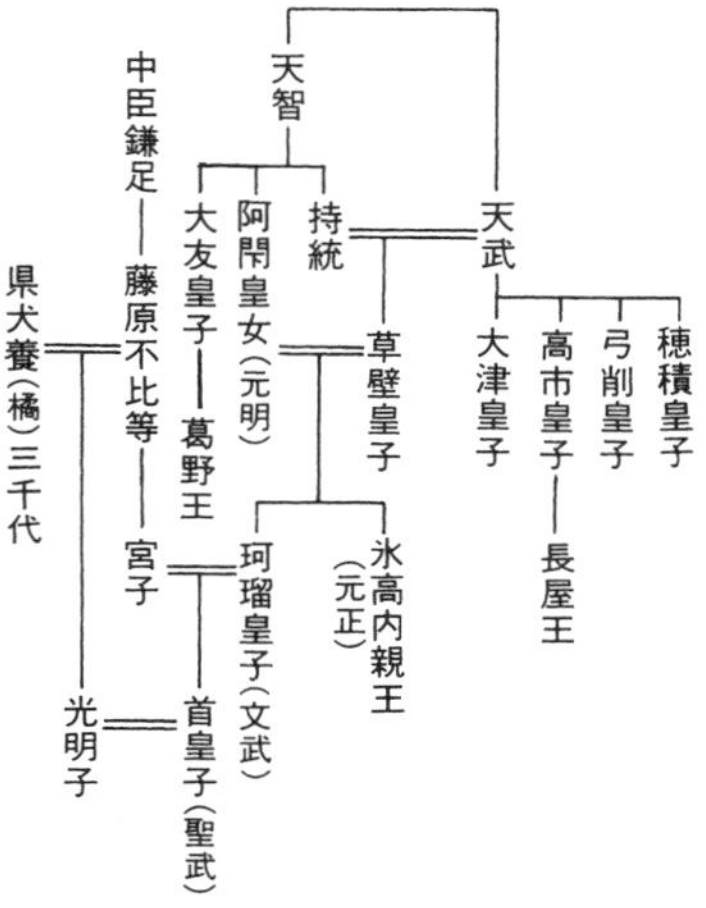

4－1　第4章関連系図

後継天皇が定まったことをよろこび、葛野王に特別に正四位を授け、式部卿《しきぶのかみ》に任じた。時に年は三十七歳であった。

持統がわずか十五歳の珂瑠皇子を皇位につけようとした理由は、持統の健康状態にあった。持統十一年（六九七）六月、高位高官の者たちが、天皇の病気が平癒するのを祈願して仏像をつくり、七月に薬《やく》師寺《しじ》で開眼会《かいげんえ》を催した。そして八月に皇太子珂瑠皇子に譲位となった。文武《もんむ》天皇の即位である。

黒作懸佩刀

乙巳《いっし》の変によって蘇我《そが》氏の外圧をしりぞけ天皇の権力が強まり、天皇親政の時代を迎える。孝徳《こうとく》以降、斉明《さいめい》・天智《てんじ》・天武と「天皇の時代」が続くが、持統朝から陰りが見えはじめた。藤原不比等《ふじわらのふひと》の存在が大きくなってきたのである。不比等は中臣鎌足《なかとみのかまたり》の次子である。『日本書紀』にはじめてその名が出るのは持統天皇三年（六八九）で、法律に詳しい判事の一人に任じられている。その後大宝令《たいほうりょう》の編纂など国家の骨格を構築するのに中心的な役割を果たす。だが不比等はそれだけの人物ではない。権力の中枢にも位置を占めていた。それは「正倉院文書」の「東大寺献物帳」にある次のような記述からうかがえる。

黒作懸佩刀《くろづくりかけはきのかたな》一口

右の刀は草壁皇子が常に佩持《はいじ》していたものであるが、太政大臣（藤原不比等）に賜う。大行天《だいこう》皇（文武天皇）が即位のときにこれを献じた。天皇が崩じたときにまた大臣に賜った。不比等が亡くなったときに、聖武《しょうむ》天皇に献じた。

黒作懸佩刀とは、黒漆で鞘《さや》や柄《え》を装飾した刀で腰につるして所持する。右の記述に注目した上山春平氏は、この刀が草壁から不比等そして文武へ、再び不比等のもとにもどり、さらに聖武に献じたとあり、女帝にはわたっていない点を指摘した（「藤原不比等」『上山春平著作集』第四巻、法藏館、一九九四年）。のちにみるように女帝の中継ぎ的性格の問題がはらむが、それとともに不比等が皇位継承において、仲介的役割を果たしていることが知られる。不比等は朝廷のなかで強い発言力をもっていた。

文武朝のおける主たる国家事業は、大宝律令が施行されたことである。これに先立つ近江令《おうみりょう》や浄御《きよみ》原令《はらりょう》があったことも推定されているが、唐の『永徽律疏《えいきりつそ》』と『永徽令《えいきれい》』を範として編纂された大宝律令はわが国で最初の国家の本格的な基本法として制定された。そして明治政府が王政復古の構想のもとで古代の律令を積極的に参照している事実をみれば、大宝令が日本の歴史に及ぼした影響は小さくない。律令を制定しその遵守を全国に求めることは、法治主義による中央集権体制を樹立するためであった。このような国家構想は、乙巳の変以来、王権が志向してきたものであった。孝徳・斉明・天智・天武そして持統に至る王権のもとで試行錯誤され、ついに文武朝において体系化された。それだけに政府は律令の施行を徹底させねばならなかった。

しかし平城京遷都の翌年和銅《わどう》四年（七一一）七月の詔に「律令を制定してから久しい年月を経たが、わずかに一、二を施行しただけで、すべてに及んでいない」とある。律令の完全な施行に至るのは、容易ではなかった。だが中国の律令を模倣しながら法治主義による中央集権国家は歩みだした。大宝令を実質的につくりあげたのは藤原不比等であった。

平城遷都への鼓動

文武天皇の母である阿閇《あへ》内親王（草壁の妃）は、文武朝の出来事を凝視していたにちがいない。そして藤原不比等の政治的力が大きくなることに危惧をいだきはじめていた。文武天皇は皇后を立てず、不比等の娘宮子《みやこ》を夫人とした。この段階で不比等は天皇家の外戚となった。藤原氏が天皇家にくさびを打ちこんだのだ。そして二人の間に首皇子《おびとのみこ》が生まれた。天皇の嫡子である。その時点では、文武朝が長年にわたって続き、首皇子が成長するのを待って即位させるというのが権力者不比等の戦略であった。おそらく不比等は自分の打つ手が見事に決まることに、自己陶酔していたと想像できる。陶酔のあとに酔いざめがくるというシナリオを描ける人物はめったにいない。慶雲《けいうん》四年（七〇七）六月、文武天皇が没した、時に二十五歳である。首皇子を皇位につけるには、あまりにも幼い。不比等は新しいシナリオを描かねばならなくなった。

まだ藤原京は建設途上であったにもかかわらず、慶雲四年に文武天皇は、諸王や臣下のものに遷都のことを議すように詔を下した。持統天皇が藤原宮に遷ってまだ十三年しか経ていない。壮大な天武の構想が実現したわけではない。そのような段階で藤原京を棄てるという。文武が即位して十年、二十五歳である。ただ即位したときとくらべて文武の周辺に変化があった。それは後ろ盾としてまた共治者として、実質的に政権の中枢にあった持統上皇が亡くなっていたという点である。藤原京は持統にとって夫天武の形見であった。それを棄てるようなことはありえない。だから持統の死後、藤原京を廃都とする案が、仕組まれ、文武の詔として下されたのである。文武を影であやつった人物は、不比等をおいて考えにくい。

不比等は法知識、つまり中国律令に通じていた怜悧《れいり》な頭脳の持ち主であったが、同時に権力と名誉をまるで餌《えさ》を追い求めるごとき獰猛《どうもう》さで得ようとする動物的嗅覚《きゅうかく》をもっていた。この種の人物にありがちな行動は、自分が有利な次元に立てるように、人事などの布石を打つことなのだ。周囲にはそのあくどさに気づかれていることを知らずに、それゆえに恥じらいもない。娘の宮子を文武の夫人にしたのは、象徴的な行為なのだ。

不比等は、名誉と権力のためならば、なりふりかまわないような人物であったのではないかと想像できる。もう一つの布石を打った。最初の妻は蘇我連子《むらじこ》の娘であったが、美努王《みののおおきみ》（三野王。敏達《びだつ》天皇の孫栗隈王《くりくまのおおきみ》の子）の妻県犬養宿禰《あがたのいぬかいのすくね》（橘宿禰《たちばなのすくね》）三千代《みちよ》を後妻とし、その子光明子《こうみょうし》（のちの光明《こうみょう》皇后）を、平城遷都後の霊亀《れいき》二年（七一六）に皇太子首《おびと》皇子の妃とした。不比等の布石は、ほぼ万全というべきであろう。

長安城の情報

話は、文武朝にもどるが、しばらくの間とだえていた遣唐使が復活した。大宝元年（七〇一）、粟《あわ》田真人《たのまひと》らを遣唐使に任じたが、筑紫《つくし》に向かった粟田真人らは波浪が高く海を渡ることができず、いったん藤原京にもどった。翌年山上憶良《やまのうえのおくら》、道慈《どうじ》らと唐に向かって出発した。一行が唐国に着いたとき、人が近づいてきて次のような会話がなされた。

「どこから来た使人か」

とたずねられた。

「日本の国の使いである」

と答えた。逆に日本側から質問した。

「ここは、何州なのか」

「ここは大周《たいしゅう》の楚州《そしゅう》・塩城県《えんじょうけん》（江蘇《こうそ》省北東部）である」

そこで日本側はさらにたずねた。

「かつては大唐といったが、今は大周と称しているが、国の名前をどうして変えたのか」

「永淳《えいじゅん》二年（六八三）に高宗《こうそう》が崩御し、皇太后（則天武后《そくてんぶこう》）が帝位につき、聖神《せいしん》皇帝と称し国の名前を大周とした」

問答をほぼ終えたときに、唐の人が日本の使節に向かって語った。「しばしば、海の東に大倭国があり、君子の国と言う。人民は豊楽《ほうらく》で、礼儀正しいと。いま使い人を目のあたりにすると、りっぱな人柄とみうけられる。これまで知っていたことを信じてよいものだ」

と言って去っていった。『旧唐書《くとうじょ》』「日本伝」などによれば、遣唐使の一行は、長安に入り則天武后に謁見し、司膳卿《しぜんけい》に任ぜられ、麟徳殿《りんとくでん》で宴に招かれるなど厚い歓迎を受けた。慶雲元年（七〇四）に帰国した。このときに長安城の平面図のようなものを持ち帰り、平城京の造営の参考としたのではないかという説もあるが、実際のところは不明である。

文物の儀備われり

大宝律令が制定され、遣唐使が再開されるなど国家が形を整えてきた。『続日本紀』大宝元年（七〇一）の正月朔《ついたち》の記事は、天皇が大極殿に出御しての朝賀（新年の儀式）に関して次のように記している。

大極殿の正門に烏形幢《うぎょうどう》（太陽に住む三本足のカラスの像を描いた旗）を立てる。左に日像・青竜・朱雀の幡《はた》、右に月像・玄武・白虎の幡。外国からの使者を左右に整列させる。儀式などに関する制度がここにおいて整備された（図4―2）。

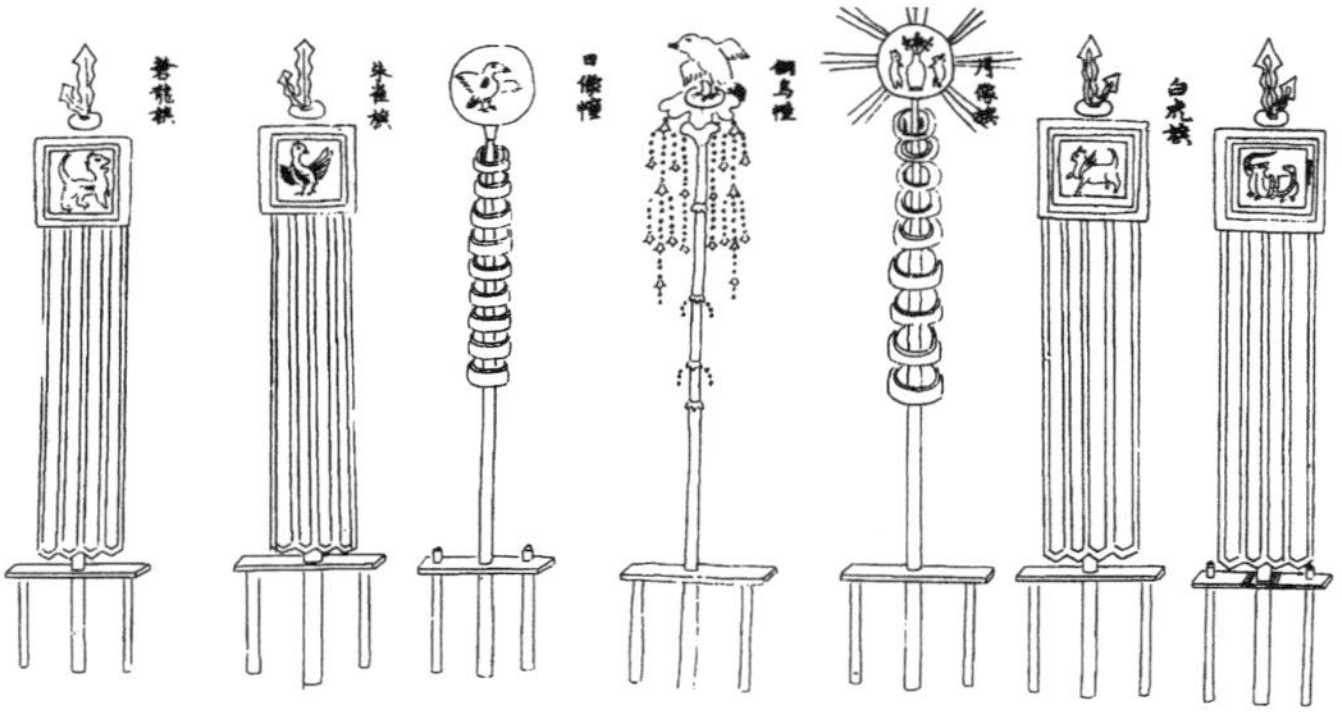

4－2　大嘗祭の旗と幢（『文安御即位調度図』より作成）

国家の形が具体的になってきたが、国家の顔といってもよい藤原京の造営工事は、はかどらなかった。完成したことを思わせるのは、『続日本紀』慶雲元年（七〇四）十一月二十日の「始めて藤原宮（京？）の地を定めた。住宅を京の中に入れることになった千五百五戸の人々に身分に応じて布を与えた」という記事である。持統天皇六年（六九二）に持統女帝が藤原宮の地鎮祭をして以来十年余の年月を経過している。そして先にふれたように、文武天皇は慶雲四年（七〇七）に遷都について議するようにという詔を下している。藤原京が完成してわずか三年後に藤原京を棄てるという方針が出されている。そこには大きな政治的対立を読みとることができる。

不改常典

慶雲四年（七〇七）六月、文武天皇が死去した。殯宮《もがりのみや》のことには黄文本実《きぶみのほんじつ》が関わっている。キトラ古墳、高松塚古墳の壁画の制作にあたった人物の一人かもしれないと想定されている絵師である。文武は飛鳥岡で火葬され、檜隈安古山陵《ひのくまのあこのみささぎ》に葬られた。藤原京の南にある中尾山《なかおやま》古墳を文武陵とする説が有力である。

文武の後継天皇が元明《げんめい》女帝である。だがこの即位が異例なのは、子から母へと継承された点である。文武が病に臥《ふ》したときに、母の阿閇《あへ》皇女（草壁皇子の妃）に、皇位を譲ろうとしたが、受諾の返答をしなかった。しかし、藤原不比等としては、文武の子首皇子を即位させるには、首皇子の成長まで、近親の者で皇位を継いでいかねばならないと深慮したにちがいない。文武が遺詔において阿閇皇女に皇位を譲ろうとしたこと以外に、阿閇皇女を即位させるために、慶雲四年（七〇七）四月、草壁皇子が亡くなった日を天皇に準じて国忌とした。そのことによって阿閇皇女も皇后に準じる扱いを受ける資格を有し、歴代の女帝が皇后であったという条件をも満たすことができた。すべては不比等が画策したとしか考えられない。

元明女帝は大極殿で即位し、詔を下した。即位に直接関係する部分を要約すると次のようである。

①持統天皇が皇位を草壁皇子の嫡子である文武天皇に授けたのは、天智天皇が永遠に改めることのあってはならない「不改常典《ふかいじょうてん》」（あらたむまじきつねののり）と定めた法にしたがったことによる。

②去年の十一月に文武天皇が、身体が病んでいるので、母親の私に皇位を譲ろうとした。固辞しつづけたがついに今年の六月に天皇の命令を受けた。

③「不改常典」という国家の法も傾くことなく、ゆるぎなく続いていくであろう。

右にあげた即位の条件に関わる詔のなかで、①において持統天皇が草壁皇子の嫡子である文武に皇位を譲ったのは天智天皇が定めた「不改常典」によるとした点が、もっとも重い意味をもつ。つまり草壁皇子の嫡系相承を原則とすることをうたっている。この原則をはずさないならば、文武の後継は首皇子でなければならない。このとき、首皇子は六歳である。天皇の位につくには幼すぎる。

そこでもちだされた「不改常典」をいかに適用するかである。はたして天智天皇が制定したものかどうかはわからない。近江令の規定とする説もあるが、それも想定の域を出ない。実在した法なのかどうかも不明であるが、この「不改常典」にのっとれば、首皇子の即位は保証される。その保証を担保に、文武の没後を近親の女性でつないでいけばよいと不比等は考えをめぐらしたにちがいない。前に記したように黒作懸佩刀《くろづくりかけはきのかたな》が草壁―文武―聖武と順次渡ったように文武の後継は首皇子（聖武）とするのが不比等の確固たる方針であった。それゆえ元明女帝は通説的に位置づけられてきたように中継ぎの天皇である。

そして右の③は、首皇子が即位すべきことを確認すべきだとする詔である。

不服の遷都

元明女帝は即位したが、天智天皇の皇女であり、藤原氏とは血縁的な関係はない。ただ孫の首皇子の即位は支持しなければならない。元明の立場は複雑であった。元明女帝の政治において最大の決断は、藤原京から平城京への遷都である。決断したという言葉は正しくない。元明女帝にとっては、夫草壁皇子の両親、天武と持統が、新しい国家の象徴としてつくった藤原京を棄てることに、とまどいがあった。だから和銅元年（七〇八）二月に下した詔には、迷いが言葉のはしばしにあらわれている。例えば「遷都のことは、まだ急がなくてもよい」と言っている。しかし遷都を推進する勢力が元明に圧力をかけていたらしい。「王公大臣」たちの意見が遷都に傾いているので、それをとどめることは天皇ですらむずかしかった。「多くの臣下たちの意見をおさえることは困難である」と言う。「京師は百官の府で周囲の国々からも人々が集まる場所である。どうして私一人だけが安楽にしていてよいものだろうか。いやしくも遷都することによって、利する点があれば、拒否することはできない」と、妥協するに至った経緯をもらしている。そして遷都予定地の平城の地は「四禽《しきん》（四神）が河図《かと》（黄河《こうが》からあらわれた竜馬の背に負われていた伝説上の図）にかなっていて三山が土地鎮めをなし、占いにもよい場所と出ているので、都を建設すべきである」と述べて遷都を宣言した。

四禽の配置が理想的であるというのは、都の土地の地形条件に関することである。四神と地形の関係については、後世の『簠簋内伝《ほきないでん》』という、著者を安倍晴明《あべのせいめい》に仮託された陰陽道《おんみようどう》の書によって知ることができる。それには「東に流水あるを清（青）竜といい、南に沢畔《たくはん》あるを朱雀といい、西に大道あるを白虎といい、北に高山あるを玄武という」とある。平城の地が右のような地形条件にかなっていたかどうかは必ずしも明らかではない。東の青竜＝流水は、京の東に接して人工的な河川をつくった痕跡があるのでそれにあててよいであろう。南の朱雀＝沢畔は、池沼にあたる自然地形は見あたらない。ただ平城京の東南隅に五徳池《ごとくいけ》（越田池《こしだいけ》）とよばれる池があり、その位置は唐長安城の曲江池《きよくこうち》を模したように思われるので、この池をもって朱雀とすることもありうる。西の白虎＝大道は、万葉歌（巻六―九七七）にも歌われた日下《くさか》の直越道《ただごえみち》が意識されたかもしれない。そして北の玄武＝高山は奈良盆地の北にある平城山《ならやま》とよばれる丘陵としてよい。

以上のように、四神と地形とを関係づけてみたが、少なくとも東の川と南の池は平城京造営によって人工的につくられたものである。とすれば、元明女帝の遷都についての詔にいう四神（禽）にかなう土地とは、人為的に工作される予定の地形を念頭においたものだった。

もう一つの条件の、三山をもって鎮とするについては、三山は藤原京の大和三山を意識したものであろう。平城京の場合、垂仁陵古墳《すいにん》が宝来山古墳《ほうらいさん》（奈良市尼辻町《あまがつじちょう》）といつごろからかよばれてきたので、道教の三神山の一つ蓬莱山にあてられた可能性がある。それと東の春日山《かすがやま》、北の平城山をもって三山としたのであろう。

なぜ遷都するのか

平城京造営の大事業は、元明天皇の詔にしたがえば「秋収《しゆうしゆう》の後を待ちて、路橋《ろきよう》を造らしめよ」とあるので、和銅元年（七〇八）の秋ごろからはじまったとみられる。なぜ藤原京から平城京に遷都したか。よく問われる問題である。

遷都の理由に藤原京という都市の環境の悪化をあげる説がある。『続日本紀』慶雲三年（七〇六）

三月条の「京城の内外に多く穢臭《えしゅう》あり」という記事を一つの根拠とする。この説が出されたころ、藤原京で便所遺構の発見があり話題となった。そのことと環境悪化とが関係するのではないかという見方もあり、さらに藤原京の地形が、天皇の居住する内裏や儀式が行われる大極殿・朝堂院のある宮域が南の京域とくらべて低いので、汚水が南から北に流れるということも指摘された。しかし、もし藤原京を国家の顔として重要視しなければならないならば、権力の手によっていかようにも改造することができたと私は思う。

古代の遷都は、都市環境の変化といった非政治的条件でなされるものではない。それよりも遷都は権力者の示威的行為である。このときの権力は藤原不比等の手中にあった。孫の首皇子の即位に向かって流れをつくった不比等は、孫のために壮大な舞台を用意せねばならなかった。それは同時に藤原氏一族のためでもあった。

唐という国のもつ先進性はいうまでもなく、当時の日本にとって唐は畏怖《いふ》すべき存在であった。不比等が中心となって編纂された大宝律令は唐令を範としたものである。遷都についても、再開した遣唐使の執節使《しっせつし》粟田真人が帰国したのが慶雲元年（七〇四）で、文武天皇が遷都について議することの詔を下したのは慶雲四年（七〇七）であるので、不比等は長安城について詳細な情報を得、それによって新羅《しらぎ》の慶州の影響を受けた藤原京を棄て長安城をモデルとする新しい都をつくる決意をした。律令が国家のソフト面とするならば、都城はハード面である。こうして、国家の形が堅固になりつつあった。

長安城の立地についてみると、都城の南にかなり広い空間があってその南に終南山《しゅうなんざん》とよばれる道教や仏教の聖地がある。平城京も奈良盆地の北に配してその南を耕作地などの空間とし、そのはるか南に吉野という南山があるという構図をとることによって、長安城と類似の都城の配置となる。

惜別の飛鳥・藤原京

和銅三年（七一〇）二月、元明は新しい都が建設されつつある平城の地に遷都のための行幸に出た。そのとき詠まれた万葉歌がある。

和銅三年庚戌《かのえいぬ》の春二月、藤原京より寧楽《なら》宮に遷りましし時、御輿《みこし》を長屋《ながや》の原に停《とど》めてはるかに古郷を望みて作らす歌　一書に云はく、太上天皇の御製

飛ぶ鳥の明日香の里を置きて去《い》なば君があたりは見えずかもあらむ

（巻一―七八）

元明女帝が藤原宮から輿に乗って平城の地に向かう途中、長屋原でとまって、はるか向こうの飛鳥の方を望んで詠んだ歌という。長屋原を今日のどこに比定してよいか、詳《つまび》らかでない。一説として天理市長柄《ながら》にあてるが、そうすると中ツ道をまっすぐに北に進んだとみられる。飛鳥においてきた人を元明は恋しく思ってふりかえっている。恋しい人とは、おそらく夫草壁皇子であろう。高市《たかいち》郡真弓《まゆみ》丘陵に葬られた草壁皇子をおいて女帝一人の行幸である。気の進まない遷都に、後ろ髪を引かれる思い

であった。

藤原京から平城京への遷都に関わる人や物資の移動には、初瀬川《はせがわ》から佐保川《さほがわ》へと河川も使われた。やはり万葉歌から知ることができる。

或《あ》る本、藤原京より寧楽宮《なら》に遷る時の歌

天皇《おおきみ》の　御命《みこと》かしこみ　柔《にき》びにし　家をおき　隠国《こもりく》の　泊瀬《はつせ》の川に　舟浮《う》けて　わが行く河の
川隈《かわくま》の　八十隈《やそくま》おちず　万度《よろずたび》　かへり見しつつ　玉鉾《たまほこ》の　道行き暮らし　あをによし　奈良の京《みやこ》
の　佐保川に　い行き至りて……

（巻一―七九）

天皇の御言葉をかしこまりうけたまわって、ここちよく過ごしていた家をおいて、初瀬川に舟を浮かべて私が進んでいく川のまがりかど、たくさんある川のまがりかどで、何度も何度もふりかえりながら日が暮れゆくまで川筋を行き奈良の都の佐保川にたどりついた……、と歌う。この歌にも飛鳥・藤原京を去るさびしさがただよう。この歌の作者にとっても平城遷都は気の晴れない出来事であったようだ。

和銅三年（七一〇）の朝賀（新年の儀式）では、藤原京から離別する思いが元明女帝の胸中をみたしたと思われる。天皇は大極殿に出御し、隼人《はやと》と蝦夷《えみし》らも参列した。将軍と副将軍らが皇城門《おうじょうもん》（朱雀門）に通じている朱雀大路の東と西にわかれて騎兵をならばせて隼人と蝦夷らをひきいて前へと進めた。朝賀に列席した官人たちも、完成して間もない藤原京を棄て、盆地の北の新しい都に居住の地を移さねばならないという不安を隠すことができなかったと思われる。

女帝元明の胸中に住まう飛鳥・藤原京に対する名残の情は、遷都の日が近づくにつれて増幅していった。正月の十六日、元明は、朝堂院の南門である皇城門にて、百官や隼人・蝦夷らを集めて宴をはった。東アジア各地の音楽がかなでられた。もちろんその宴の様子を今日のわれわれは知ることができない。国家大事の遷都である。天皇は祝意を言葉にあらわさねばならなかったが、皇親《こうしん》（皇族）の一人としての不比等に主導されることの不本意を隠しきれなかったと、私は想像する。隼人や蝦夷らを、朝賀の儀式や宴に参列させたのは、国家の周縁部に蛮族をもつことによって成立する中華帝国のあり方を演出するためであった。

藤原京の建設は、天武天皇の東アジア世界に向けて発信すべき画期的な国家戦略のメッセージであった。それを否定するかのごとき不比等の平城京造営という国家戦略に直面して、元明女帝には東アジアにおける日本を意識せざるをえなかったと思われる。

平城遷都

「始めて都を平城に遷す」。歴史的な大事件として後世伝えられてきたにもかかわらず『続日本紀』和銅三年（七一〇）三月十日の記事はそっけない。今日的な感覚からいえば、盛大な遷都を祝う儀式があってもよさそうであるが、『続日本紀』にはそれについて何も語っていない。語ろうとしても、この時点で平城宮すら未完成なのだから、祝典をするような場所はないのだ。だが注目すべき人事があった。長屋王《ながやのおおきみ》を式部卿《かみ》（式部省の長官）としたことである。長屋王は、天武の子である高市皇子の子である。元明女帝は、皇親の長屋王を自分の近くにおいて藤原氏の権力を少しでもやわらげようとした。

新しい都をつくるという国家のハード面での大きな変革は、それにつらなるハードの改変ももたらした。国家の動脈である官道（今日の主要国道）の設置は平城京を中心に改める必要があった。『続日本紀』和銅四年（七一一）には都亭《とてい》駅をおくとある。この都亭駅についてはこれまで諸説はあるが、明確な意味がわかっていない。駅は「うまや」と読み、各官道に一定の距離をおいて乗り継ぐための馬がおかれた施設である。右の都亭駅に続いて、山背《やましろ》国の相楽《そうらく》郡岡田《おかだ》駅、綴喜《つづき》郡山本《やまもと》駅、河内《かわち》国の交野《かたの》郡楠葉《くすは》駅、摂津《せっつ》国の嶋上《しまがみ》郡大原《おおはら》駅・嶋下郡殖村《うえむら》駅、伊賀《いが》国の阿閇《あへ》（閉）郡新家《にいのみ》駅を置いたとある。これらの駅の位置を今日のどこにあてるか比定するのがむずかしいものもあるが、主要官道で平城京に近い要地に設置されたと思われる。

苦役の重圧

交通システムの変更に着手したが同年の九月になっても、平城京の宮垣は未完成であった。諸国から徴発された労働者たちは、京の建設工事に疲れ逃亡する者が少なくなかった。先にみたように平城京の造作は、和銅元年（七〇八）の秋からはじまり、すでに三年を経過しているが、工事の進み具合は遅々としていたようである。できるだけ早く都を完成させ海外からの使節にも誇示したいというのが、不比等をはじめとする政府側の要人たちの気持ちであった。そのために苛酷《かこく》な労働を課したにちがいない。だから労働者たちは逃亡するのだが、彼らの逃亡を阻止しようとしても、ふせぎきれなかった。

翌年、和銅五年（七一二）の正月十六日に元明女帝は次のような詔を下した。

平城京造営工事のために諸国からやってきた労働者が、労役を終えて故郷に帰る日に、食糧がなくなり、帰路で饉《う》えてしまって、溝や谷に転落し、それを埋めているといったことが少なからずある。国司《こくし》（各国の役人）は、つとめて、故郷に帰る労働者たちをいつくしみ、程度に応じて物をめぐむように。死者が出たようなときには死体を埋葬し、姓名を記録し、本籍の役所に報告せよ。

工事以外でも、諸国から政府への貢納物を納めにきた人々が郷里に帰るときに食料が乏しくなり、故郷にたどりつくことができない場合もめずらしくなかった。そこで同年十月、旅をする人には、重い荷物のために苦しくならないように、必要なものが銭によって入手できるという便利な方法を知らせるようにという詔を下している。いずれにしても政府は諸国の人々に重い労役を強いることによって国家の体面をつくりあげようとした。

律令施行の焦燥

一方、ソフト面にあたる律令についても、この時期になっても、遵守が十分になされていなかった。大宝律令が施行されて十年の歳月が経過した和銅四年（七一一）七月に、元明は以下のような詔を下した。

律令を整備して以来、久しい年月がすぎた。にもかかわらず、全体の一、二を施行しただけで全部を施行するに至っていない。このような事態は、諸司が怠慢で、任務を忠実にしていないためである。……

『続日本紀』和銅五年（七一二）五月十七日条の詔にも、元明女帝の律令施行の不十分に対するいらだちがあらわに出ている。

律令を定めてこの方、久しい年月がたったが、いまだに、律令になれずに、過失が多くある。今より後、令に違犯する者がいたら、その罪によって律（刑法）を適用して処罰せよ。また弾正台《だんじようだい》は、月に三度、諸司を巡察し事情を調査し、法にそむいた誤りを正せ。……

弾正台とは、行政の監察、官人の違法行為を摘発する官司である。原文は右の文よりも長く、詳細に律令を遵守するように方策を指示している。平城京造営工事もはかどっていないし、律令もほとんど適用されていないのが実情であった。国家はまだ形をなしていないといってよいであろう。

血統に殉じた女帝

和銅七年（七一四）六月、皇太子首皇子が元服し、翌年霊亀元年（七一五）正月の朝賀の儀に皇太子は、はじめて礼服を着て参列した。元明としては孫の皇太子首皇子が当然天皇となるべき存在であることを、朝廷に関わる者に認めさせねばならなかった。正月十日には、皇太子が元旦に朝賀の儀に列したときに瑞雲《ずいうん》があらわれたので、天下に大赦を行った。具体的には二品《にほん》の穂積《ほづみ》親王に一品《いっぽん》を、三品の施基《しき》王に二品を、二品の氷高《ひたか》内親王（のちの元正《げんしょう》天皇）に一品を授けた。

皇太子首皇子の即位は確実となり、元明女帝の役割は達成されたと本人は確信するに至ったが、首皇子の年齢はまだ十五歳になったばかりである。天皇位につけるには若すぎるので元明女帝は同年九月、自分の娘で文武天皇の姉である氷高内親王に譲位した。その際に次のような詔を下した。

……朕《われ》は、天下に君臨し、万民をいつくしみ養ってきた。天の力添えをいただき、祖先のありがたい遺風に助けられて、国内は平穏で、天下は安寧《あんねい》であった。だけれども、私は、いつも緊張の思いを終日おこたることなくもち、慎重に処する日々を送り、政治のさまざまなことに気遣いして、すでに九年の年月を経た。今、こころの精華はようやく衰えつつあり、年老いて気力を欠いてきたので、心安らぐ境地を求め、風や雲のように自由な生活を営みたい。いろいろな関係を断ち、履物をぬぎすてるように、天皇の位をやめたい。よって、神器を皇太子に譲りたいのだが、まだ幼いので、奥深い宮殿を離れることはできない。天皇は、さまざまな仕事が多くあり、一日に多くのことをしなければならない。一品の氷高内親王は、早くからめでたい運勢にかない、徳が知られている。天のように心が寛《ひろ》く、沈着冷静で、しとやかである。人々はこの内親王を天皇として仰ぎ、褒めたたえるであろう。いま皇位を内親王に伝えるにあたって、公卿《くぎょう》以下すべての官人たちは、私の意志にしたがうようにせよ。

と、詔をしたが、ここにも元明女帝の率直な告白を読みとれる。藤原氏の血統のために、皇親出身の自分が天皇という重荷を背負わねばならなかった苦労と不満がにじみでている。

元明天皇が娘の氷高内親王に譲位した理由は、高齢によって政務に耐えがたいためであった。若年の首皇子が皇位につくのにふさわしい年齢、三十歳前後になるまでには、およそ十五年を待たねばならない。それならば娘の氷高内親王に天皇位を譲って首皇子の即位に万全を期したいと思ったのであろう。

だが、前例のない事態であった。三十六歳の氷高内親王は独身である。当然皇后の経験はない。女帝として政治をとったとしても、常識的に考えれば、実子をもうけることはできない。不比等にとっては、藤原氏の血統に固執する限り、皇位を天武天皇の皇子にわたすことはできないことであったし、天武の皇子穂積親王が元明天皇が譲位する一ヶ月あまり前に死去しているので有力な人物もいなかった。おそらくこの異例の即位も不比等の独断で決行されたとしか考えられない。

霊亀元年（七一五）九月二日、元正天皇は大極殿で即位した。この時点での元正女帝の即位にあたっての詔には、不改常典に関しては『続日本紀』には記されていない。しかし次の聖武天皇が即位にあたって下した詔には、元明天皇が元正天皇に譲位したときの言葉として「天智天皇が定められた不改常典にしたがって、のちの世には、首皇子に皇位を授けるように」とあった。このように元明から元正への天皇位の系譜は、誰が聞いても明らかに首皇子（聖武）に皇位が問題なく継がれるための確固たる道筋がつけられたのである。もはや何人《なんびと》も皇位を奪えない仕かけがなされたのである。

都と地方の格差

元正女帝の即位に合わせたかのように、左京職がめでたい印の亀を献上した。天がめでたい物を賜ったとして元号を改め、和銅八年（七一五）を霊亀元年とした。罪人に対してことごとく大赦をした。しかし、このときに至っても国家の経済事情は不安定であった。霊亀元年十月条の詔はまことに深刻である。平城京時代の華やかな文化を過剰にイメージしてはならない。われわれは平城京という都が発した史料的情報や万葉歌から繁華な都市文化を思いうかべがちだ。だが、もともと都市文化は、いつの時代でも地方の経済の糧をかきあつめてつくりあげられた虚栄的存在にすぎない。幻のようにうつろうのが都市文化の本質なのだ。その詔は次のようである。

国家の繁栄は、民を富ませることにある。民を富ませる根本は、つとめて財産をふやすことである。そのためには、男は農耕につとめ、女は機織《はた》りを修得し、家は衣食が豊かになり、人に無欲で恥を知る心が生ずれば、刑罰を必要としない政治がおこり、太平の風習をまねきよせることができよう。官人と人民は、努力しないでよいのだろうか。今、諸国の人は生業の技術をきわめていないで、湿地で稲を作ることに精を出し、陸田《りくでん》の有益なことは知らない。……

地方の経済が悲惨であることは、政府にとって地方からの税としての貢納物が少ないことである。地方の人民を富ませることなくしては、権力の繁栄はありえない。

国家のソフトについては、これまでにもふれてきたように仏教が重要な位置づけをされてきた。現代の人間は平城京の瓦ぶきで朱色の柱からなる絢爛《けんらん》たる寺院建築を思いうかべる。だが地方の仏寺は、われわれの期待をうらぎる。霊亀二年（七一六）五月の元正女帝の詔は、不安な気持ちがあらわに出ている。

仏教を崇《あが》めるには、慎みの心を本とし、寺院を営むには、まずは清浄でなければならない。聞くところによると、諸国の寺の多くは法の通りになっておらず、あるいは草堂をつくり、争って寺名の額を求め、寺を飾るわずかな旗やのぼりをおさめて、寺の田を請い願って訴える。あるいは寺院の房舎を修理しないで、馬牛の群れがあちこちに集まる。門や庭が荒廃して、いばらが繁《しげ》っている。ついには、この上もない仏の尊像に、長い間ちりやほこりがかぶり、奥深い教えを説く経巻を風雨から免れることができないまま、長くにわたり寺院としての構成をなしていない、と。このような状態は、仏教を崇敬することからそむいている。今、そのため、いくつかの寺をあわせて一寺院とする。願うに、力をともに出して、衰えた仏法を興すことを。（中略）また聞くところによると、諸国の寺院において堂塔が完成したにもかかわらず、止住する僧尼がいないので、礼拝がなされていない。檀越《だんおつ》（檀家《だんか》）の子孫らが、田畑をすべて所有し、もっぱら妻子を養って、僧たちに、差し出そうとしない。そのため、檀越と僧との間で訴訟がおこり、国郡が騒々しい状態となっている、と。今後は、そのようなことを、厳しく禁断して、寺が所有する財物や田地・園地はすべて、国師・僧たちと国司（国の役人）・檀越らが立ち合って検査し、はっきりと記録し、それらを使用する場合には、互いに判断して、用いるべきである。これまでのように檀越が、勝手なふるまいをしてはならない。……

元正女帝だけが、当時の地方の仏教寺院が本来のあり方から逸脱している状態を危惧していたのではなく、政府のもとに入っていた情報をもとにして天皇の詔となる。地方寺院をひきしめることによって国家宗教を堅固なものにし、国家の精神的基盤としなければならなかった。さらに養老《ようろう》元年（七一七）には、のちに大仏造立などに大きな貢献をする行基《ぎようき》の布教活動に対しても禁断する意味の詔を下す。

僧尼は、寺で、静かに居住して仏の教えを受け、仏の道を世に伝えるべきである。僧尼令によると「乞食《こつじき》（托鉢《たくはつ》）する者があれば、三綱《さんごう》（寺や僧侶について管理する役僧）が連署して、午《うま》の刻（昼の十二時）より前に鉢をささげて乞食をすること。このことによって食物以外の物を乞うことはしてはならない」、とある。まさに今、小僧《しようそう》行基と弟子たちは、街路に出てみだりに罪福を説き、朋党《ほうとう》を組んで指に火をともして焚《た》き、臂《ひじ》の皮をはいで経を写したりして家々をたずねめぐり、いいかげんなことを語り、むりやりに食物以外の物を乞い、いつわって聖道と称して人々を妖惑《ようわく》し、僧も俗人も騒ぎ乱れ生業を棄てるしまつである。仏の教えにそむき、また法を犯す。……

詔は、右の内容にとどまらず、僧尼令に違反することが少なからずあるとして、警告を発している。地方における仏教の乱れに反して、平城京は仏都としての様相を色濃くしつつあった。藤原氏の氏寺である興福寺《こうふくじ》は、平城遷都の和銅三年（七一〇）に大和の高市郡にあった厩坂寺《うまやさかでら》を平城京に移したと伝える（『扶桑略記《ふそうりゃっき》』『興福寺縁起』）。大安寺《だいあんじ》は霊亀二年（七一六）に、元興寺《がんごうじ》は養老二年（七一八）に飛鳥の地から平城京に移された。また薬師寺の平城京における創建も、養老二年という（『薬師寺縁起』）。あわただしい遷都の風景を想像することができる。

辺境対策

平城京の建設とはうらはらに辺境地域の国土経営は不安定であった。霊亀二年（七一六）九月、中納言の巨勢万呂《こせのまろ》から次のような言上があった。

出羽《でわ》国を建ててすでに数年を経たが、官人や人民の数が少なく、蝦夷もなつかない。ここの土地は、よく肥えていて、田野の面積も広大である。そこでお願いがあります。近くの人民を出羽国に移住させ、蝦夷をよく教育するとともに、土地からの収益があがるようにしていただけないだろうか。

これを聞きいれた政府は、陸奥《むつ》国置賜《おきたま》・最上《もがみ》の二郡および信濃《しなの》・上野《こうずけ》・越前《えちぜん》・越後《えちご》の四国の各々の百戸を出羽国に付属させた。『続日本紀』養老元年（七一七）二月条にも各国から百戸を出羽柵《でわのさく》に駐屯させる記事を載せるが、重複であろう。さらに養老三年（七一九）七月にも、東海・東山・北陸の三道の二百戸を出羽柵に移住させている。蝦夷が厳しく抵抗していたことをうかがわせる。養老四年（七二〇）九月に、蝦夷が反乱して、地方を監察する按察使《あぜち》の上毛野広人《かみつけののひろひと》が殺されたと、陸奥国から報告があった。政府は蝦夷の反乱を鎮圧するために征夷軍を派遣して対応しなければならなかった。

南九州の隼人も反乱し大隅《おおすみ》国守の陽侯史麻呂《やこのふひとまろ》を殺したことが、同年二月に大宰府《だざいふ》から報告があった。この場合も政府は征隼人軍を派遣している。

辺境の民の反乱とともに、地方の経済状況もふるわなかった。同年三月、太政官は六条からなる民政の改善案を奏上した。内容は、利息つきの貸借である出挙《すいこ》について大税《たいぜい》の無利息貸与や庸・調を運ぶ運脚《うんきゃく》の帰郷時の救済に関わるものであった。これらの事実は、政府が地方に厳しい統治をしていたために生じた貧窮を食いとめるための方策であったにすぎない。

国家統治のほころびを認識しながらも、法治主義の原則は貫かねばならなかった。養老二年（七一八）に藤原不比等を中心として新しい律令、いわゆる養老律令が完成した。しかし施行されるのは天《てん》平宝字《ぴょうほうじ》元年（七五七）であった。律令の編纂から四十年近くも経てから施行された理由については、諸説があるが、明らかではない。おそらく大宝律令を細部修正したにすぎないので、新しい律令を即刻施行する必要がなかったとも考えられる。しかしそれならば編纂を経て四十年近くもの間、眠らせておいて、施行したのはなぜか。一つの答えは政権の中枢に位置する藤原仲麻呂《なかまろ》が祖父藤原不比等の業績を顕彰するためであるとする。おおむね納得できる説とすべきであろう。おそらく養老律令の編纂作業は、首皇子の即位を控えての、新しい法治国家を示威する目的によるものであろう。

不比等から長屋王へ

養老四年（七二〇）に藤原不比等は死去する。同年に舎人《とねり》親王らの撰による『日本書紀』が完成している。最初の正史と、修訂ではあるが新しい律令とをもって、即位を間近に控えた首皇子の天皇としての国家統治のはじまりを飾ろうとしたのであろう。

ここまで元正朝の主な施政についてみてきたが、いずれにも共通するのは、国家として十分に整備できていない部分を補強しようとする点である。それは養老律令や『日本書紀』と同様、首皇子の即位までに国家の体裁を整えようとしたものではなかったか。つまり元正女帝のなさねばならなかった役割は、即位を予定されている首皇子が天皇として登場する舞台をしつらえることであった。

だが同時に政争の火種をもかかえこんだ。不比等が亡くなった後、国政の実権を握り養老五年（七二一）に右大臣の地位についた長屋王は天武天皇の孫で皇親勢力を代表する立場であり、いうまでもなく藤原氏と対立する構図を鮮明にしていった。

長屋王は仏教に篤い信仰心をもっていた。文武天皇が死去した際に、『大般若経《だいはんにやきよう》』六百巻を書写させたし、聖武即位後の神亀《じんき》五年（七二八）にもやはり『大般若経』六百巻の書写をさせている。鑑真《がんじん》は長屋王が千の袈裟《けさ》をつくり中国の大徳《だいとく》衆僧に来施したといい、そのことをもって日本は仏教興隆有《う》縁《えん》の国であるとみなしたことが来日の動機であるとさえ伝わる。昭和六十一年（一九八六）～平成元年（一九八九）に長屋王の邸宅跡が二条大路南で発掘され、四万点にのぼる木簡が出土した。邸宅の規模の大きさはもとより、贅沢《ぜいたく》な日常生活の様子も明らかになった。

長屋王を中心とする政権のもとには、先にみたように辺境の対策と、人口増大に対応しなければならない財政問題も打開すべき課題としてあった。

辺境の問題は、単に国土の安定という点のみではなく、中華帝国を構築するという国家観にも関わるものであった。養老六年（七二二）閏四月、太政官は次のように奏した。

このごろ、辺境の人民たちは、にわかに、外敵に侵攻され、西や東に逃げまどい流離分散しています。もし人民らにあわれみを施さなかったならば、おそらくのちに問題を残すことでしょう。そのため、聖王が制度を立てて、積極的に辺境の人民の生活を充実させることに努めるのは、思うに中国（中華帝国としての日本）を安寧にするためであります。

このような前文に続いて、陸奥の按察使が管轄する地域において庸・調の免除や農耕と養蚕を勧めるなど救済の策を提言している。これに続いて農業の振興に関して奏上する。

また、食が基本であることは、人民にとってもっとも重要なことであります。状況にしたがって方策を設定することは、国を統治するにあたっての重要な政策であります。

そして長屋王らが建策したのは百万町歩開墾計画であった。農耕を勧め、穀物を蓄積し水害、干ばつに備えるために、国郡司に命じて人夫を徴発し十日間を限度とする労役を課し、食料を支給し、道具類を貸し与えて実施するとした。だが百万町歩という大規模な開墾は現実的でないし、これを上奏文の文脈にしたがって東北地方に限定するのか、それとも全国的な範囲に及ぶものであったかについては、判断がわかれる。いずれにしても農政こそ国家財政の根本であり、それを安定させるには、農耕地が不足していた。

養老七年（七二三）には三世一身《さんぜいっしん》の法《ほう》が出された。この法令も農耕地や灌漑《かんがい》のための池溝の開発を目的とするもので、新たに、灌漑施設を造成し、開墾した場合は三世（曾孫の代までとするか、あるいは本人・子・孫までとするか説がわかれる）まで、既存の灌漑施設を利用して開墾した場合は本人の一代限り、開墾した農耕地の占有と用益権を認めるものであった。これらの国家の農耕地拡大政策がどのような成果をあげたかは具体的には明らかでない。

首皇子の即位への階梯《かいてい》は着実に進められてきた。遷都間もない和銅七年（七一四）に皇太子となった。時に十四歳である。霊亀二年（七一六）に藤原不比等と橘宿禰三千代との間に生まれた安宿媛《あすかべひめ》（のちの光明皇后）を皇太子妃とした。皇太子首皇子の母宮子は不比等と加茂朝臣比売《かものあそみひめ》を父母とするので、首皇子の血統からいえば、不比等は母方の祖父でかつ義父となる。首皇子は藤原氏に絡められているのだ。

皇太子の宮は、平城宮の東に張り出した部分とみる説が有力であり、東宮あるいは東院とよばれた。

そして位置関係からみてなるほどと納得させられるのは、推定東宮の東に接して不比等邸があったことである。まさしく首皇子の保護者として不比等があった。不比等は養老四年（七二〇）に没するが、自分の打った布石にほぼ満足し、後事を第三子の藤原宇合《うまかい》に託した。不比等の権力への野心に嫌悪感をもっていた元明上皇も、不比等の後を追うように翌年養老五年（七二一）に死去する。そして三年後、元正女帝は首皇子に譲位する。

皇親勢力の意図に反して、元明と元正の二人の女帝は、ひたすら国家をデザインした藤原不比等の血統のために身をささげたのである。

第5章　光明皇后——国家理念と現実

首皇子《おびとのみこ》の即位によって不比等《ふひと》の夢は実現した。聖武《しょうむ》天皇の時代で、絢爛《けんらん》たる天平《てんぴょう》文化が開花したと語られてきた。たしかに、「ヤマトの時代」の到達点といってよい。しかし、この時代の演出者は聖武とともに光明《こうみょう》皇后でもあった。むしろ皇后が聖武を支え、先導する局面があった。華厳経《けごんきょう》の教主盧遮那仏《るしゃなぶつ》像の造立や国分寺・尼寺の建立は、光明皇后が唐《とう》の高宗《こうそう》の皇后、則天武后《そくてんぶこう》に範を求めたとみてよい。光明皇后の政治的力量は、史料に語られる以上のものを想像させる。

天平の時代の国家理念が仏教による護国国家とすれば、明確にその理念を描いていたのは光明皇后ではなかっただろうか。平城京の造営が藤原不比等の国家戦略ならば、聖武天皇のそれは大仏造立によって、内政的重心を創生するのみでなく、東アジアにおける仏教国家の存在を誇示することにあった。だが、天皇に即位するべきふさわしい後継の皇子がいないという不安の影が聖武と光明におちていた。阿倍《あへ》内親王を皇太子にしなければならない状況に追い込まれていた。

聖武即位

神亀《じんき》元年（七二四）二月四日、皇太子首皇子《おびとのみこ》は大極殿《だいごくでん》において即位した。二十三歳をすぎたばかりの若い天皇である。藤原氏一族の期待を背負っての登場である。緊張感が身体にみなぎっていたと想像するが、その一方では、皇親族が権力の座から後退していくのを実感していた。おそらく、聖武《しょうむ》自身は、藤原氏の意向にしたがっての即位であり、そこから脱しきれない無力感にさいなまれていたのではないだろうか。聖武天皇は即位に際して皇位の継承に関して、次のような詔を下した。

①元正《げんしょう》天皇がおっしゃったのには「この国は藤原宮にて天下を治められた文武《もんむ》天皇があなたにくださったものである」と。

②文武天皇が天下を賜《たも》うたときは、あなたの年齢は若かったので重責に耐えられないと思われ元明《げんめい》天皇にお授けになった。そのため元明天皇は平城の大宮で統治されたが、霊亀《れいき》元年（七一五）に私（元正天皇）にお譲りになった。

③元明天皇がおっしゃるには「天智《てんじ》天皇の不改常典にしたがい首皇子に皇位を授けよ」と。

すでにみてきた通りであるが、文武天皇は藤原宮子《みやこ》との間にできた首皇子に皇位を継承させるべきであったが、若年であったために元明―元正という女帝を中つぎのごとく即位させて、ついに聖武天皇の即位にこぎつけたのである。実にたくみな方法であるが、それに抵抗する行動もなかったのは、天智天皇の不改常典を前面にもちだしたからであろう。とはいえ、すでにふれたようにこの不改常典を天智天皇がみずから定めたのか、それとも、天智天皇に仮託されたのか不明である。

　藤原氏の勢力に擁立された聖武天皇のもとで皇親勢力の代弁者として矜持をもたねばならなかった長屋王《ながやのおおきみ》は、右大臣から左大臣の地位についた。しかし聖武の妃である藤原光明子《こうみょうし》が神亀四年（七二七）閏九月に皇子を出産し、その皇子を皇太子としたことなど長屋王をめぐる政治環境は閉塞《へいそく》しつつあった。皇子の名を基王《もとい》（一説に某王）といい、その年の十一月に立太子となった。聖武は即位後間もなく後継天皇を予定することができた。しかしその安堵感《あんどかん》もつかの間、翌年神亀五年（七二八）に皇太子が死去した。聖武は仏に懸命に祈りをささげたが、皇太子の病気は平癒しなかった。基王は、平城宮の北方の那富山《なほやま》に葬られたが、聖武は悲しみのために朝務を三日間中止した。皇太子は幼少であったので、正式の喪礼をすることもなかった。しかし京中の官人および畿内の人民は喪服を三日間着用し、諸国の郡司は哀しみの声をやはり三日間あげた。

　基王の死去は、聖武と光明子にとっては、いうまでもなく悲しみに余る出来事ではあったが、藤原氏にとっては、いずれ皇子が誕生するであろうという楽観的な観測があったであろう。し

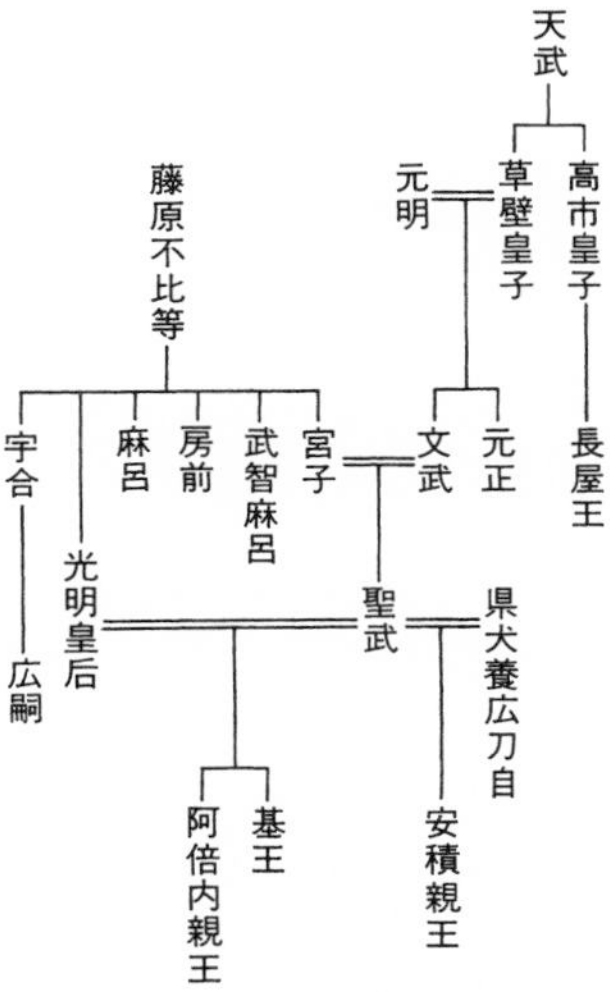

5－1　第5章関連系図

かし基王の死により、結果として平城京の時代が幕を閉じねばならなくなるとは、誰もこの時期に予想できなかった。

長屋王自害

藤原氏側にとって注意せねばならなかったのは、長屋王であった。いつ長屋王が皇親勢力を背景に皇位を奪う行動に出るかもしれないと強い警戒感を抱いていた。

天平《てんぴょう》元年（七二九）二月、漆部造《ぬりべのみやつこ》君足《きみたり》や中臣宮処連《なかとみのみやこのむらじ》東人《あずまひと》といった者らが、長屋王はひそかに左道《さどう》（よこしまな邪術）を学んで天皇を倒そうとしていると密告した。事態が急なることを予測して朝廷側は伊勢国鈴鹿《すずか》、越前国愛発《あらち》、美濃国不破《ふわ》の関を閉じる処置をとった。王や群臣らが長屋王宅につめ、罪について窮問したところ、長屋王はついにみずからの命を絶ち、室の吉備《きび》内親王や子どもたちも首をくくって死んだ。長屋王と内親王は生駒山の近くに葬られた。

すでにふれたが長屋王の邸宅は、二条大路の南にあった。二条大路は平城宮に接してその南を走る東西路であるから、長屋王の邸宅は宮に近接してあった。そのことは、長屋王の地位の高さとそれにともなう実力を示すに十分であった。邸宅は作宝楼《さほろう》とよばれ、詩歌の宴が文人たちを招いて催された。長屋王の詩歌は『万葉集』に五首、『懐風藻』に三首収められ、かつ仏教に篤い信仰をもっていたなど、豊かな教養に裏づけられた知識人であったと思われる。そのために権力の座を他人にまかせることができない自負があったのかもしれない。藤原氏にとりかこまれながらも進路を模索した長屋王の苦悩が、藤原氏の標的となった。

万葉歌から長屋王の繊細な性格がくみとれる。馬を寧楽山《ならやま》（平城山）あたりにとめて詠んだ歌である。

佐保《さほ》過ぎて寧楽《なら》の手向《たむけ》に置く幣《ぬさ》は妹《いも》を目離《か》れず相見しめとそ

（巻三―三〇〇）

佐保を過ぎて北の奈良山を越えるあたり、手向けの場所に幣をおき、妻にいつも会わせてほしいと祈る心を詠んでいる。だが長屋王の評価はわかれる。仏教説話集の『日本霊異記』の「己《おの》が高徳を恃《たの》み、賤形《せんぎよう》の沙弥《さみ》を刑《う》ちて、現に悪死を得る縁」の項に次のようにある。元興寺《がんごうじ》の大法会で長屋王が僧侶たちに食事をささげる役をしたときに、一人の僧侶が供養の飯を盛る所へ来て鉢をささげもっていたところを、不謹慎にも象牙《ぞうげ》製の笏《しやく》で頭を打った。そのため頭から血が流れたという。そのことがあって、長屋王に謀反のたくらみがあると密告されたと。事の真否はわからないが、もしかしたら彼の知性がおごり高ぶることがあったのかもしれない。

改変された平城京プラン

光明子にとっての大きな転機が天平元年（七二九）八月十日に訪れた。天平改元は正式には八月五日であるから、五日後の出来事である。聖武が光明子を皇后に立てたのである。それまで皇族でない女性は皇后になる資格はないとされてきた。その慣例を破らねばならなかった。そのためには『古事記』と『日本書紀』の伝承的記事にのっとるという方法が思いつかれた。聖武は仁徳《にんとく》天皇の皇后の磐《いわ》之媛《のひめ》が葛城曾豆彦《かずらきのそつひこ》の娘であったという故事を引いて前例とした。

光明子が皇后となったのは、右に記したように天平と改元したばかりの時点である。天平改元は、聖武朝にとって特別の意味をもったと思える。

天平改元のきっかけは、文字を背に記した亀が献上されたことによると『続日本紀』は記しているが、長屋王をしりぞけて藤原氏が政権の座の中心を占める新しい体制づくりをより強く意図したことがうかがえる。

近年まで平城京の造営も、ほぼこの時期には完成していたとみてもよいだろうと想定しがちであった。少なくとも本書執筆の二、三年前までは、誰もがそのように思っていた。しかし、考古学の発掘調査は、ためらいもなくこれまでの通念とは異なる新しい歴史の像を見せつける。これまでわれわれの知っていた通説である南北九条とする平城京の形が、実は、当初において十条であったというのだ(図5―2)。この調査報告を目にしたとき、これまで見なれていた平城京の平面図のイメージが一気に瓦解《がかい》するのを覚えた。明らかに十条大路の痕跡が出土し、目のあたりに見せつけられた。現状では左京部分しか検出されていないが、歴然と十条に及ぶ平城京の区画があったのだ。ところが不思議なことに、長く見積もったとしても七三〇年ごろには、人為的に粘土質の土壌で埋められてしまっている。平城京造営の謎が立ちあらわれたのだ。

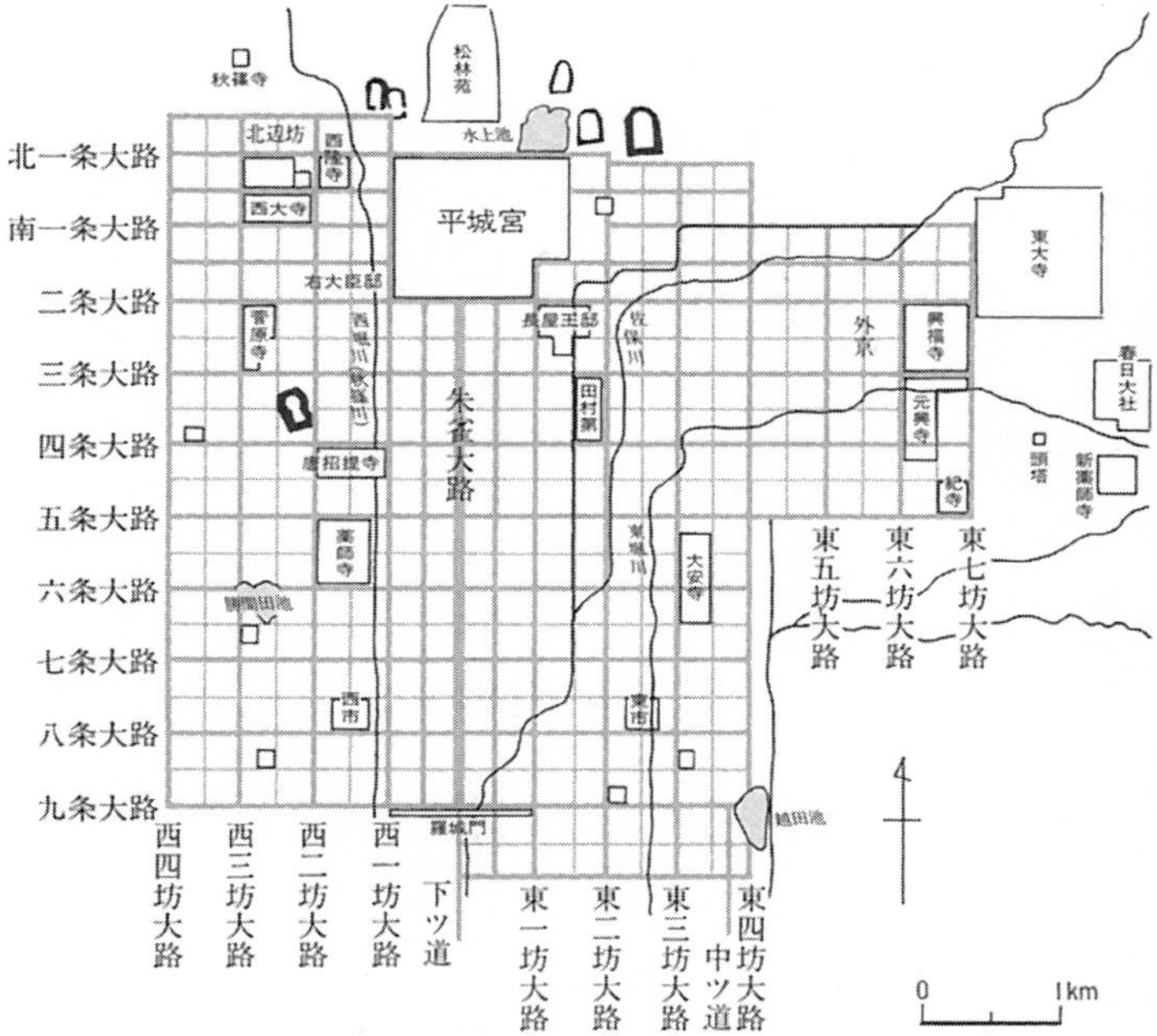

5－2　十条の発見（大和郡山市教育委員会による）

　もう一度年表をくってみよう。聖武即位は七二四年である。長屋王が自害に追いやられ、天平改元、光明子の立后が七二九年で、この前後に十条の部分が人の手によって廃絶されたことになる。十条を九条に変更する積極的な理由があったはずだ。

　少し、視点をかえてみよう。なぜ南北十条のプランで造営が実施されたのか。これについても、多くの人を納得させることができないが、藤原京の十条のプランを踏襲したという一説がある。といっても、藤原京が十条であると今のところ断定できないことが、この説への支持をためらわせる。そして解釈は、また振り出しにもどってしまう。仮に藤原京が十条として、それにしたがって平城京もそのように計画して着工したのにもかかわらず、なぜ九条に改変したのだろうか。

数字から、この問題を解こうとする試みもある。それはこういうことだ。九は陽数（奇数の最大数）であるので、その数をもって南北の条の数とし、東西は、左京のいわゆる外京の突出部を除外してみると八坊となり、この数は陰数（偶数）の最高位の数であることから、平城京の形を数の上からみて南北を陽、東西を陰として陰陽のコスモロジーにかなったものとした理解である。この説も、合理的な説明らしき一面をもっている。だが、もしそうならば計画段階において、つまり机上で線引きがされたときに、陰と陽のバランスをとった宮都の形を考えてもよかったのではないかと、思いたくなる。造営工事で十条までなされた時点で、再考した結果というのでは、腑《ふ》におちない。もちろん縁起をかつがねばならないような出来事がおこり、急遽《きゅうきょ》十条から九条に変更したことも考えられないわけではない。

私に断案があるわけではない。ただ、藤原京について記したことであるが、坊（一つの区画）が正方形で新羅《しらぎ》の王京慶州《けいしゅう》を念頭においたとしたら、長安城の情報が遣唐使らによってもたらされたにもかかわらず平城京の坊も正方形で、長安城のように正方形と長方形の組み合わせではないことは注目に値する。以下、まったくの机上の作業にすぎないが、図5―3のように唐の長安城の長方形の区画

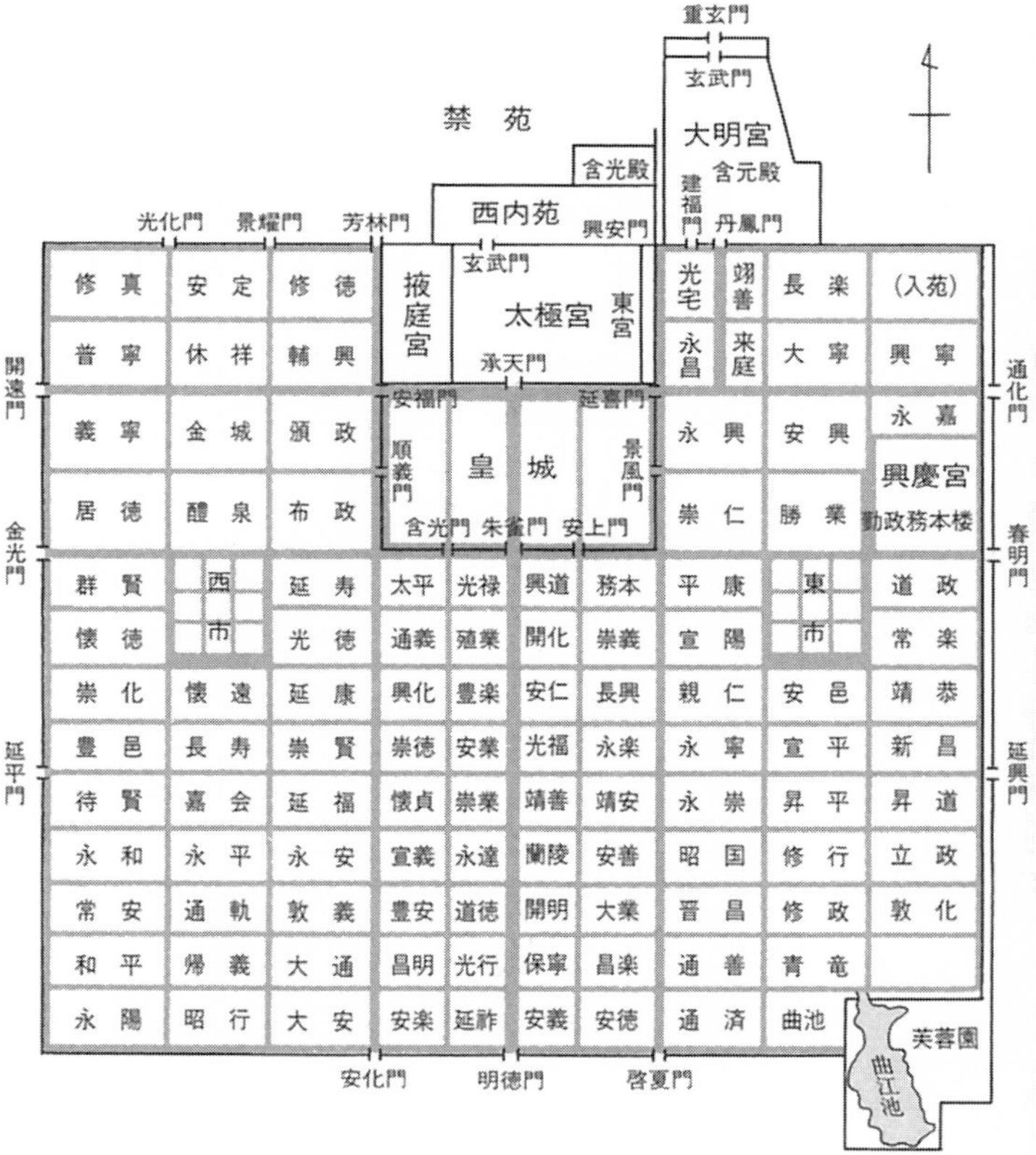

5－3　**長安城の平面図**（『中国建築史』）

を二つ合わせて一区画とすれば、南北に九区画をとることができる。このような図上の操作をよしとするならば、造営工事の中途で長安城に合わせて九条とする変更があったとしてもよい。しかしこれもまさしく机上の空論としてしりぞけるべきであろう。

私は、十条から九条への変更は、寺院の建築や、官人らの宅地班給を進めていきながら、結局は十条までの大きさが不要ということになり、その結果として、京としての体裁を考えて、十条の部分を削除したのではないかと、当面考えつつある。つまり現実的に京の範囲を定めていった過程があったと推定したい。

羅城の発掘

これまで、『続日本紀』和銅《わどう》七年（七一四）十二月条の、新羅からの使節を大野東人《おおののあずまひと》という人物が騎兵百七十人をひきいて三椅《みはし》で迎えるという記事は、九条大路の羅城門で迎えたものと、私も含めて一般に読みとってきた。三椅という地名は、先にとりあげた十条の遺構がみつかった下三橋《しもみつはし》のもととなった大和郡山《やまとこおりやま》市下三橋にその名を伝えている。おおよそ九条大路にも近いので、羅城門もできあがっていたとみたのである。

しかし発掘調査の所見にしたがうならば、新羅からの使節を迎えたのは十条大路付近でなければならないという見方もある。さらに十条部分の調査は、のちにふれるように羅城の完成を八世紀中ごろとする結果を示したのである。十条部分を削除した後、九条大路に京の人口にあたる羅城門を築いた

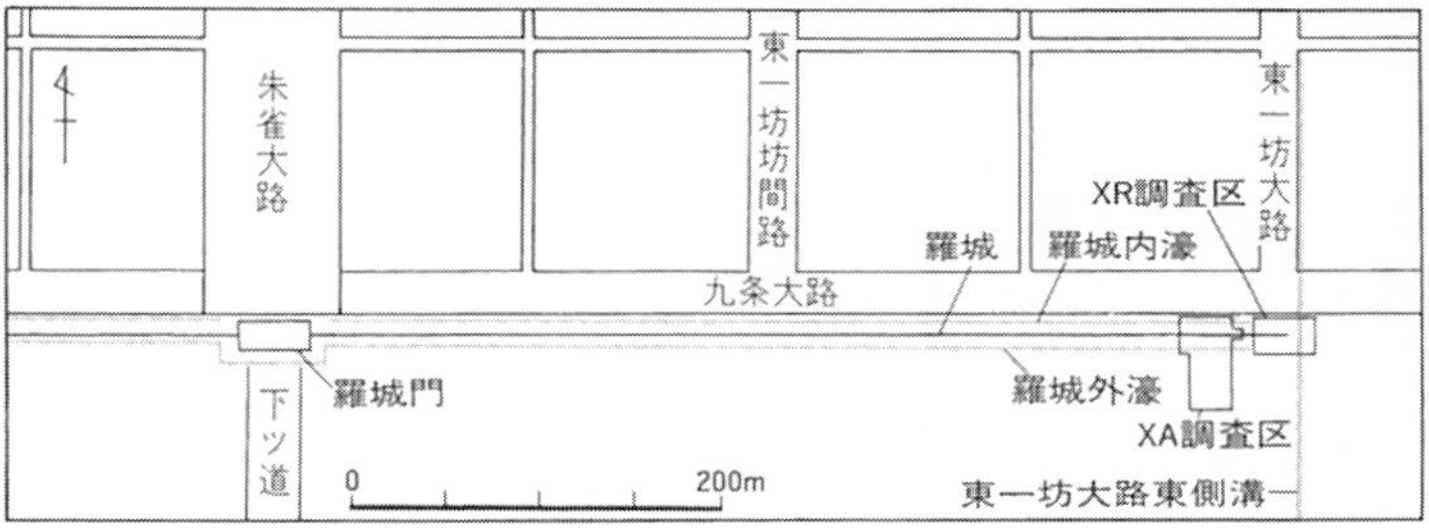

5－4　**羅城の遺構**（提供・大和郡山市教育委員会）

のであるとすれば右にふれた和銅七年（七一四）の新羅の使人らが平城京におもむいたときは、まだ羅城門はなかったのだろうか。

下三橋遺跡の調査では、九条大路の南に沿う羅城をも検出した（図5―4）。中国の都城においては羅城といえば土を固めながら築いた土塁状の構造物であるが、平城京の場合はそうでなかった。本体は南北二列の掘立《ほったて》柱列で東西に細長くつらなり、木造瓦ぶきの建築物であった。さらに柱列の南北に大規模な東西方向の濠《ほり》（外濠と内濠）が掘られていた。発掘は左京部分のみでなされたが、五二〇《メートル》の長さでそれより東には羅城がなかった。ということは、九条大路の全長にわたるものではなかったのであって、朱雀大路《すざくおおじ》の南端にあった羅城門をはさんで左右に申し訳ていどの構築物があったというものである。中国の都城にみるように外敵の侵入を許さない威圧感を感じさせる存在ではなかった。羅城の構築年代は、出土遺物からみて八世紀中ごろとする所見である。

『続日本紀』で平城京の羅城門の記事をはじめてみるのは、天平十九年（七四七）六月条の羅城門で雨乞いをしたとある箇所である。右にみた羅城の建設年代からみて羅城門もそのころに完成していたとすれば、雨乞いの場であった羅城門は、建設されて間もないころのものであった。

しかしこの問題は今後、慎重な検討を必要とする。羅城門の建設年代についての考古学的検証と、羅城にまつわる出土遺物の全面的調査など残された課題は少なくない。

日本の宮都と羅城

日本の宮都をめぐって、羅城のことが話題になる。なぜ、日本の宮都には中国の都城のような四周を囲む堅固な羅城がないのかと。右にみた平城京の羅城などは、あくまでも都城の内と外とを限るための象徴的な構築体にすぎない。だから平城京のみならず他の宮都も無防備だといえる。そのことから、日本は内乱のような事態がおこらない平和な国家であったという解釈が導かれる。たしかに天皇の位を奪いとろうとするような内乱はなかった。だが中国式の本格的な羅城がなかったから、当時の社会は平和であったとするのは、私にはためらいがある。そのような視点から堅固な羅城のない宮都をながめるのではなく、天皇から照射してみることもできるのではないかと、私は思う。

すでに述べたように、天皇という称号は中国道教の天皇大帝に由来するので、神である。神である天皇は、超越的存在であるので他者は侵すことはできない。それゆえにこそ、外敵の侵入に対処すべき強固なつくりの羅城は不要なのだ。中国の皇帝は天帝から命じられた地上の支配者天子である。神ではない。行きつくところ皇帝の位は状況の変化次第で簒奪《さんだつ》される。それが中国の歴史であった。

そもそも平城京も平安京もふくめ日本の京の入口に羅城門という名をもつ門があること自体、不自然である。中国の長安城についてみれば、都城への入口にあたる門は明徳門《めいとくもん》といって羅城門とはいわない。それに対して平城京、平安京において羅城門と称しているのは、いかにもわざとらしい印象をもつ。

平城京はなぜ不整形か

平城京を盆地の北端に配置しようとした理由は、長安城を意識したらしい。朱雀大路のラインは、すでに記したように下ツ道の北の一部を踏襲したが、東西の基準線はどのようにして設定されたのだろうか。私は三条大路（今の奈良市街地の三条通り）ではないかと以前から想定してきた。なぜならば三条大路を東にまっすぐに地図上で延長すると、御蓋山《みかさやま》の頂上に、寸分たがわずあたるからである。ただそれだけの理由だが、御蓋山は藤原氏が奉斎する春日《かすが》神社の神体山である。平城京の東西方向の大路でもっとも重要なのは、宮の南に接して走る二条大路である。この大路に接して朱雀門があり、それをくぐれば宮域である。いくら藤原氏といえども二条大路の基準点を御蓋山の頂上にもってくることは、はばかられた。

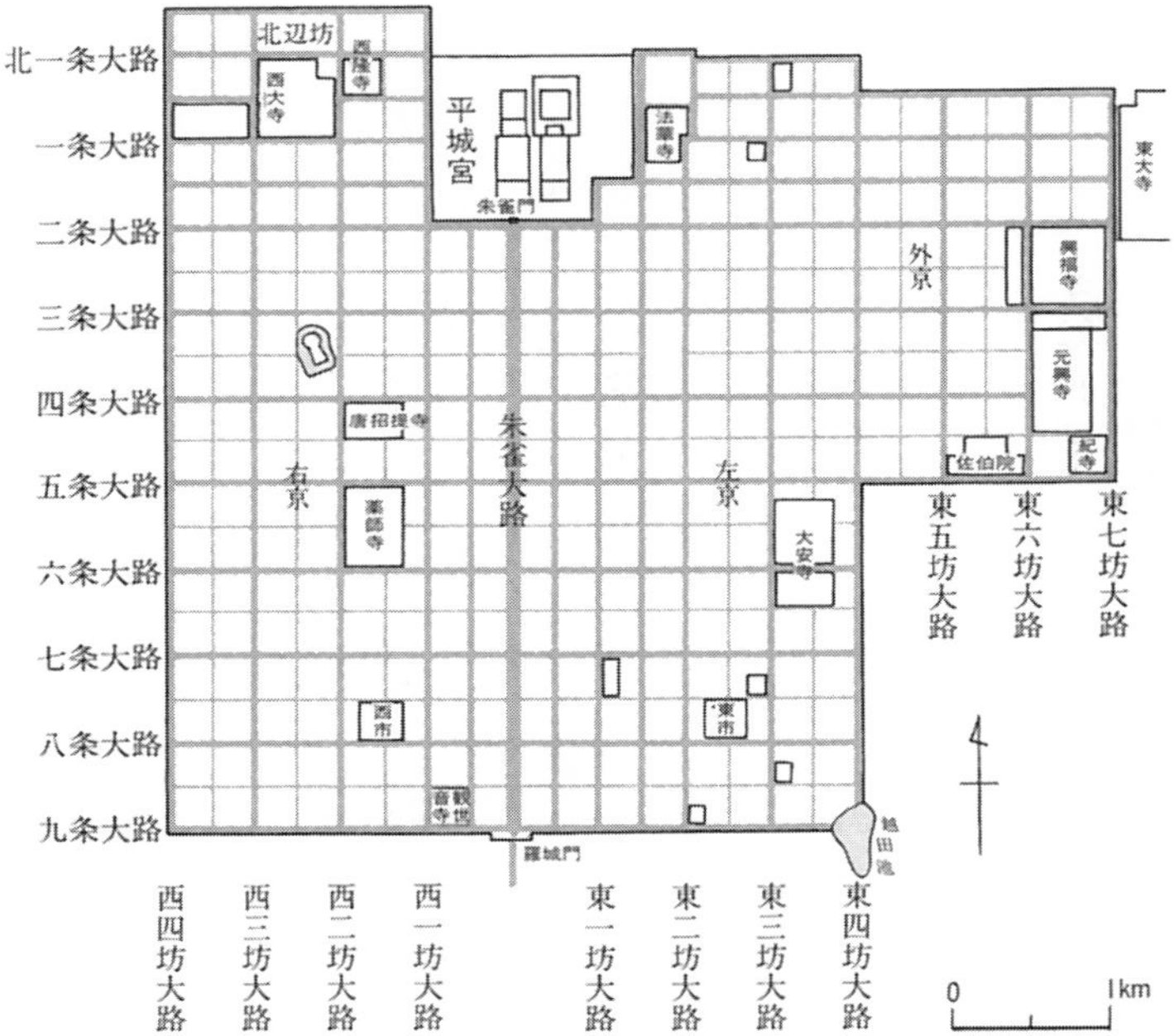

5－5　平城京のプラン（奈良文化財研究所による）

藤原氏の氏寺である興福寺《こうふくじ》の南門は三条大路に接してある。氏神と氏寺がいずれも三条大路と立地上関係をもつことは、いかにもこの大路が藤原氏にとって少なからず意味をもっていたとみてよいであろう。つまり、平城京の外京という出っ張りは、藤原氏のための都であった。

一方、平城宮も東に出っ張りをもっている。この部分は東院とよばれるが、もともと首皇子のための東宮であった可能性が高い。とすれば、この東院もまた、藤原不《ふ》比《ひ》等《と》の孫のためにつくられたのであった。この出っ張りも藤原氏の関与が想定できる。とすれば、平城京の外京、平城宮の東院は、ともに藤原氏と関係をもつ空間なのだ。このように考えると、平城京と平城宮がともに、東に出っ張りをもっていることの意味が理解しやすい。平安京とちがって、平城京と平城宮が不整形なのは、藤原氏の政治的圧力の反映なのだ。

女性の皇太子

藤原氏一族の期待を光明皇后は担っていた。本人もその重荷を十分に自覚していた。その光明皇后の心を動揺させていたのは、聖武と夫人県犬養広刀自《あがたのいぬかいのひろとじ》の間に生まれた安積《あさか》親王が皇太子になるのではないかという不安であった。藤原氏一族のためにはどうしても安積親王の即位を阻止しなければならなかった。とりあえずは苦肉の策がとられた。天平十年（七三八）、聖武と光明を父母とする阿《あ》倍《へ》内親王を皇太子としたのである。皇女が立太子するのは異例のことである。聖武天皇と光明皇后をめぐる人事には、強引さが目立つ。光明の立后もそうであったし、それに続いて皇女の立太子である。いうまでもなく藤原氏の権勢が背後にあってこそなしえたことであった。

元明・元正女帝の即位以来、藤原氏は力ずくにむずかしい事態を切り崩してきた。しかし、それでも警戒をゆるめるわけにはいかなかった。阿倍内親王を皇太子にしたのではあるが、女帝実現に異論があるとすれば、安積親王が皇位継承者として浮上してくる可能性がある。時に藤原氏の政治的基盤が危機的な状況にあった。それは前年に天然痘が猛威をふるい、藤原房前《ふささき》・麻呂《まろ》・武智麻呂《むちまろ》・宇合《うまかい》ら有力者が続々と病死したことによる。そうした難局に直面しながらも藤原氏の選択肢は、たった一つしかなかった。阿倍内親王を皇位につけることである。女帝によって、難局をしのぐ以外に、藤原氏には打つ手がなかったのだ。

ここで、私は少し立ちどまって次のようなことを考える。光明皇后の天皇位についてまったくとりざたされなかったのであろうか。もちろん聖武と光明のどちらが先に死去するかは、簡単に予測できないことはいうまでもない。だから光明即位の可能性は聖武が光明より先に死去する場合にはありえたかもしれない。もし機会があれば光明皇后自身は即位してもよいという心づもりがあったかもしれない。けれども、結局は、皇后であっても、皇親出身ではないという問題がたちはだかっていたのかもしれない。それが大きな問題とすれば、阿倍内親王ならば、皇位継承の候補に指名が可能だった。その点まで見きわめた上での内親王の立太子であったのであろうか。

聖武と母宮子の出会い

光明皇后は、父親の不比等の旧宅内に皇后宮職《こうごうぐうしき》をおいた。『続日本紀』天平二年（七三〇）四月条に皇后宮職のうちに貧しい病者に治療を施す施薬院《せやくいん》を設けたとある。皇后宮はのちに法華寺《ほっけじ》となるが、今日、同寺に伝わる空風呂《からぶろ》は光明皇后が千人の垢《あか》をみずから流したという伝説に由来する。

天平九年（七三七）、十二月二十七日、年も暮れようとしていたころ、一人の女性が皇后宮を訪ねた。皇太夫人の藤原宮子である。すでに夫の文武天皇は死去し、またこの年は先にふれたように天然痘が藤原氏の要人たちを死に追いやり、沈痛な空気が平城京にただよっていた。皇太夫人宮子も長年にわたり、気分がすぐれず人と接することなく過ごしていた。そのような状態から解放されたい願いで僧玄昉《げんぼう》に救いを求めた。皇太夫人宮子は、聖武天皇の母親であるので、天皇もまた皇后宮におもむいた。天皇、つまり首皇子を産んで以来宮子はわが子に会うこともなかったが、玄昉が看《み》たところ、宮子の心は晴れやかになった。このとき、宮子は、わが子天皇をまじまじと見つめた。この母子の対面は、よほどの出来事であったらしい。「天下慶賀せざるなし」と『続日本紀』は記している。聖武が長く母の宮子に会うこともなく過ごしてきたことが、聖武と皇后の関係にも影を投げかけているのではないかと、私は思う。

国土の地理情報

平城京の時代に至るまで、国家をどのような地理的実態として朝廷が掌握していたか、具体的には、よくわからない。しかし、史書の『古事記』や『日本書紀』が元明・元正朝に成立しているので、地方から提出された伝承などの資料を通して地方の地理的な様相は概略わかっていたはずである。国家の地理的基盤を詳細に報告することを命じたのは、和銅六年（七一三）である。遷都後三年を経ているが、諸国の郡郷名に好《よ》き字をあてさせるとともに次のような事項の提示を求めた。

①郡内で産出する銀・銅・彩色（染料・絵具の材料）・草木・禽獣・魚虫

②土地の肥沃の様子

③山川原野の名前の由来

④古老に伝わっている伝承

右にみた地方諸国への指示は、国ごとの「風土記」を撰進させるのが目的であった。今日、奈良時代の「風土記」についておおよその内容を知ることができるのは、常陸《ひたち》国、出雲《いずも》国、播磨《はりま》国、豊後《ぶんご》国、肥前《ひぜん》国である。個別的に検証すると、すべてが和銅六年の朝廷からの通達にしたがって対応したのかどうかという問題は残る。しかし、とにかく平城遷都を契機として諸国の地理書である「風土記」を編纂させた意図は、国家の版図の地理像をできる限り正確に把握することによって国家の存在を確認することにあった。

地理書とセットをなすのは地図である。天平十年（七三八）八月、「天下諸国をして国郡の図を造りて進《たてまつ》らしむ」と『続日本紀』に記す。どのような国郡図が諸国において作成されたかは、今日この地図に関わるものが伝わらないので不明である。同時に日本国の全体を描いた地図があったかどうかもよくわからない。よく知られているように、いわゆる行基《ぎょうき》図（行基式日本図）とよばれる地図は多く伝わるが、海岸線の表現が稚拙で、これが当時の朝廷が認識していた国家の地理的なかたちだとすれば、どうみても不正確といわざるをえない。そのことについては詳しく問うことはできないが、とりあえず地理書と地図を整備した事実は認めてよく、国家の存在が可視的な次元で明確になった。

国家理念と仏教

地理的情報の掌握が着手されたとして平城京時代の国家の理念を、朝廷はどのように構想していたのだろうか。天平九年（七三七）三月の詔に「国ごとに釈迦仏像一体、挟侍《わさじ》（脇侍）菩薩二体を造り、兼ねて大般若経《だいはんにやきよう》一部を写さしめよ」という。諸国に仏教信仰を朝廷の立場から指示したものである。国家の骨格を仏教によってつくろうとするもので、国家の理念の一端を示したと読みとれる。国家の理念を仏教に則して構想するのは、平城京の時代にはじまったわけではない。天武《てんむ》十四年（六八五）に天武天皇は諸国の家ごとに仏舎をつくり、仏像・経典をおき、礼拝供養するようにと詔を下している。だから、聖武は、天武の方針を継承し、仏教を国家理念とする体制の完成をめざした。その目的のために着々と手を打っていった経緯についてはのちにふれるが、いささか首をかしげたくなるのは、聖武の仏教体験がことさら特殊なものであった事績が見あたらないのである。

神亀二年（七二五）、即位して二年目の聖武は、寺社の清浄維持を命じ「金光明経《こんこうみようきよう》」または「最勝王経《さいしようおうきよう》」の転読をさせた。「金光明経」「最勝王経」は「王経」と称されるように、国家鎮護の経典である。神亀五年（七二八）には、国家平安のために「金光明経」を諸国に十巻ずつ頒布した。

天平十二年（七四〇）二月、聖武は河内《かわち》国智識寺《ちしきじ》の盧舎那仏《るしやなぶつ》を参拝し、大仏造立を発念《ほつねん》した。智識寺は、今日の大阪府柏原《かしわら》市太平寺《たいへいじ》に遺址がある。「智識」とは、仏のために結縁《けちえん》した集団をいう。のちにふれるが、聖武は大仏造立に際して、一般人民に智識として参加・奉仕することをよびかけた。それは、大仏造立のための手法であるのだが、なぜ盧舎那仏をつくろうとしたのだろうか。それも大きな仏像をなぜ造立しようとしたのか。

盧舎那仏は、正式には毘盧舎那仏《びるしゃなぶつ》といい、華厳経《けごんきょう》の中心に位置する仏、教主である。毘盧舎那仏は、サンスクリット語で「輝きわたるもの」という意味である。当時の平城京において大安寺《だいあんじ》（藤原京時代の大官大寺《だいかんだいじ》）は華厳経の研究センターであって、そのなかの指導的立場に僧審祥《しんじょう》がいた。聖武が智識寺で盧舎那仏を拝したその年、金鐘寺《こんしゅじ》（この地にのちに東大寺が建立される）に出向いて華厳経を説いている。審祥については、新羅の僧とみるむきと、新羅に留学した日本の僧という説がある。いずれにしても華厳経は新羅からもたらされたらしい。

恭仁京遷都

このころより、国家宗教としての仏教への傾倒が加速度的に進展する。聖武が智識寺に参拝した年に、国ごとに「法華経《ほけきょう》」を書写させ、七重塔を建てさせる命が下る。翌年諸国に国分寺・国分尼寺建立の詔が下る。国分寺は金光明《こんこうみょう》四天王《してんのう》護国之寺《ごこくのてら》、国分尼寺は法華《ほっけ》滅罪《めつざい》之寺《のてら》とよばれた。諸国に国分寺と国分尼寺を設けることによって、国家統治の精神的基礎が築かれた。

国分寺と国分尼寺の詔は、平城京で下されたのではない。北方を流れる山背《やましろ》国木津川《きづがわ》のほとりに立地した恭仁京《くにきょう》であった。結果としては、一時期ということになるが平城京は廃都になったのだ。それに至る経緯を追ってみたい。

恭仁京遷都に至るまでの聖武の内心は、決して平静ではなかった。天平十二年（七四〇）の六月、天皇は次のように勅した。

朕《われ》は、遠く八方のはてまでの地域に君臨して万民の主としてある。薄氷を踏み朽ちた手綱で馬を馭《ぎよ》しているようで心もとない思いがする。朝から衣を着て、夜眠ることも忘れてまで政治をしているが、人が城の濠に落ちて苦しみを負っていないかと心痛している。常にどのようにしたら天の命に応えて人々が安寧な日々を楽しむようになれるのか、天命にかなうように国家に安泰な栄えをもたらすのかと思う。

聖武の治世は、決して順風満帆ではなかった。その苦衷をこの勅から読みとってよい。この勅は天皇の慈悲深い心というようなものではない。治世の不安を訴えているのだ。だからおそらく地方には不満がくすぶっていたはずである。聖武が、国家が平穏である方法を求めて苦悩の日々を送っていた矢先、大宰府《だざいふ》の官人藤原広嗣《ふじわらのひろつぐ》が天皇に上表した。天地の災異の原因である僧正の玄昉《げんぼう》法師と下道《しもつみちの》真備《まきび》（吉備《きび》真備）を追放すべきだという内容であった。

古代における反乱は、直接天皇に仕向けることはない。中国のように皇帝を直接攻撃の対象とはしない。つまり天皇を討つようなことはない。天皇の側近を非難する。もちろん広嗣は藤原宇合《うまかい》の子で天皇の権力を掌握できるような器量はない。藤原氏内部での出世争いにすぎない。だが大宰府周辺の諸国をまきこんだ反乱は、決して小さなものではなかった。大野東人を大将軍に立てて征圧にのり出したほどである。天皇は伊勢《いせ》神宮に幣帛《へいはく》をささげるとともに、国ごとに高さ七尺の観世音菩薩一体を造ることと観世音経十巻の写経を命じた。神仏の力を頼みとし、乱の鎮圧を神仏に祈願した。

ほどなく広嗣の乱はおさまったが、この乱による戦闘が九州でおこっている最中、聖武は天平十二年（七四〇）十月、次のような勅を大将軍大野東人らに下した。

自分は、思うことがあって、今月の末、しばらく東国に行幸するつもりである。そのようなことをするときではないが、やむを得ないことなのだ。このことを知っても将軍は驚くことがあってはならない。

私のような後世の人間には、右の『続日本紀』が記す聖武天皇の行幸についての記事は、理解しがたい。聖武自身の言葉にあるように、九州で広嗣が反乱をおこしている事態で、平城京を離れるなど、とても考えられない。それにもかかわらず断行するというのだ。

その理由は二つ考えられる。一つは、平城京に広嗣と志を同じくする集団がいたので、そこから逃げねばならない不穏な空気がただよっていたのではないかということ。いま一つは、この時期にどうしても東国行幸に向かわねばならない切迫した理由があったこと。

真相はよくわからないが、行幸の足跡は、伊勢—伊賀《いが》—美濃《みの》—近江《おうみ》そして最後は平城京にもどらず、新しい宮として準備されていた恭仁宮に入るのである。だが、『続日本紀』の記事を追う限り、突然に聖武天皇が、恭仁宮にたどりついたとある。広嗣の乱の最中に行幸を決行し、最初からその目的地が決まっていたとしか考えられない。明らかに遷都である。それならば、『続日本紀』に、遷都の動機や準備の様子などが記されていてもよいが、それを暗示する記述はまったくない。行幸の最後に天皇が恭仁宮に入ったというのであるから、それを受けいれる施設が、整っていなければならない。その工事がまったくの秘密裏にできるわけはない。すでに定まっていた行程であったとしか思えない。

例えば広嗣が九州で乱をおこすであろう情報が、かなり早くから朝廷に伝わっていて、それに備えて平城京から逃避する心づもりをしていたのだろうか。その可能性は小さい。むしろ『続日本紀』には記述されていないが、恭仁京遷都は予定されていたと思われる。だが、平城京を廃都とするつもり

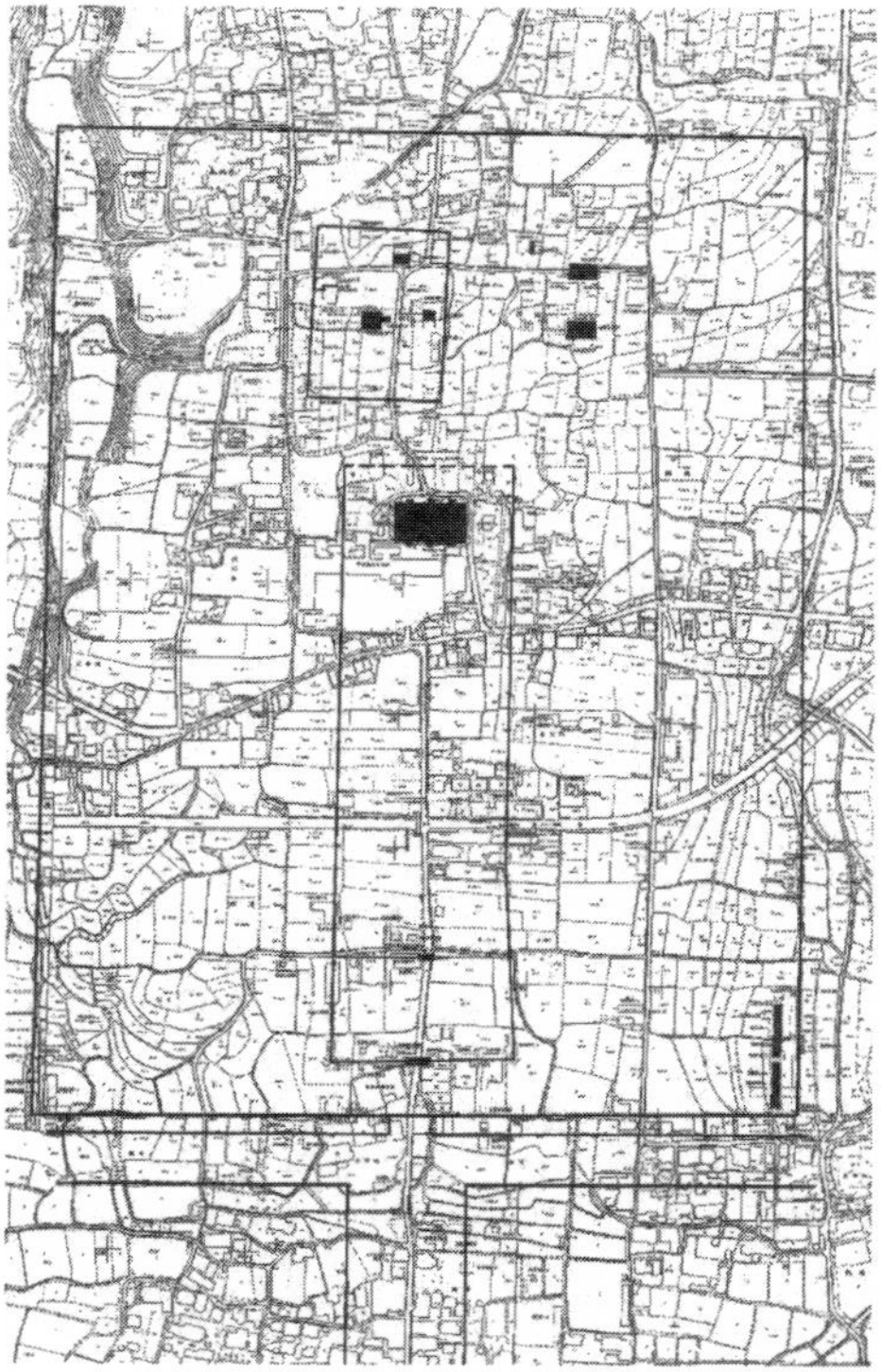

5－6　恭仁宮（京都府教育委員会による）

もなかった。すでに滝浪貞子氏が指摘したように（『帝王聖武』講談社、二〇〇〇年）、木津川の水運を利用できる立地を考慮して、恭仁京をつくり、大仏造立の予定地であった近江紫香楽《しがらき》との連絡を密にするためであったのだろう。宮都の立地を、交通条件を第一義とすれば、淀川水系の恭仁京のほうが大和川水系の平城京よりも一段とすぐれている。

大仏造立発願

かねてから指摘されていたことだが、恭仁京の計画されていたプランでは、木津川が京中を流れる（図5―6）。これは中国の洛陽《らくよう》の都を洛河という川が東西に貫流しているのに類似する。そして洛陽の竜門石窟《りゅうもんせっくつ》で最大の仏像が奉先寺《ほうせんじ》の盧舎那仏である（図5―7・写真5―8）。その情報がおそらく遣唐使が再開されたときの粟田真人を執節使とする使節らによって、聖武にもたらされ、恭仁京の造営と大仏造立をセットとして計画したと推定できる。だがのちに述べるがその背後に光明皇后の存在を忘れてはならない。

大仏すなわち盧舎那仏金銅像の造立の詔は、天平十五年（七四三）、恭仁京で下された。その詔は次のような内容である。

朕《われ》は、徳の薄い身であるが、かたじけなくも皇位についた。その志は人々を救い、いつくしむことである。国土の及ぶ限り、すでにあわれみの心がうるおっているけれども、天下は、いまだあまねく仏法の恩に浴していない。まことに、三宝（仏・法・僧）の威霊に頼って天と地がともに安らかとなり、万代にいたるまで、幸いをもたらすことをおこなって、動植物がことごとく栄えることを欲するものである。ここに天平十五年十月十五日に、菩薩として私は盧舎那仏の金銅像一体を造りたてまつる大願を発する。国中の銅をすべて使って、仏の像を鋳造し大きな山を削って堂をつくり、広く全宇宙に仏の教えを及ぼすことによって私がその奉仕する者となろう。そしてすべての者が仏の利益《りやく》をこうむり、さとりの心に至ろう。天下の富をもつのは私であり、天下

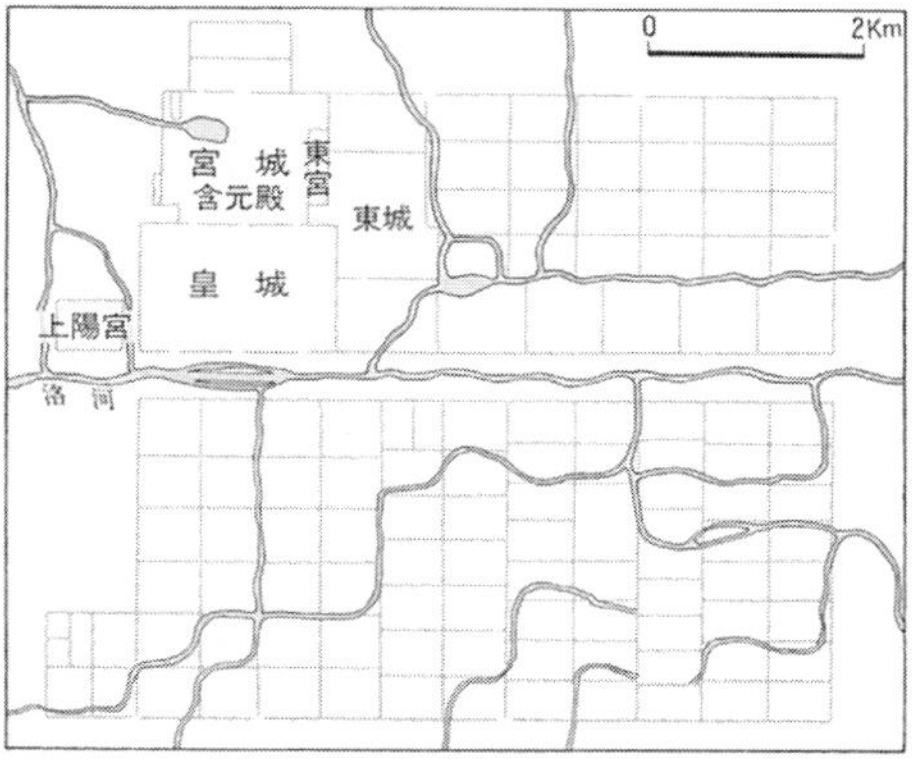

5－7　洛陽城平面図

5－8　竜門石窟の奉先寺盧舎那仏

の権勢をもつのも私である。この富と権勢をもって大仏という尊像をつくる。事をなすのは容易であっても仏の心に至るのはむずかしい。ただし人をいたずらに働かせて、この事業の聖なることに気づかず、あるいは非難する者が出て、事業が罪悪となることを恐れる。そのため、大仏造りに参画する者は、心をこめて誠意にして幸福を招くようにしたい。毎日、盧舎那仏を三拝しなくてはならない。みずから念をこめて、各人が盧舎那仏を造立すべきである。また、人々が一枝の草、一つかみの土をもって大仏をつくりたいと望む者があれば、思う通りにやるように許せ。国や郡の役人は大仏造立を理由にして人民たちに無理じいをしたり、物資をとり立ててはならない。このことを布告して私の意とするところを知らしめるように。

紫香楽宮

この詔が下された四日後には紫香楽宮で大仏造立の寺地が開かれ、行基が物資などを調達する勧進僧の任についた。それまでも、行基は恭仁京造営のために集団をひきいて橋などを架ける事業にみずから行動していた。

先にみた国分寺・国分尼寺造営の詔も、恭仁宮で出されたものであった。恭仁宮を建設するにあたって、大和・河内・摂津《せっつ》・山背《やましろ》から五千五百人が徴発された。恭仁京も賀世山《かせやま》（鹿背山）の西の道から東を左京とし、西を右京とする具体的なプランもできあがっていた。しかし天平十三年（七四一）の正月にはまだ大極殿が完成していない。新年の儀式である朝賀は、仮設的な殿舎でなされた。天平十四年（七四二）二月に恭仁京から東北に、近江国甲賀《こうが》郡に通ずる道をつくったとあり、紫香楽宮との関係が強いことが知られる。この年の八月、十二月に聖武天皇は紫香楽宮に行幸している。

天平十五年（七四三）の朝賀は大極殿でなされているので、天平十三年から十四年にかけてつくられたようであるが、実際には平城京の大極殿を移築したものである。『続日本紀』天平十五年十二月に恭仁京の造営工事は停止となった。多額の造営費を費やし、なおかつ紫香楽宮もつくらねばならないという財政上の問題がその理由であった。このような恭仁京の造営が工事半ばで放棄され、それが財政に原因があるとすれば、聖武天皇が天下の富は自分にあると高らかにうたいあげた大仏造立の詔は、もしかすると実情とはちがっていたのではないかと疑われる。むしろ先に記したように国家が安泰ではない状態を立て直すために大仏造立に政治の方針を賭《か》けたのであろう。

紫香楽宮での大仏造立事業は、中心的な構造となる体骨柱《たいこつちゅう》を建てるまでに至り、天皇みずから縄を引いた。ところが、紫香楽宮周辺では、放火事件などがおこり、ついに紫香楽での大仏

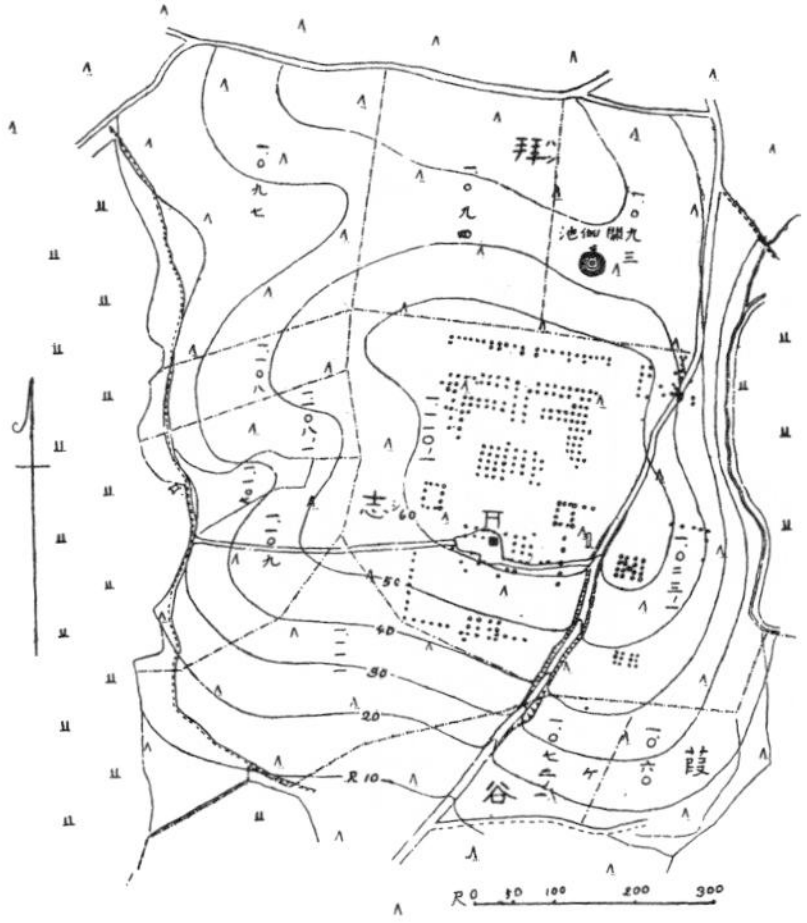

5－9　甲賀寺の伽藍配置　大和造立の予定地と推定される（肥後和男による）

造立工事をやめ、天皇らはいったん難波宮《なにわ》に移り、やがて平城宮にもどった。そして大仏は、平城京の東にあった金鐘寺の跡でつくられ、東大寺が建立されるに至る。

光明皇后という女性

光明皇后は、聖武天皇と行動をともにし、国家統治のあり方について、みずからの考えも天皇に語っていたというよりは、むしろ聖武に積極的に進言していたと私は思う。いやそれ以上に聖武を導いていた光景を想像することができる。

光明皇后は唐の高宗《こうそう》皇后、則天武后《そくてんぶこう》（武則天《ぶそくてん》）に範を求めていたふしがある。則天武后は病中の高宗に代わって政治をとり、高宗の後の皇帝たちを廃して六九〇年みずから帝位についた。国号も周と改め仏教を保護し、仏寺の建立にも力をつくした。みずからを弥勒菩薩の生まれかわりといい、そのことを記した「大雲経《だいうんきょう》」を根拠として皇帝の位につくべき正当な理由とした。大雲経を天下に配布し、長安・洛陽および全国諸州に大雲寺を建立した。いっぽう光明皇后は天平宝字《てんぴょうほうじ》四年（七六〇）六月七日に死去するが、『続日本紀』に載せる略伝に「東大寺および天下の国分寺を創建せるは、もと太后の勧むる所なり。また悲田《ひでん》・施薬の両院を設け、以て天下飢病の徒を療養す」とある。この記事にしたがうと、聖武朝の仏教政策は光明皇后によるところが少なからずあったと推断しなければならない。

先にふれたが粟田真人が遣唐使として唐におもむいたときは、国の名前は唐ではなく大周であって女帝則天武后の治世であった。そのことにうら若き光明子は関心を寄せたと思われる。

藤原広嗣の乱を機に亡父藤原不比等の遺産を全国の国分寺に施入し、丈六仏像を造る費用にあてた。略伝に東大寺の創建もまた光明皇后が勧めたとある。先に恭仁京は洛陽を模したのではないかという説をとりあげたが、則天武后にとって洛陽こそが実質上の都であり、さらに則天武后の時代、唐僧法蔵《ほうぞう》が華厳教学を大成した。華厳経の教主盧舎那仏の大仏造立の動機も則天武后とつながる。また先にふれた竜門石窟の奉先寺大仏も則天武后の関与があった。光明皇后が東大寺の創建を勧めたのは、おそらく則天武后の事績にならったと考えてよいであろう。

平城宮の大極殿

聖武天皇は、紫香楽での大仏造立を断念して平城京にもどった天平十七年（七四五）、旧皇后宮を宮寺とし、宮寺はやがて法華寺と改められ大和国分尼寺となった。

恭仁京遷都、紫香楽宮造営のために平城京は五年間廃都になりかねない状況にあった。大越殿そのものが恭仁京に移築されたのであるから、新たに大極殿をつくり直さねばならなかった。

このような経緯があったことによると思われるが、平城宮跡に第一次大極殿・朝堂院《ちょうどういん》地区と第二次大極殿・朝堂院地区が東西に相ならんである（以下、金子裕之「平城宮」坪井清足編『古代を考える宮都発掘』吉川弘文館、一九八七年による）。図にみるように朱雀門の正面にあるのが第一次地区で壬生門《みぶもん》の正面にあるのが第二次地区である。つまり朱雀門の正面に対する第一次地区が当初の大極殿が位置

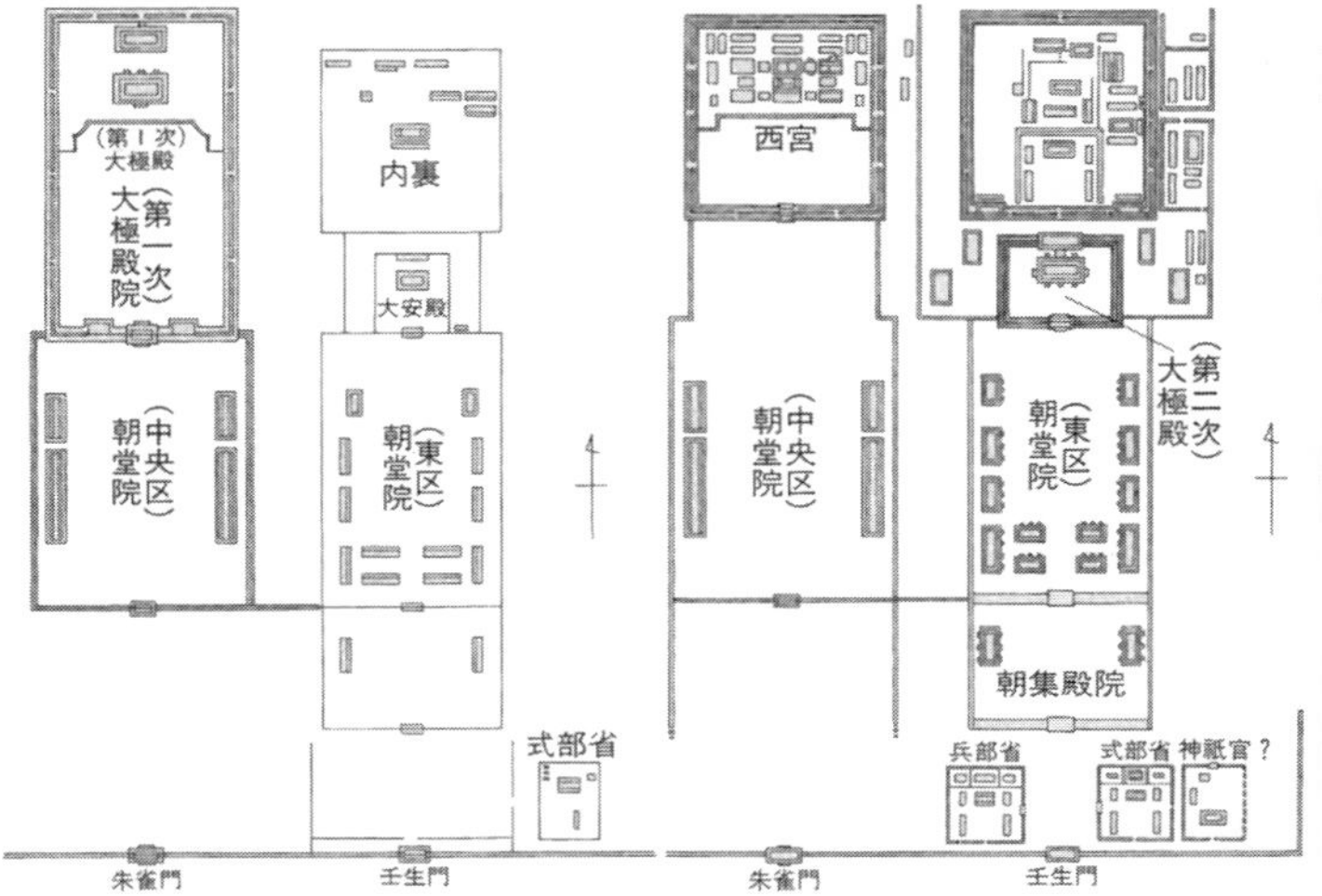

5－10　**奈良時代前半の平城宮中枢部**（左）
奈良時代後半の平城宮中枢部（右）（奈良文化財研究所による）

した場所である。第一次大極殿院（大極殿とそれを囲む空間）は東西約一七七メートル（六〇〇尺）、南北約三一八メートル（一〇八〇尺）で築地回廊で囲まれていた。大極殿門の左右には楼状の高殿《たかどの》とよばれた建築がある。回廊内の北三分の一を、前面を磚積擁壁《せんづみようへき》とした高い段となし、その中央に九間×四間の大極殿、その背後に後殿をおき、南は砂利敷広場とした。高い段上に巨大な基壇建物をつくる構成は、唐長安城の大明宮《だいめいきゅう》含元殿《がんげんでん》に例があり、その模倣といわれる。

天平勝宝《てんぴょうしょうほう》五年（七五三）ごろ、この地区は大きく改造される。築地回廊を北で約三〇メートル南に移し、内裏（天皇の日常空間）と同規模の東西六〇〇尺、南北六二〇尺（約一八四メートル）の区画に縮小する。そして磚積擁壁の段を南に拡張し、大明宮の麟徳殿《りんとくでん》を模した正殿・付属屋からなる二十七棟の建物を配置した。大極殿の南に朝堂院（大極殿を正殿とする朝儀の場で、朝賀や即位、大嘗祭《だいじょうさい》の饗宴、外国使節の謁見などが行われた）が設けられた。第一次朝堂院は東西七二〇尺（約二一四メートル）、南北九六〇尺（約二八四メートル）で南北距離は第二次の朝堂院と等しいが、東西は一二〇尺（約三四メートル）長い。朝堂院内は、当初広場であったが、神亀年間（七二〇年代）に四堂からなる朝堂が配置される。

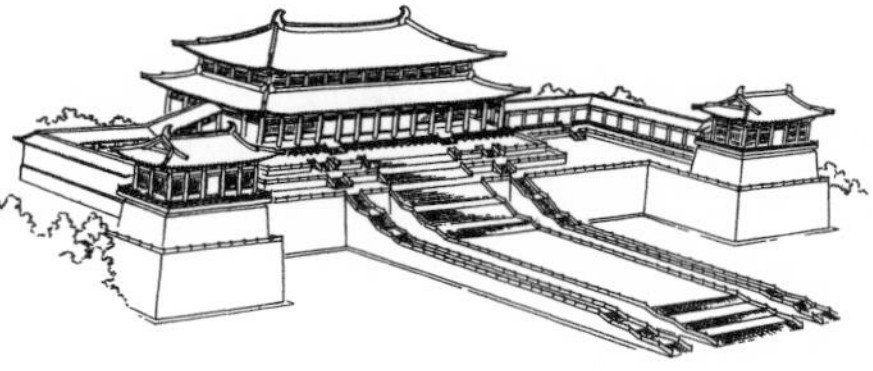

5－11　**長安城含元殿復元図**（郭義孚による）

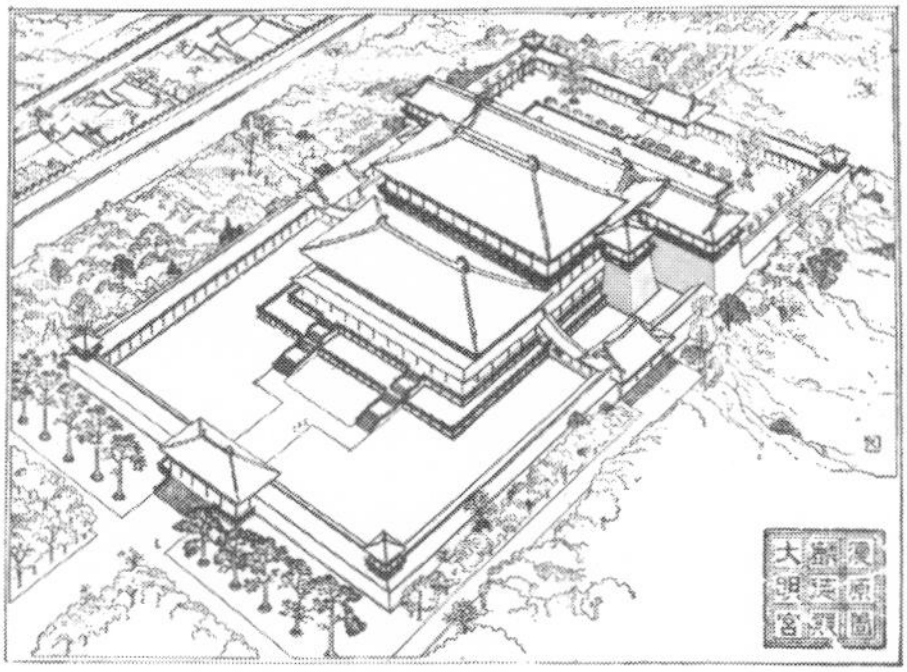

5－12　**長安城麟徳殿復元図**（劉敦禎による）

第二次大極殿・朝堂院地区は、北から内裏・大極殿・朝堂院・朝集殿院《ちょうしゅうでんいん》がならぶ。内裏は東西九四〇尺（約二七九メートル）、南北一二六〇尺（約三七三メートル）の外郭中央に位置する。大極殿院は東西四一〇尺（約一二一メートル）、南北二九六尺（約八八メートル）の複廊によって画し、南面回廊の東西に、内裏外郭の南面築地がとりつく。九間×四間の大極殿は、後部と軒廊《こんろう》で結ばれる。朝堂院には十二朝堂があり、朝堂院の南には朝集殿院の区画がある。

右にみた第一次大極殿・朝堂院と第二次のそれとの関係についてもなお議論があるが、第二次地区は恭仁京から遷都した天平十七年（七四五）以降とする説がある。また第二次地区は下層遺構も検出されていてその性格についても議論がある。この下層遺構のうち大極殿下層遺構を正殿として、その南に朝堂院があったとする見方がある。つまり第二次地区の下層遺構は、遷都当時につくられた朝堂院で、第一次地区の朝堂の建設より早くつくられたという。奈良時代の後半に、大極殿は第二次地区につくられ、礎石建築からなる十二朝堂が付属した。内裏から朝集殿に至る区画を築地塀・回廊で囲み、第一次地区の大極殿跡には麟徳殿風の宮殿をつくり、その南の朝堂院の区画は築地塀に改め、その南の朝集殿院の塀を新たに設けた。

まことに複雑な構成となっていくのだが、図にみるように第一次、第二次とも二つの朝堂院があり、第一次地区は四堂の朝堂、第二次地区は十二堂の朝堂からなる。第一次地区の朝堂院を平安宮の豊楽《ぶらく》院《いん》（大嘗会《だいじょうえ》などの諸節会《せちえ》や饗宴がなされる一画）とし、第二次地区のそれを朝堂院朝堂とする解釈がある（今泉隆雄「平城宮大極殿朝堂考」『関晃先生還暦記念日本古代史研究』吉川弘文館、一九八〇年）。

大仏造立再開

紫香楽宮での大仏造立を断念して平城京にもどらねばならない理由として大安寺、薬師《やくし》寺、元興寺、興福寺の平城四大寺の僧の意見を求めたところ、全員から平城を都とすべきだという答えが返ってきたが、そのことが聖武にとっては平城京にもどる気持ちを軽くさせた。そして大養徳《やまと》国分寺であった金鐘寺で大仏造立事業が再開されるが、平城京の外京の東に接した場所にある金鐘寺は、もともと聖武と皇后の間に生まれ、幼少にして没した基《もとい》王の菩提寺《ぼだいじ》であった。史書に記されてはいないが、おそらく天皇と皇后にとっては、傷心をいやす祈りをささげてきた寺であった。聖武と光明の間に生まれた子どもが、後継の皇位につかねばならないという藤原氏側からの強い要請があったはずである。

このような藤原氏がいだきつづけてきた野望を推しはかって、古代史の研究者の憶測をよんだ事件がある。聖武天皇とその夫人県犬養広刀自《あがたのいぬかいのひろとじ》の間に生まれた安積《あさか》親王が恭仁京から難波宮への聖武天皇の行幸にしたがったが、途中桜井頓宮《とんぐう》（東大阪市六万寺町《ろくまんじちょう》付近）で脚の病となり、引き返して間もなく死去したのである。安積親王は聖武の唯一の皇子であり、皇位を継承しうる人物であった。母が藤原氏でないという理由で暗殺説がとなえられた。あくまでも憶説の域を出ないが、皇女阿倍内親王を皇太子としなければならなかった朝廷と藤原氏の事情を推測すると、右の暗殺説もまことしやかに聞こえる。

天平十八年（七四六）十月、聖武天皇、元正太上天皇、光明皇后は、金鐘寺に行幸し、土や粘土で固めて作られた盧舎那仏の実物大の原型の前で、灯火をともして供養した。いよいよ鋳造がはじまる直前の儀式で数千人の僧侶が参列した。すでにこのとき、聖武天皇は病身であったので、光明皇后は翌年天平十九年（七四七）、新薬師寺《しんやくしじ》を建立し、平癒を祈願した。そしていよいよこの年の九月、大仏の鋳造が開始された。天武天皇と光明皇后の夢が実現に一歩踏み出した。だが国家の統治、それも国家仏教の根幹というべき盧舎那仏の造立がはじまったが、地方ではそれに同調する気配が強くなかった。

十一月、聖武天皇は、国分寺と国分尼寺の建立が遅々として進んでいないことにいらだちを隠せなかった。三年以内に国分寺と国分尼寺の造営を完了せよという詔を下した。平城京における聖武天皇の大仏造立に対する意気ごみと、地方の仏教政策が連動していない。やはり聖武の治世は国家全体を視野にいれると、安泰という状態ではなかった。

天平二十年（七四八）四月、元正太上天皇が死去し、火葬に付されて佐保山陵《さほのみささぎ》に葬られた。病身の聖武天皇の心は、大仏の完成に希望を託していたが、大仏造立に献身的であった大僧正行基も翌年二月に亡くなり、身辺にさびしさがただよっていた。

だが聖武にとっての朗報ももたらされた。大仏の表面に張る金箔《きんぱく》のために要する黄金が陸奥国からもたらされたのである。いかに黄金が入手できるか関係者たちが不安をいだいていたことは、早速畿内七道の諸社にその報告をしたという事実からも十分に察することができよう。

大仏造立のめどがついたのだ。天平勝宝元年（七四九）四月一日、天皇は皇后と皇太子さらに官人たちをひきいて東大寺に行幸した。『続日本紀』における東大寺の初見だが、このころに名づけられたのであろうか。天皇は未完成ではあったが盧舎那仏像の前殿に行き、北面して大仏に向かい、左大臣の橘諸兄《たちばなのもろえ》に勅して、三宝（仏・法・僧）の奴《やつこ》と仕えたてまつれる天皇という言葉からはじめて、金がもたらされた恩恵を述べさせ、中務卿の石上乙麻呂《いそのかみのおとまろ》にも、やはり金の出現によって大仏の造立がかなったことの意義をあらためて説かせている。

終章　称徳（孝謙）天皇――「ヤマトの時代」の終焉へ。素描風に

平城京の終末の時代をむかえる。和辻哲郎《わつじてつろう》はかつて『日本精神史研究』において万葉歌の歌いぶりと仏像などの仏教美術の変化が相関すると述べた。前期万葉歌の純粋、熱烈な音調と緊張した心持ちが薬師寺聖観音や法隆寺壁画にも見られるという。そして天平時代に至っては、昇り切ろうとする心の強烈な緊張は見られないが、その前半には、いかにも絶頂らしい感情の満潮、豊満な落ちつきと欠くるところのない調和とが見られると指摘した。それは、政治の振動とも共振している。聖武の退位に歩調を合わすように平城京の活力は衰退していく。聖武の時代がすぎると「ヤマトの時代」は、かげりをみせていく。

光明皇太后と孝謙女帝

天平勝宝《てんぴょうしょうほう》元年（七四九）閏五月二十日、聖武《しょうむ》天皇は、大安寺《だいあんじ》・薬師寺《やくしじ》・元興寺《がんごうじ》・興福寺《こうふくじ》・東大寺《とうだいじ》・法隆寺《ほうりゅうじ》・弘福寺《ぐふくじ》（川原寺《かわらでら》）・四天王寺《してんのうじ》・崇福寺《すうふくじ》（大津市）・香山《こうぜん》薬師寺（新薬師寺《しんやくしじ》か）・建興寺《けんこうじ》（豊浦寺《とゆらでら》）・法華寺《ほっけじ》にさまざまな品を喜捨し、みずからと多くの人民が仏法によって守られることを願

った。そして二十三日に薬師寺宮に遷御《せんぎょ》して御在所とした。

七月二日、聖武天皇は皇位を皇太子阿倍《あへ》内親王に禅譲した。孝謙《こうけん》女帝は大極殿《だいごくでん》で即位した。ここに臨んで聖武は天智《てんじ》天皇によって定められたと伝わる不改常典に言及し、多くの政務に身体がたえることができないので阿倍内親王に皇位を授けると述べた。

かろうじて嫡子を後継天皇とすることができたという安堵感が、聖武の胸のうちにあった。だが、この時点でこれからのちの天皇位の継承のゆくえは、誰の目にも見えなかった。孝謙女帝が独身である限り、直系の世嗣《よつ》ぎは生まれない。聖武が死去し、一つの時代が終わったという思いは光明《こうみょう》皇太后にあったが、やはり不安な思いはぬぐいきれなかった。

朝廷を襲った脱力感は、以前から予期されていたが、のちに聖武の死去となり、女帝孝謙の即位が現実となると、秩序の乱れをよびこむことになった。

光明皇太后は、唐の中書省《ちゅうしょしょう》を改称した紫微省《しびしょう》と、尚書省《しょうしょしょう》を改称した中台《ちゅうだい》にならって正式の官制ではない令外《りょうげ》の官である紫微《しび》中台《ちゅうだい》を創設し、光明皇太后の命令を役所に伝える機能をもたせた。そしてその長官にあたる紫微令《しびれい》に甥《おい》にあたる藤原仲麻呂《ふじわらのなかまろ》をあてた。国家の指揮系統として母の光明皇太后と娘の孝謙天皇の二つが、明らかにならび立った。もはや国家が存立する基盤はゆるぎはじめた。

大仏開眼

天平勝宝四年（七五二）四月九日、東大寺の大仏開眼の供養がとりおこなわれた。孝謙天皇、聖武太上天皇、光明皇太后が臨席した。一万人の僧が招請され雅楽寮および諸寺からいろいろな音楽に関わる人々がすべて集まった。また王臣や諸氏族の五節《ごせち》の舞（新嘗祭《にいなめさい》の翌日に行われる少女の舞）、久米《くめ》舞《まい》（佐伯《さえき》氏と大伴《おおとも》氏とによって土蜘蛛《つちぐも》を斬るしぐさをする舞）、楯伏《たてふし》の舞（かぶとを着け刀と楯をもって舞う）、踏歌《とうか》（足を踏みならして舞う）、袍袴《ほうこ》（袴《はかま》をはいて舞う）等の歌舞がなされ、東と西にわかれて歌い、庭のなかで演奏した。そのすばらしさは、一つ一つ書き記すことのできないほどであった。仏教が東伝して以来の斎会《さいえ》の儀、これまでこんなに盛んであったのはなかったと『続日本紀』は記している。

序章に記したように、正史『日本書紀』による限り、仏教公伝は欽明《きんめい》天皇十三年（五五二）であるから大仏開眼はちょうど二百年目にあたる。また四月八日の釈迦誕生日に予定されていたが、九日に実施されたのは雨などの天候のせいであろうかと川村知行氏は述べる（『東大寺Ⅰ〔古代〕』保育社、一九八六年）。大仏開眼会の導師は、来日していたインド僧菩提僊那《ぼだいせんな》がつとめ、すでに他界していたが行基《ぎょうき》に代わり弟子の景静《けいじょう》が参列した。

聖武太上天皇の宿願は実現したが、四年後の天平勝宝八年（七五六）にこの世を去った。天下の興隆を祈願した大仏造立であったが、これをさかいとして平城京の時代は、衰退の兆候をみせはじめ、ついには坂道をころがるように、都のエネルギーは低下していく。平城遷都の歴史的意味は、聖武朝で終焉《しゅうえん》したといってよい。その後の歴史的経緯は人間の業の悲しさを垣間みる思いがする。大仏造立という聖武の国家戦略は、国家という組織がゆるぐことによってその意義をうすめていかざるをえなかった。以下素描風に記したい。

鑑真来日

鑑真《がんじん》が苦難の渡海によってようやく大仏開眼会の二年後、天平勝宝六年（七五四）一月に来日する。その四月に東大寺に建てた戒壇で太上天皇（聖武）、天皇、皇太后（光明）らに戒を授けた（『唐大和上東征伝《とうのだいわじょうとうせいでん》』）。聖武死去の二年前のことである。天平宝字《てんぴょうほうじ》三年（七五九）ごろ、故新田部《にいたべ》親王（天武《てんむ》天皇の第七皇子）の旧宅を寺院とし、唐招提寺《とうしょうだいじ》を開基した。その後平城宮の朝集殿《ちょうしゅうでん》（儀式に官人たちが参集する建物）が施入され、藤原仲麻呂家からは食堂《じきどう》が寄進された。鑑真は戒律を伝えること、唐招提寺の充実に日々を送ったが天平宝字七年（七六三）に死去した。滞日約九年であった。鑑真によって日本仏教の礎は強く築かれていったが、一方では政治の不安定は加速度的に大きくなっていった。

大仏開眼会の終わった夕方、孝謙天皇は、藤原仲麻呂邸である田村第《たむらだい》に入り、そこを御在所とした。天皇の行動としては異例であるが、このころ孝謙天皇と藤原仲麻呂の関係は親密であったと思われる。聖武は遺詔により天武天皇の孫、新田部親王の子道祖王《ふなどのおおきみ》を皇太子とした。ところが天平宝字元年（七五七）に、服喪中の行為が不謹慎であったという理由で皇太子の地位を廃される。孝謙女帝と仲麻呂による策略と思われ、道祖王のかわりに大炊王《おおいのおおきみ》を立太子させた。大炊王は天武天皇の孫で舎人《とねり》親王の第七子である。仲麻呂はそれまでも大炊王を私邸田村第に呼びよせ、自分の子である真従《まより》の未亡人であった粟田諸姉《あわたのもろね》を配侍させていた。

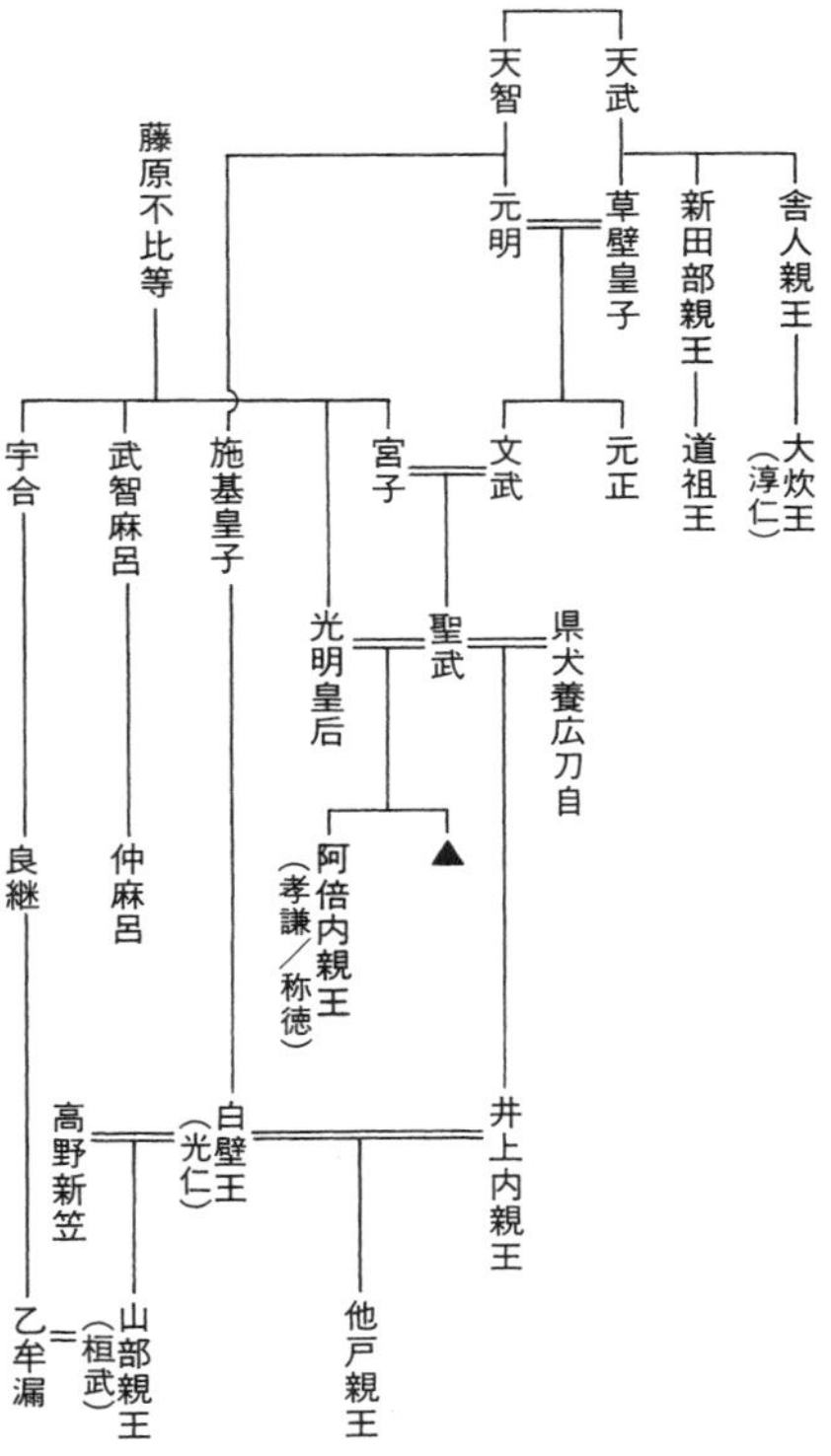

終－1　終章関連系図

人事、とりわけ天皇位につながる人事が政争をおこすようになると、朝廷は不穏な空気にみたされる。国家経営などは政権の主題から遠のく。廃皇太子の断行は、異常な事態である。当然それに反発する勢力が頭をもちあげる。

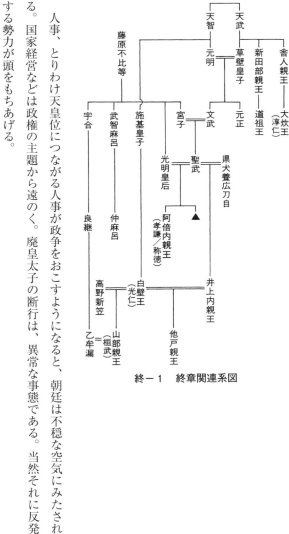

淳仁天皇

橘《たちばなの》奈良麻呂《ならまろ》とその同志は、仲麻呂を打倒し、光明皇太后を傾け、大炊王の廃皇太子という反乱をおこした。しかしそれは、未然に鎮圧され、天平宝字二年（七五八）八月、孝謙天皇は皇位を大炊王に譲った。淳仁《じゅんにん》天皇即位である。仲麻呂は権力を自在にあやつることができる地位にあった。淳仁天皇は仲麻呂の右大臣の地位を中国の『周礼』の大保《たいほ》と改称し、さらに「恵みを施す美徳」という制にならい、その意味をとって藤原の姓に恵美《えみ》をつけ加えることを許し、加えて強敵などに立ち向かって鎮圧するという意味で「押勝《おしかつ》」という名を授けた。つまり恵美押勝を名のった。恵美押勝こと藤原仲麻呂の権力は天皇をはるかにしのぐものであった。天平宝字四年（七六〇）に恵美押勝は大師《たいし》（太政大臣）となった。その年、光明皇太后が死去するが、そのことによってさらに輪をかけたように宮廷が混乱の渦中にはまりこんでいく。

孝謙上皇と道鏡

もともと孝謙と押勝の関係は親密であったが、平城宮改造のために近江《おうみ》国保良宮《ほらのみや》にて政務をとった孝謙上皇と淳仁天皇との間に決定的な対立が生じた。その原因は、孝謙上皇を看病し信をえた道鏡《どうきょう》の処遇にあった。天平宝字六年（七六二）、平城宮にもどったとき、孝謙上皇は法華寺《ほっけじ》、淳仁天皇は中宮院《ちゅうぐういん》に居した。そして上皇は、「常祀小事《じょうしじ》」は天皇が、「国家大事、賞罰」はみずからが執行すると宣言した。太上天皇の事実上の復位であり恵美押勝の立場は弱体化していった。軍事的な権限を維持して天平宝字八年（七六四）に反乱をおこしたが、近江国に敗走し、斬られて没した。官位が剝奪《はくだつ》され、藤原朝臣の氏姓と押勝の名も削除され、恵美仲麻呂が死に際しての名前であった。

いっぽう、孝謙上皇は、淳仁天皇を廃し淡路島《あわじしま》に配流《はいる》、淳仁は淡路廃帝と称された。この事件に際して同年十月九日に下された上皇の詔は、聖武天皇の言葉に託して「あなた（孝謙）の後に帝位についた人物でも、あなたに対して礼がなく、したがわない者ならば帝位においてはならない」と聖武の威を借りて淳仁天皇の退位を正当化しようとした。のちに墓は山陵とされた。この一連の動きは孝謙上皇による粛清であった。ますます政権は泥沼にはまっていった。

称徳女帝——孝謙重祚

孝謙太上天皇が重祚した。称徳《しょうとく》天皇である。もはや平城京は「死に体」であった。

称徳天皇は天平神護《てんぴょうじんご》元年（七六五）十月に今日の八尾《やお》市にあった弓削行宮《ゆげのかりみや》（由義宮《ゆげのみや》）からさらに弓削寺（八尾市東弓削）に行幸し、道鏡に太政大臣禅師という位を授け、のちには法王にまで昇進させた。宇佐八幡《うさはちまん》の託宣に、道鏡が皇位につけば天下泰平とあるとするのを不審として、天皇が宇佐八幡宮に派遣した和気清麻呂《わけのきよまろ》がえた神託は「臣をもって君とすることいまだあらず」というものであった。道鏡は和気清麻呂の行為を許すことができず大隅《おおすみ》国に配流する。

天智の血統へ

宝亀《ほうき》元年（七七〇）八月、称徳天皇が死去し、その後継については、重臣たちが禁中で策を練り、天智天皇の孫、施基《しき》皇子の第六子、白壁王《しろかべのおおきみ》を皇太子とし、一方道鏡は下野《しもつけ》国薬師寺別当として追放した。その年の十月、白壁王は即位する。光仁《こうにん》天皇の誕生であるが、称徳女帝まで継承されてきた天武の血統は絶え、ここで天智の血統にうつるという画期的な出来事であった。政権は天智天皇の系譜へと大きく舵《かじ》を切ったが、それに共振する人事のゆさぶりがあった。

光仁天皇の妃は聖武天皇を父とし、県犬養広刀自《あがたのいぬかいのひろとじ》を母とする井上内親王《いのうえ》であった。光仁天皇の即位によって皇后になったが、宝亀三年（七七二）三月、藤原百川《ももかわ》らに巫蠱《ふこ》（のろいの術で人を殺すこと）による大逆という罪をきせられて皇后の位を廃せられ、五月には、皇太子他戸《おさべ》親王も廃太子となった。二人は、大和国宇智《うち》郡の没官《もつかん》（官にとりあげられること）宅に幽閉され、やがて没した。百川らによる毒殺という説もあるが、延暦《えんりやく》十九年（八〇〇）に皇后の称号を復され、さらに皇太后を贈られた。五條市御山《みやま》に山陵がある。

井上皇后と他戸皇太子を追放した後、光仁天皇とその妃高野新笠《たかののにいがさ》との間に生まれた山部《やまべ》親王を皇太子とした。

天応《てんおう》元年（七八一）四月、光仁天皇が病気であることによって山部親王に譲位した。桓武《かんむ》天皇である。そして藤原氏式家良継《よしつぐ》の娘、藤原乙牟漏《おとむろ》が皇后となった。

延暦三年（七八四）十一月、桓武天皇は長岡京に遷都する。七〇年ばかり続いた平城京を最後として女帝と皇后たちに育《はぐく》まれた「ヤマトの時代」は、幕を閉じた。

＊

平城京は、藤原不比等《ふひと》が、孫首《おびと》皇子のために建設した宮都であった。不比等の夢は、藤原氏の血統から天皇を出すことであった。その夢は、見事に実現した。聖武の夢は、光明皇后とともに、大仏、盧遮那仏を造立することであった。それも、実現した。しかし、ふりかえってみると、平城京というドラマを演じたのは、聖武天皇と光明皇后のみであるのだ。あまりにも主人公の少ない時代であった。

あとがき

私は平成七年（一九九五）四月に、奈良女子大学から京都の国際日本文化研究センターに職場をうつした。阪神・淡路大震災の二ヶ月半ばかり後であった。国際日本文化研究センターに通じる国道九号線を、震災復旧に要する物資を積んだトラックが走っていた光景が今も、私の記憶から去らない。私は、転勤の挨拶状に、私自身のささやかな遷都と記した。奈良の平城京から、平安京にうつるという意味のことを託したつもりであったが、後日、国際日本文化研究センターの位置を思うと、平安京ではなく、むしろ長岡京に近いので、平城京から長岡京への遷都にかこつけるべきだったことに気づいた。

長岡京は、わずか十年の都であったが、私は国際日本文化研究センターに十三年間勤務したことになる。そのような年月を重ねるうちに、二〇一〇年に、平城京遷都千三百年を迎えることになった。遷都千三百年に関する会合にでながら、大和の歴史文化における特質として、三輪山《みわやま》の麓から桜井市の磐余《いわれ》、そして飛鳥、藤原京から平城京へと、数々の宮都を転々としていることを強調してきたが、それは、遷都という現象に目を奪われていることに気づいた。むしろ、本書の「はしがき」に書いたように、「ヤマト」という地域全体の出来事として位置づける意味こそ問われるべきだと思った。そのことが、本書の発想の源泉である。だから平城京遷都は「ヤマトの時代」の集大成であり、同時に日本という国の礎の打ち込みが終了した時でもあった。

本書も、前著『古代の風景へ』と同様、退任にあたっての自祝の著作となった。今日まで私を支えてくれた両親と家族に感謝したい。また刊行にあたり、中公新書編集部の酒井孝博氏の厚い心遣いに深謝の念を捧げたい。

平成二十年（二〇〇八）三月

千　田　稔

補論　平城京の外京

三条大路

本書で平城京の形が左右対称ではなく、外京《げきょう》の張り出しがあることについてふれた。なぜこのような張り出した区域を作ったのか。その理由については、なお断案を得ていない。とりあえず、私案を述べ、さらに検討する道筋としたい。

この張り出しの区域を外京とよぶのが通例であるが、平城京の時代にそのような名があったわけでなく、内務省技師、奈良県技師であり、後に東京帝国大学工科大学の建築学教授となる関野貞《ただし》氏（一八六六―一九三五）によって名付けられたものである。関野氏は奈良県の古建築の調査に関わりながらも、まだ明らかでなかった平城京の平面プランの復元にも関心をいだいた。

関野氏は、平城京関係の史料を精査するに、右京は四坊までであるのに対して、左京は七坊まであり、それに対応する東西大路は五条大路まであることから張り出し区域のあることに気づき、「吾人は仮に之を外京と呼ばんと欲するなり」と『平城京及大内裏考』(一九〇七年)に述べている。関野氏の詳細な条坊復元研究の成果は、その正確性において、大きな修正がないまま、今日に至るまで受け入れられている。

この外京がなぜ作られたのか、納得できるような答えは、今のところ得られていない。外京という区域の中に、興福寺《こうふくじ》と元興寺《がんごうじ》、紀寺《きでら》という寺院が配されるが、藤原氏の氏寺であった興福寺が位置していることが示唆的である。興福寺の前身は京都山科《やましな》の地にあった山階寺《やましなでら》を継承した飛鳥《あすか》の厩坂寺《うまやさかでら》である。興福寺と外京の関係で、建築史の大岡実氏は、興福寺の寺地が、外京域の条坊設定に優先して先に定められたと推論した(『南都七大寺の研究』)。興福寺の寺地の設定が優先された理由は、眺望景観を最優先したという大岡氏の説とともに井上和人氏は、興福寺の位置は、平城京からの眺望も、御蓋山《みかさやま》を背景とした第一級の占地条件であったという(『古代都城制条里制の実証的研究』)。

外京に立地する元興寺(飛鳥寺)についてみるに、『日本書紀』天智天皇一〇年(六七一)九月条に、天皇が病み、一〇月条に、天皇は使いを遣わして、袈裟《けさ》、金鉢《こがねのはち》、象牙、沈水香《じんすいこう》、施檀香《せんだんこう》など珍しい物を法興寺《ほうこうじ》(飛鳥寺)の仏に奉ったとある。このことから奈良、元興寺は天智天皇とゆかりのある寺であったのではないかと思われる。天智天皇は乙巳《いっし》の変以来、藤原氏とのつながりは緊密である。また紀寺については、藤原宮の南にあって、小山廃寺をもってあてる説が有力である。この藤原京の紀寺について、小笠原好彦氏は、山背《やましろ》の大宅《おおやけ》廃寺を藤原氏の山階寺とすれば、大宅廃寺と紀寺(小山廃寺)

の軒丸瓦《のきまるがわら》が関連をもつことから、紀寺（小山廃寺）は藤原氏の寺院であったと推測する（「大和紀寺（小山廃寺）の性格と造営氏族」『日本考古学』一八号）。

このように、藤原氏と結びつく興福寺、元興寺、紀寺の三寺が、外京に配置されたことは、外京が藤原氏との関連がある区画とみなしてもよいであろう。

さて、興福寺の伽藍が条坊の施行よりさきに造営されたとするならば、遷都に際して、興福寺の位置は定められていたが、そこに条坊という町割りの区画をする計画はなかったのか、あるいは、興福寺の伽藍が造られつつあった時、興福寺を中心的建造物とする条坊区画を施行することになったのかと思いめぐらすことになる。どちらであっても、後に関野氏によって外京と仮称されたあたりの高みの土地は、藤原氏によって興福寺の寺地を中心に外京の都市計画がなされたと思われる。

興福寺南大門が復元された位置は、今の三条通り、平城京時代の三条大路に面している。ということは、興福寺の建立の時点では、すでに三条大路が作られていて、それに合わせて南大門が建てられたのであろう。それなら、当時外京の予定地まで少なくとも東西大路は建設されていたか、あるいは建設予定ではなかったのかと想定できる。

本書に外京のことについて、三条大路は興福寺の南大門の前を走り、今日の春日大社《かすがたいしゃ》の一の鳥居に通じ、さらに物差しをあてて東に延長すると、東の春日山（御蓋山）の頂上付近に向かうと書いた。春日大社がいまのような祭祀を定めるのは、神護景雲二年（七六八）のことであるが、天平勝宝八年

（七五六）に作成された「東大寺山界四至図」に「神地」という記載があるので、早くから春日山の神を祭祀した場所であったらしい。とすれば、三条大路は、東の神山の春日山に向かう道ではなかったか。そこで、私は、平城京の建設において南北道の主要道はすでに盆地を早くから走っていた下ツ道を北に延長し、平城京の朱雀《すざく》大路とし、東西大路は三条大路を基準としたことも考えうるとした。本来、平城京の東西大路の基準道は、宮域の南を走る二条大路であるべきなのだ。ところが、平城遷都を敢行した藤原氏の権勢の表現として、興福寺南大門、神の山春日山に向かう三条大路を平城京東西路の基準線としたとも考えられないか。そのような想定を支える証拠はない。ただ地図上に引いた線のおもむくところである。

藤原氏　南家と北家

外京が藤原氏の〈都〉と言えそうなことを、さらに付け加えてみよう。藤原氏には、北家、南家、京家、式家の四家があった。その中の、南家に関わる中将姫《ちゅうじょうひめ》伝説がある。中将姫の生誕の地、あるいはその父藤原豊成《とよなり》の邸宅の場所が、外京の一角にある。この中将姫伝説を素材として、折口信夫は『死者の書』という作品を書く。

奈良市鳴川町の徳融寺《とくゆうじ》が藤原豊成の邸宅跡に建立された寺院と伝わる。元興寺の南西方にあたる。

その近く、奈良市三棟町に誕生寺があり、中将姫の誕生の地という。

南家に対して北家は、不比等《ふひと》の次男房前《ふささき》を祖とする。佐保殿《さほでん》と呼ばれた建物が北家の邸宅である。佐保殿の所在地は、奈良市の北郊にあるといわれてきたが、平安時代に入ると、藤氏長者《とうしちょうじゃ》（藤原氏の代表者）を兼ねた藤原北家の当主が平安京から佐保殿に着くと、庭で藤原不比等の御影像を拝み、寝殿に登ったという（『今昔物語』）。また『拾芥抄《しゅうがいしょう》』には、佐保殿には、淡海公（藤原不比等）、藤原冬《ふゆ》嗣《つぐ》大臣の家と注記する。もしそうならば、不比等が後に法華寺の前身の邸宅に居住する前、また冬嗣が平安京で活躍する以前に住まった場所であったことになる。『玉葉《ぎょくよう》』に佐保殿の前から東に行くと興福寺の西御門に至るとある。平安京から藤原氏の氏長者に従った者たちが宿泊する宿院《しゅくいん》は、奈良女子大学に近接する宿院町あたりに比定できるとすれば、興福寺の西方にあるとする佐保殿も宿院と一体化したような施設であったのではないかと、堀池春峰氏は推考した（「奈良女子大学と佐保殿」『奈良県観光』三〇九号）。おそらく、この説の蓋然性がたかい。つまり、奈良時代からあった佐保殿は外京の地で、そこが不比等や冬嗣の邸宅であった。

それでは、式家と京家はどこに邸宅をもったか。式家の祖宇合《うまかい》は不比等の三男である。宇合邸の場所ははっきりしない。京家の祖で不比等の四男麻呂《まろ》の邸宅は木簡によって左京二条二坊五坪とあったので外京ではない。

藤原四家のうち、式家の邸宅については不明であるが、北家と南家は興福寺のある外京の地に居を構えたのは、意味のないことではなかったと思われる。

藤原氏にとって中心的な場であった藤原殿が大治四年（一一二九）に焼失した（『中右記』）。奈良女子大学の構内西端の発掘調査で、火災の痕跡が発見されたことから「宿院」を含むあたり一帯に佐保殿があったことが確かめられた。

京の形のシンメトリック性を破る出っ張り部分は、藤原氏の〈都〉であった可能性が高い。

が判明。

1966年（昭和41年）　奈良バイパスの平城宮跡通過に反対する協議会が結成。1970年の大阪万博を控え奈良県にとっては道路整備が急がれている状況にあった。

1967年（昭和42年）11月　衆議院文教委員会の文化財小委員会。文部大臣が、社会党の谷川正三委員の質問に、路線変更の意向を表明。奈良県側は、路線変更に消極的、むしろ万博が迫っていたので反対。

1968年（昭和43年）　平城バイパス反対有志の集まり。井上靖、臼井吉見、竹内理三、堀米庸三、久松潜三ら43人。

1969年（昭和44年）　バイパス工事に着手。昭和46年度に京都府木津町市坂～奈良市一条通間4.58kmを暫定供用。その後順次整備を進め、平成３年４月、全線完成。

1997年（平成９年）　朱雀門の復元工事が完成。

1998年（平成10年）　東大寺・興福寺・春日奥山・正倉院などとともに平城宮跡が「古都奈良の文化財」として世界遺産に指定。

　東院庭園の復元工事が完成。

2010年（平成22年）　平城宮第一次大極殿復原建築完成。平城遷都1300年祭が行なわれる。

2018年（平成30年）　平城宮跡歴史公園がオープン。

2022年（令和４年）　平城宮第一次大極殿院の大極門（南門）の復原建築が完成。

大和北道路（京奈和自動車道）を平城京の地下にトンネルを掘って建設する計画について、地下水脈の分断、地下水位の低下によって木簡の保存が危惧されるとして、撤回を求める意見がある。

1960年（昭和35年） 平城遷都1250年祭がおこなわれる。時代行列などの催しがなされた。

奈良国立文化財研究所に平城宮跡発掘調査事務所（のちに調査部）を設置。

1962年（昭和37年） 近鉄検車区を宮跡南西部に建設する計画の発表を受け、平城宮調査発掘特別委員会から文化財保護委員会に対して保存策を要望。

文化財保護委員会は、予算がないので、国での買い上げはできない、特別史跡指定も私有地のため手続き上難しいとして、近鉄に対して着工許可。

原田淑東大名誉教授の談話。「十分に保存できる状態にありながら、破壊するのは、日本文化のために絶え難い。国で本格的な保存対策を講じてもらいたい」

３月８日 衆議院文教委員会（桜内義雄委員長）

小林信一（社会党）「国で買上げるなり、史跡に指定する意思はないか」

文化財保護委員会事務局長「現行法では工事を認めざるを得ない」

山中吾郎（社会党）「教科書に方八町の平城宮の図面が掲載されている。その一部が破壊されるのは、しのびない」

文部政務次宮「前向きの姿勢で処理したい」

３月19日 衆議院文教委員会で、４人の参考人は方八町全域を国が買い上げて国有地にし、特別史跡に指定すべきと発言。

４月 平城宮跡の完全保存を求め関西文化財保存協議会を結成。京大、同志社大、立命館大、関西大などの考古学、日本史専攻の若手の講師・助教授22名。

５月 平城宮跡を政府の補助のもとで奈良県で買い上げる案を奈良県知事が提案。

研究者・文化人からなる平城京を守る会（亀井勝一郎・志賀直哉ら）が宮跡全域を特別史跡に指定し、全域を国で買い上げることを池田首相らに要望。

地元奈良県では飛鳥平城京跡保存会（理事長橋本凝胤薬師寺管主）が結成。

1963年（昭和38年） 池田首相、知事選挙応援で来寧し、「宮跡全域を買うと40億円かかるが、全部国で買う」と発言。それに関連して近鉄検車区が宮跡の区域外に建設計画を変更。

1964年（昭和39年） 国道24号線バイパス予定路線（宮の東端縦断計画）の発掘調査。平城宮が東に張り出し、宮域が方八町の正方形ではないこと

付録　平城宮の保存　略史

1852年（嘉永5年）　大和国添上郡古市村（現奈良市古市町）の住民、北浦定政が、みずから測量器を使い「平城宮大内裏跡坪割之図」を作成。平城京に関する先駆的な歴史地理学調査である。

1906年（明治39年）　棚田嘉十郎、溝辺文四郎らが、平城宮址保存会を組織する。次に記す、関野貞の研究活動に影響をうけた棚田が中心的に活動。民間の有志による寄付金による保存整備事業を目的とし、第2次内裏南半と朝堂院部分を対象とした。

1907年（明治40年）　関野貞『平城京及大内裏考』（「東京帝國大學紀要」工科第3冊）が刊行される。関野は、1897年（明治30）から1901年（明治34）に東京帝国大学工科大学助教授に就任するまで奈良県の技師として古社寺の調査に従事したが、そのとき、史料と現地調査によって詳細な平城京の復元研究をし、その成果が上に記した学位論文として東京帝国大学に提出された。本論文は、今日に至るまで、平城京研究の基本的な文献として多くの研究者の指針となってきた。この著作の中で「もし、それ昔時の宏大なりし大極殿の真規模を知らんと欲する者は、すべからく、来りてわが平城宮朝堂院の遺址を観ざるべからざるなり。然るに従来一人のこれが表彰に勉めたる者なし。空しく荒廃に委して顧みず……。吾人はその遺址の一日も早く表彰せられる保存の実の挙がらんことを熱心に希望するものなり」と訴えた。

1910年（明治43年）　平城京遷都1200年にあたるので、平城宮址保存会により、大極殿跡で記念祭および建碑地鎮祭が挙行された。

1913年（大正2年）　侯爵徳川頼倫を会長とする奈良大極殿址保存会が設立。

1915年（大正4年）　土地所有者の有志による宮跡の一部の土地の寄付、一般の寄付金による土地の購入、篤志家による土地の購入と寄付などで保存事業は進展した。

1922年（大正11年）　史蹟名勝天然紀念物保存法により史跡に指定される。保存会が保管していた土地は、保存のための工事が内務省で実施されることになり、国に土地を寄付した。平城宮址保存記念碑を建立。翌年保存会は解散。棚田は大正10年に死去。内務省の整備工事は大正12年から13年にかけておこなわれた。

1928年（昭和3年）　奈良県技師岸熊吉による発掘。史跡指定地域の北への拡張。

本書の原本は、二〇〇八年に『平城京遷都―女帝・皇后と「ヤマトの時代」―』として
中央公論新社より刊行されました。

著者略歴
一九四二年　奈良県に生まれる
一九七〇年　京都大学大学院文学研究科博士課程中途退学
現在、奈良県立図書情報館館長、国際日本文化研究センター名誉教授

〔主要著書〕
『古代日本の歴史地理学的研究』（岩波書店、一九九一年）、『王権の海』（角川書店、一九九八年）、『邪馬台国と近代日本』（NHK出版、二〇〇〇年）、『地名の巨人吉田東伍』（角川書店、二〇〇三年）、『古代日本の王権空間』（吉川弘文館、二〇〇四年）、『伊勢神宮』（中央公論新社、二〇〇五年、吉川弘文館〈読みなおす日本史〉、二〇二三年）

女帝・皇后と平城京の時代

二〇二四年（令和六）六月一日　第一刷発行

著　者　千《せん》田《だ》稔《みのる》
発行者　吉川道郎
発行所　株式会社　吉川弘文館
郵便番号一一三—〇〇三三
東京都文京区本郷七丁目二番八号
電話〇三—三八一三—九一五一〈代表〉
振替口座〇〇一〇〇—五—二四四
https://www.yoshikawa-k.co.jp/
組版＝株式会社キャップス
印刷＝藤原印刷株式会社
製本＝ナショナル製本協同組合
装幀＝渡邉雄哉

ISBN978-4-642-07537-4

刊行のことば

現代社会では、膨大な数の新刊図書が日々書店に並んでいます。昨今の電子書籍を含めますと、一人の読者が書名すら目にすることができないほどとなっています。ましてや、数年以前に刊行された本は書店の店頭に並ぶことも少なく、良書でありながらめぐり会うことのできない例は、日常的なことになっています。

人文書、とりわけ小社が専門とする歴史書におきましても、広く学界共通の財産として参照されるべきものとなっているにもかかわらず、その多くが現在では市場に出回らず入手、講読に時間と手間がかかるようになってしまっています。歴史の面白さを伝える図書を、読者の手元に届けることができないことは、歴史書出版の一翼を担う小社としても遺憾とするところです。

そこで、良書の発掘を通して、読者と図書をめぐる豊かな関係に寄与すべく、シリーズ「読みなおす日本史」を刊行いたします。本シリーズは、既刊の日本史関係書のなかから、研究の進展に今も寄与し続けているとともに、現在も広く読者に訴える力を有している良書を精選し順次定期的に刊行するものです。これらの知の文化遺産が、ゆるぎない視点からことの本質を説き続ける、確かな水先案内として迎えられることを切に願ってやみません。

二〇一二年四月

吉川弘文館

読みなおす日本史

- 時計の社会史　角山　榮著　二二〇〇円
- 漢　方　中国医学の精華　石原　明著　二二〇〇円
- 墓と葬送の社会史　森　謙二著　二四〇〇円
- 悪　党　小泉宜右著　二二〇〇円
- 戦国武将と茶の湯　米原正義著　二二〇〇円
- 大佛勧進ものがたり　平岡定海著　二二〇〇円
- 大地震　古記録に学ぶ　宇佐美龍夫著　二二〇〇円
- 姓氏・家紋・花押　荻野三七彦著　二四〇〇円
- 安芸毛利一族　河合正治著　二四〇〇円
- 三くだり半と縁切寺　江戸の離婚を読みなおす　高木　侃著　二四〇〇円
- 太平記の世界　列島の内乱史　佐藤和彦著　二二〇〇円
- 白　隠　禅とその芸術　古田紹欽著　二二〇〇円
- 蒲生氏郷　今村義孝著　二二〇〇円
- 近世大坂の町と人　脇田　修著　二五〇〇円
- キリシタン大名　岡田章雄著　二二〇〇円
- ハンコの文化史　古代ギリシャから現代日本まで　新関欽哉著　二二〇〇円
- 内乱のなかの貴族　南北朝と「園太暦」の世界　林屋辰三郎著　二二〇〇円
- 出雲尼子一族　米原正義著　二二〇〇円
- 富士山宝永大爆発　永原慶二著　二二〇〇円
- 比叡山と高野山　景山春樹著　二二〇〇円
- 日　蓮　殉教の如来使　田村芳朗著　二二〇〇円
- 伊達騒動と原田甲斐　小林清治著　二二〇〇円

吉川弘文館
（価格は税別）

読みなおす日本史

地理から見た信長・秀吉・家康の戦略 足利健亮著 二二〇〇円

神々の系譜 日本神話の謎 松前 健著 二四〇〇円

古代日本と北の海みち 新野直吉著 二二〇〇円

白鳥になった皇子 古事記 直木孝次郎著 二二〇〇円

島国の原像 水野正好著 二四〇〇円

入道殿下の物語 大鏡 益田 宗著 二二〇〇円

中世京都と祇園祭 疫病と都市の生活 脇田晴子著 二二〇〇円

吉野の霧 太平記 桜井好朗著 二二〇〇円

日本海海戦の真実 野村 實著 二二〇〇円

古代の恋愛生活 万葉集の恋歌を読む 古橋信孝著 二四〇〇円

木曽義仲 下出積與著 二二〇〇円

足利義政と東山文化 河合正治著 二二〇〇円

僧兵盛衰記 渡辺守順著 二二〇〇円

朝倉氏と戦国村一乗谷 松原信之著 二二〇〇円

本居宣長 近世国学の成立 芳賀 登著 二二〇〇円

江戸の蔵書家たち 岡村敬二著 二四〇〇円

古地図からみた古代日本 土地制度と景観 金田章裕著 二二〇〇円

「うつわ」を食らう 日本人と食事の文化 神崎宣武著 二二〇〇円

角倉素庵 林屋辰三郎著 二二〇〇円

江戸の親子 父親が子どもを育てた時代 太田素子著 二二〇〇円

埋もれた江戸 東大の地下の大名屋敷 藤本 強著 二五〇〇円

真田松代藩の財政改革 『日暮硯』と恩田杢 笠谷和比古著 二二〇〇円

吉川弘文館
(価格は税別)

読みなおす日本史

日本の奇僧・快僧　今井雅晴著　二二〇〇円

平家物語の女たち　大力・尼・白拍子　細川涼一著　二二〇〇円

戦争と放送　竹山昭子著　二四〇〇円

「通商国家」日本の情報戦略　領事報告を読む　角山　榮著　二二〇〇円

日本の参謀本部　大江志乃夫著　二二〇〇円

宝塚戦略　小林一三の生活文化論　津金澤聰廣著　二二〇〇円

観音・地蔵・不動　速水　侑著　二二〇〇円

飢餓と戦争の戦国を行く　藤木久志著　二二〇〇円

陸奥伊達一族　高橋富雄著　二二〇〇円

日本人の名前の歴史　奥富敬之著　二四〇〇円

お家相続　大名家の苦闘　大森映子著　二二〇〇円

はんこと日本人　門田誠一著　二二〇〇円

城と城下　近江戦国誌　小島道裕著　二四〇〇円

江戸城御庭番　徳川将軍の耳と目　深井雅海著　二二〇〇円

戦国時代の終焉　「北条の夢」と秀吉の天下統一　齋藤慎一著　二二〇〇円

中世の東海道をゆく　京から鎌倉へ、旅路の風景　榎原雅治著　二二〇〇円

日本人のひるめし　酒井伸雄著　二二〇〇円

隼人の古代史　中村明蔵著　二二〇〇円

飢えと食の日本史　菊池勇夫著　二二〇〇円

蝦夷の古代史　工藤雅樹著　二二〇〇円

天皇の政治史　睦仁・嘉仁・裕仁の時代　安田　浩著　二五〇〇円

日本における書籍蒐蔵の歴史　川瀬一馬著　二四〇〇円

吉川弘文館
（価格は税別）

読みなおす日本史

鎌倉幕府の転換点 『吾妻鏡』を読みなおす　永井 晋著　二二〇〇円

奈良の寺々 古建築の見かた　太田博太郎著　二二〇〇円

日本の神話を考える　上田正昭著　二二〇〇円

信長と家康の軍事同盟 利害と戦略の二十一年　谷口克広著　二二〇〇円

軍需物資から見た戦国合戦　盛本昌広著　二二〇〇円

武蔵の武士団 その成立と故地を探る　安田元久著　二二〇〇円

天皇家と源氏 臣籍降下の皇族たち　奥富敬之著　二二〇〇円

卑弥呼の時代　吉田 晶著　二二〇〇円

皇紀・万博・オリンピック 皇室ブランドと経済発展　古川隆久著　二二〇〇円

日本の宗教 日本史・倫理社会の理解に　村上重良著　二二〇〇円

戦国仏教 中世社会と日蓮宗　湯浅治久著　二二〇〇円

伊達政宗の素顔 筆まめ戦国大名の生涯　佐藤憲一著　二二〇〇円

武士の原像 都大路の暗殺者たち　関 幸彦著　二二〇〇円

海からみた日本の古代　門田誠一著　二二〇〇円

鳴動する中世 怪音と地鳴りの日本史　笹本正治著　二二〇〇円

本能寺の変の首謀者はだれか 信長と光秀、そして斎藤利三　桐野作人著　二二〇〇円

餅と日本人 「餅正月」と「餅なし正月」の民俗文化論　安室 知著　二四〇〇円

古代日本語発掘　築島 裕著　二二〇〇円

夢語り・夢解きの中世　酒井紀美著　二二〇〇円

食の文化史　大塚 滋著　二二〇〇円

後醍醐天皇と建武政権　伊藤喜良著　二二〇〇円

南北朝の宮廷誌 二条良基の仮名日記　小川剛生著　二二〇〇円

吉川弘文館
（価格は税別）

読みなおす日本史

石の考古学　奥田　尚著　二二〇〇円

江戸武士の日常生活　素顔・行動・精神　柴田　純著　二四〇〇円

秀吉の接待　毛利輝元上洛日記を読み解く　二木謙一著　二四〇〇円

中世動乱期に生きる　一揆・商人・侍・大名　永原慶二著　二二〇〇円

弥勒信仰　もう一つの浄土信仰　速水　侑著　二二〇〇円

親　鸞　煩悩具足のほとけ　笠原一男著　二二〇〇円

道と駅　木下　良著　二二〇〇円

道　元　坐禅ひとすじの沙門　今枝愛真著　二二〇〇円

江戸庶民の四季　西山松之助著　二二〇〇円

「国風文化」の時代　木村茂光著　二五〇〇円

徳川幕閣　武功派と官僚派の抗争　藤野　保著　二二〇〇円

鷹と将軍　徳川社会の贈答システム　岡崎寛徳著　二二〇〇円

江戸が東京になった日　明治二年の東京遷都　佐々木　克著　二二〇〇円

女帝・皇后と平城京の時代　千田　稔著　二二〇〇円

武士の掟　中世の都市と道　高橋慎一朗著　（続　刊）

元禄人間模様　変動の時代を生きる　竹内　誠著　（続　刊）

吉川弘文館
（価格は税別）